Belfast Studies in Language, Culture and Politics

General Editors: John M. Kirk and Dónall P. Ó Baoill

1. *Language and Politics: Northern Ireland, the Republic of Ireland, and Scotland*
   Published 2000 ISBN 0 85389 791 3

2. *Language Links: the Languages of Scotland and Ireland*
   Published 2001 ISBN 0 85389 795 6

3. *Linguistic Politics: Language Policies for Northern Ireland, the Republic of Ireland, and Scotland*
   Published 2001 ISBN 0 85389 815 4

4. *Travellers and their Language*
   Published 2002 ISBN 0 85389 832 4

5. **Simone Zwickl,** *Language Attitudes, Ethnic Identity and Dialect Use across the Northern Ireland Border: Armagh and Monaghan*
   Published 2002 ISBN 0 85389 834 0

6. *Language Planning and Education: Linguistic Issues in Northern Ireland, the Republic of Ireland, and Scotland*
   Published 2002 ISBN 0 85389 835 9

7. **Edna Longley, Eamonn Hughes and Des O'Rawe (eds.)** *Ireland (Ulster) Scotland: Concepts, Contexts, Comparisons*, **edited by**
   Published 2003 ISBN 0 85389 844 8

8: **Maolcholaim Scott and Róise Ní Bhaoill (eds.)** *Gaelic-Medium Education Provision: Northern Ireland, the Republic of Ireland, Scotland and the Isle of Man*
   published 2003 ISBN 0 85389 847 2

9: **Dónall Ó Riagáin (ed.)** *Language and Law in Northern Ireland*
   published 2003 ISBN 0 85389 848 0

Other volumes in preparation

www.bsclp.com

Queen's University Belfast

Gaelic-Medium Education Provision: Northern Ireland, the Republic of Ireland, Scotland and the Isle of Man

Edited by

Maolcholaim Scott and Róise Ní Bhaoill

Cló Ollscoil na Banríona
Belfast 2003

First published in 2003
Cló Ollscoil na Banríona
Queen's University Belfast
Belfast, BT7 1NN

Belfast Studies in Language, Culture and Politics
www.bslcp.com

This publication was funded by the Columba Initiative and is a joint publication between the Columba Initiative and Cló Ollscoil na Banríona.

Iomairt Cholm Cille
The Columba Initiative
www.colmcille.net

British Library Cataloguing-in-Publication Data
A catalogue record for this book is available from the British Library

ISBN 0 85389 847 2

Typeset in Times New Roman 10

Cover illustration by Mitchell Kane Associates and Optech

Printed by Optech, Belfast

Contents

Contributors

Philip Gawne, MHK is former chairman and treasurer of Yn Cheshaght Ghailckagh, the Manx Gaelic Society. As chairman of Mooinjer Veggey, the Manx preschool Organisation, he has been instrumental in promoting the concept of Gaelic-medium education and preschools groups in the Isle of Man. In May 2003, he was elected to the Manx Parliament, The House of Keys. Prior to his election, he was employed by the Manx Heritage Foundation and Manx National Heritage as a Manx Language Development Officer, yn Greinneyder.

Wilson McLeod is a lecturer in Celtic and Scottish Studies at the University of Edinburgh. His research and publications include work on: language policy and planning issues; language legislation and language rights; and the cultural politics of Irish and Scottish Gaelic literature from the late medieval period to the present day. Published articles include: *Gaelic in the New Scotland: Politics, Rhetoric and Public Discourse; A' Ghàidhlig anns an 21mh Linn: Sùil air Adhart; Official Status for Gaelic: Prospects and Problems.*

Róise Ní Bhaoill is is a graduate of University College Dublin. She is former Editor of the journal *Arts Research Digest.* She contributes regular articles for learners of Irish to the internet publication *BEO!.* She is a Board Member of Iomairt Cholm Cille, a Trustee of Iontaobhas na Gaelscolaíochta (The Irish-medium Education Trust), a member of The Policy Development Committee of the Community Relations Council and Deputy Director of the ULTACH Trust

Helen Ó Murchú is a founder member and past President of the European Bureau for Lesser Used Languages; past-chair of Bord na Gaeilge; and is former Director of Comhar na Múinteoirí Gaeilge. Her publications include *Provision for Pre primary Education in Lesser-Used languages; The Communicative Approach: A reference Syllabus for Irish; An Ghaeilge: a haghaidh roimpi / The Irish Language: Facing the Future.*

Maolcholaim Scott has taught English in Sudan, worked for the Irish language newspaper *Lá*, and for the Cultural Diversity Programme of the Northern Ireland Community Relations Council. He was formerly Irish language Development Officer with Newry and Mourne District Council, and is currently Project Officer with Iomairt Cholm Cille / The Columba Initiative. He holds degrees in Irish studies and linguistics.

Paul Steele has, through his company PSC Management Consultants, conducted research on a range of educational, economic development and community projects involving the Irish language in Northern Ireland. His work includes research for Comhairle na Gaelscolaíochta (The Council for Irish-medium Education) and Altram, the voluntary preschool advisory body which provides training and advice to the Irish-medium preschool sector.

Buíochas

Ba mhaith le hIomairt Cholm Cille agus leis na heagarthóirí a mbuíochas a chur in iúl do na scríbhneoirí, Paul Steele, Dr Wilson McLeod, Helen Ó Murchú agus Phil Gawne, agus dóibh siúd uilig a chuidigh leis an leabhar seo, go háirithe Dr John Kirk, An tOllamh Dónall P. Ó Baoill, Seán Ó Coinn, Rob Dunbar, Áine Andrews, Rosemary Ward, Margaret MacDonald, an Dr Antain Mac Lochlainn, Gavin Falconer, an Dr Victor Mesev agus an Dr Eamonn Phoenix.

Acknowledgements

The Columba Initiative and the editors would like to express their gratitude to our contributors, Paul Steele, Dr Wilson McLeod, Helen Ó Murchú and Phil Gawne, and to all those who assisted with this book, including Dr John Kirk, Professor Dónall P. Ó Baoill, Seán Ó Coinn, Rob Dunbar, Áine Andrews, Rosemary Ward, Margaret MacDonald, Dr. Antain Mac Lochlainn, Gavin Falconer, Dr Victor Mesev and Dr Eamonn Phoenix.

Publisher Disclaimer

Intreoir

Maolcholaim Scott and Róise Ní Bhaoill

Tá tréithe i gcoiteann ag an Ghaeloideachas i dTuaisceart Éireann, Albain, Poblacht na hÉireann agus Oileán Mhanann ach tá sé á mhúnlú ag struchtúir an-éagsúla chomh maith. Le hanailís a dhéanamh ar na struchtúir seo agus a dtionchair, d'iarr Iomairt Cholm Cille ar Paul Steele, Helen Ó Murchú, Wilson McLeod, agus Phil Gawne na ceithre chaibidil seo a scríobh. Curtha le chéile is bunús luachmhar iad le comhthuiscint agus comhoibriú a chothú idir na heagrais éagsúla agus daoine aonair atá ag saothrú sa ghort seo sna ceithre réigiún.

Cumhdaíonn na trí chaibidil ar Albain, Tuaisceart Éireann agus Poblacht na hÉireann stair dhifriúil an Ghaeloideachais, á gcomhthéacs san ollchóras oideachais, agus an ról atá ag eagrais dheonacha fosta. Tuairiscíonn na caibidlí ar an tsoláthar don Ghaeloideachas ón bhunscoil go dtí an mheánscoil, agus ar thraenáil agus ar na hacmhainní atá ar fáil do mhúinteoirí. Sa cheathrú caibidil, ar Oileán Mhanann, cuirtear níos mó béime ar fhorbairt na teanga féin agus ar chomhthéacs sóisialta na hathbheochana ar an oileán.

Sna ceithre réigiún aithníonn na húdárais rialaithe an Ghaeilge ar leibhéal éigin mar chuid luachmhar den chultúr náisiúnta nó réigiúnach. Tá seo aitheanta go sonrach i mbunreacht Phoblacht na hÉireann agus i gComhaontú Bhéal Feirste i dTuaisceart Éireann, agus tá sé aitheanta fosta sa Chairt Eorpach do Theangacha Réigiúnacha nó Mionlaigh atá daingnithe anois ag an Ríocht Aontaithe ar son na hAlban agus Thuaisceart Éireann, agus ag Rialtas Oileán Mhanann ar son Gaeilge Mhanann.

Ach i ngach réigiún tá fíor-fhadhbanna agus dúshláin roimh an Ghaeloideachas ar cosúil nó arbh ionann an mhórchuid acu. Mar shampla, tá soláthar agus traenáil múinteoirí ina fadhb choiteann, mar atá leanúnachas idir na leibhéil éagsúla scolaíochta, go háirithe ó réamhscoil go bunscoil, agus ó bhunscoil go meánscoil. Tá cosúlachtaí idir na dúshláin atá roimh an Ghaeloideachas i gceantair taobh amuigh de na pobail thraidisiúnta Gaeilge in Oileán Mhanann, in Éirinn agus in Albain.

Ní hionann i gcónaí an dóigh a dtéann na córais oideachais stáit i ngleic leis an Ghaeloideachas i ngach réigiún. Mar shampla, tá ról difriúil ag an rialtas áitiúil i ngach ceann de na ceithre réigiún. In Albain, tá freagracht an oideachais ag an bhun agus an dara-leibhéal ar an rialtas áitiúil, agus tá gach gaelscoil nó aonad a bunaíodh faoi údaráis áitiúla. I gcodarsnacht, níl baint ag an rialtas áitiúil leis an chóras scolaíochta beag ná mór i dTuaisceart Éireann, agus cé go bhfuil ról ag an rialtas áitiúil sa Phoblacht in oideachas ag an dara agus ag an tríú leibhéal, níl ról acu sa bhunoideachas. Pléitear impleachtaí na n-éagsúlachtaí riartha seo sna caibidlí.

Ach cibé céimíocht riartha nó dlíthiúil atá ag an teanga sna ceithre réigiún, úsáideann an Gaeloideachas teanga neamhfhorleathan, nó mionteanga, mar mheán atá in iomaíocht láidir le ceann de na mórtheangacha idirnáisiúnta, an Béarla. Ach sin ráite, athraíonn nádúr na ndúshlán sin de réir neart na Gaeilge i gcúlra an dalta agus i gceantar na scoile.

Ní féidir aghaidh a thabhairt ar réimse iomlán fadhbanna an Ghaeloideachais san fhoilsiúchán seo, cosúil leis an riachtanas atá le forbairt a dhéanamh ar réimsí éagsúla teanga do chomhthéacsanna difriúla[1] nó an riachtanas atá le cur chuige éagsúla do pháistí atá ag fáil tumoideachas lán-Ghaeilge, agus do pháistí a tógadh le Gaeilge. Tá cás déanta, mar shampla, go ndéanann curaclam scoile Phoblacht na hÉireann neamart i gcainteoirí dúchais Gaeltachta agus sna páistí sin a tógadh le Gaeilge taobh amuigh den Ghaeltacht, i bhfabhar curaclam atá ag fóirstean don tromlach atá ag foghlaim na Gaeilge mar ábhar.[2] Taobh leis sin, tá múinteoirí a déarfadh nach bhfuil riar a gcáis ag daltaí atá sa tumoideachas nó ag páistí le cumas measctha ach an oiread. Is dúshlán mór freastal ar na riachtanais seo uilig, ach os a choinne sin, tá scileanna agus taithí leitheadach le tarraingt orthu sna ceithre réigiún atá riachtanach don fhorbairt straitéiseach.

Tugann an chuid eile den leabhar seo léargas dúinn ar staid an Ghaeloideachais i ngach ceann de na ceithre réigiún. Ach ar dtús, focal ar théarmaíocht. Sna leaganacha Béarla, "Gaelic" agus "Gaelic-medium education" a úsáidtear mar théarma ginearálta, rud a leagann béim ar na cosúlachtaí idir na cinéalacha éagsúla Gaeilge agus Gaeloideachais sna réigiúin éagsúla. Is é an téarma 'Irish', a thugtaí tráth ar an Ghaeilge in Albain, an téarma coitianta i ndioscúrsa Béarla faoin oideachas i bPoblacht na hÉireann agus i dTuaisceart Éireann agus, mar sin de, úsáidtear an téarma sin sa dá chaibidil ar Éirinn. Sa chaibidil ar Oileán Mhanann úsáidtear 'Manx Gaelic' agus "Manx", is é an chead téarma an ceann a chleachtann Rialtas Mhanann de rogha.[3]

Tuaisceart Éireann

De réir daonáirimh 2001, bhí eolas ar an Ghaeilge ag 167,460 den phobal, sin thar 10% den daonra iomlán 1,617,957. Ní mhaireann pobal traidisiúnta Gaeilge i dTuaisceart Éireann, agus is foghlaimeoirí tromlach mór de na cainteoirí atá ann agus leibhéil éagsúla cumais acu. Ach tá nua-Ghaeltacht uirbeach ann, eastát tithíochta i mBéal Feirste, agus tá teaghlaigh eile Ghaeilge taobh amuigh den phobal seo, chomh maith le líon suntasach Gaeilgeoirí líofa.

Téann soláthar an Ghaeloideachais i dTuaisceart Éireann siar go 1971 nuair a bhunaigh tuismitheoirí a bhí ag tógáil páistí le Gaeilge i mBéal Feirste bunscoil. D'fhás an Ghaelscolaíocht ó naoi bpáiste an uair sin go dtí go bhfuil córas oideachais ann anois a fhreastalaíonn ar 3,228 páiste, ón réamhscoil go dtí an dara leibhéal. Tumoideachas, go príomha atá sa chóras seo, agus tig formhór mór na bpáistí ó theaghlaigh gan Ghaeilge. Tá tromlach mór de na páistí i mórcheantair Bhéal Feirste agus Dhoire, ach tá fás ag teacht ar aonaid, scoileanna agus réamhscoileanna taobh amuigh de na ceantair seo. Leanann an fhorbairt leí agus tá roinnt aonad úr agus ar a laghad bunscoil amháin ar an bhealach.

---

[1] Ó Baoill, D. (2002) "Curaclam, Pleanáil, Sochtheangeolaíocht agus Réimeanna Teanga" in Ó hUiginn, R. (Ed.) *Curaclam na Gaeilge, LCC XXXII*. Maigh Nuad: An Sagart. 7-18.

[2] Ní Ghallachair, A. (2002) "An bhfuil an Córas Oideachais ag Loiceadh ar Phobal na Gaeilge?" in Ó hUiginn, R. (Ed.) *Curaclam na Gaeilge, LCC XXXII*. Maigh Nuad: An Sagart. 19-27.

[3] www.gov.im

Míníonn Paul Steele, i dtús a pháipéir, na socruithe atá ar fáil don oideachas i gcoitinne. Ní thiteann cúram an oideachais ar an rialtas áitiúil i dTuaisceart Éireann ar chor ar bith: riarann cúig bhord oideachais agus leabharlainne maoiniú na scoileanna agus traenáil inseirbhíse faoin Roinn Oideachais. Táthar ag súil le cuid mhaith athruithe i sólathar dara leibhéal de thairbhe gur cinneadh i 2002 deireadh a chur leis an teist aistrithe ag aois 11 (11 Plus), ach ní fios go fóill cén uair a chuirfear sin i bhfeidhm.

Tá an córas scoileanna i dTuaisceart Éireann cineál casta. Rinne Acht Rialaithe na hÉireann 1920 críchdheighilt ar Éirinn, agus bhunaigh parlaimint i dTuaisceart Éireann, chomh maith le toirmeasc a chuir ar mhaoiniú reiligiúin, agus ar theisteanna creidimh ar mhúinteoirí. D'fhéach Acht Oideachais 1923 den pharlaimint nua leis na scoileanna a bhí faoi stiúir na nEaglaisí Protastúnacha agus na hEaglaise Caitlicí roimhe sin, a thabhairt isteach i gcóras stáit a bheadh gan dealú ag sainaicmí creidimh. Ach dhiúltaigh na hEaglaisí Protastúnacha agus an Eaglais Chaitliceach araon dó seo, agus ní ghlacfadh siad le córas nár dhearbhaigh a luachanna féin. Ainneoin forálacha bunreachtúla Acht Rialaithe na hÉireann, chruthaigh Acht Oideachais 1930 dhá chatagóir scoile: córas de scoileanna stáit le teagasc an Bhíobla ar bhealach Protastúnach mar chuid de, agus córas deonach faoi stiúir na hEaglaise Caitlicí, a raibh a luachanna féin fréamhaithe ann. Dhaingnigh Act Oideachais 1930 timpeallacht pholaitiúil ina rachadh formhór mór na bpáistí Protastúnacha agus Caitliceacha chuig scoileanna ar leith.

Tá aon bhunscoil saorseasaimh lán-Ghaeilge agus na haonaid lán-Ghaeilge uilig san earnáil Chaitliceach coinnithe. Ach, tá bunús na bpáistí atá ag freastal ar oideachas trí mheán na Gaeilge in earnáil mhaoinithe eile nach bhfuil faoi bhainistíocht na hEaglaise Caitlicí. Lena cois sin, tá maoiniú eatramach ag roinnt gaelscoileanna saorseasaimh, agus tá roinnt scoileanna neamhspleácha ann nach bhfuil maoiniú acu.

Bhí maoiniú an aonaid lán-Ghaeilge i scoil i nDoire i 1983 ar an chéad chomhartha aitheantais oifigiúil a fuair an Gaeloideachas i dTuaisceart Éireann. Le blianta, mhair gaelscoileanna saorseasaimh gan maoiniú stáit do thuarastail ná d'fhoirgnimh, rud a d'fhág an-bhrú ar thuismitheoirí agus ar mhúinteoirí araon. Ach bhí na hathruithe is mó maidir leis an Ghaeloideachas le theacht i ndiaidh Chomhaontú Bhéal Feirste sa bhliain 1998 nuair a bhunaigh an Roinn Oideachais dhá eagras úra dheonacha le riar ar an Ghaeloideachas. Bunaíodh Comhairle an Gaelscolaíochta mar eagras deonach le fás na Gaelscolaíochta a chomhordú agus le comhairle a chur ar an rialtas; agus bunaíodh Iontaobhas na Gaelscolaíochta mar chiste iontaobhais do fhorbairt sholáthair Ghaeloideachais úir. Cuireadh cúram ar leith ar Choláiste Ollscoile Naomh Muire múinteoirí a thraenáil d'earnáil na Gaelscolaíochta, agus bunaíodh aonad soláthair áiseanna, an tÁisaonad Lán-Ghaeilge sa choláiste. Cé go gcuireann na socruithe seo fráma forbartha nua ar fáil don Ghaeloideachas, tá easnaimh agus dúshláin ann go fóill. Ag leibhéal na réamhscolaíochta ní leor an maoiniú atá ar fáil cé go n-aithnítear croí-thábhacht an tsoláthair sin do thromlach na bpáistí nach í an Ghaeilge a gcéad teanga. Tá fás, nach bhfuil á shásamh, ar an éileamh ar aonaid lán-Ghaeilge, go háirithe i gceantair thuaithe. Cé go bhfuil na haonaid uilig go dtí seo i scoileanna Caitliceacha, níl polasaí ag Comhairle na Scoileanna Caitliceacha Coinnithe maidir leis an Ghaeloideachas agus is minic a chuireann sin bac ar fhorbairt chomhordaithe. Ag an dara leibhéal, is san earnáil Chaitliceach choinnithe is mó a theagasctar an Ghaeilge mar ábhar. Teagasctar í i gcorrscoil imeasctha and ghlacann roinnt daltaí i scoileanna rialaithe agus deonacha cúrsa "*Cultural Enrichment*" Gael-Linn. Níl soláthar an oideachais trí mheán na Gaeilge mar rogha i gceann ar bith de na scoileanna seo go fóill.

Poblacht na hÉireann

I bPoblacht na hÉireann tá an Ghaeilge i riocht neamhchoitianta cé gur teanga mhionlaigh í, tá stádas bunreachtúil aici mar "an teanga náisiúnta" agus "an chéad teanga oifigiúil" araon. Ag daonáireamh 2002, tuairiscíodh go raibh 1.57 milliún a raibh labhairt na Gaeilge acu: nó 42.8 faoin chéad den daonra. Cláraíodh úsáid agus cumas teanga fosta agus tuairisciodh go raibh 21.6 faoin chéad ag úsáid na teanga go laethúil. Tá réimse úsáide ag an Ghaeilge sa Ghaeltacht oifigiúil, ach ó phobal iomlán na Gaeltachta, úsáideann 56.6 faoin chéad an teanga go laethúil agus tá 11 faoi chéad eile á húsáid ar bhun seachtainúil. Tá líon na gcainteoirí Gaeilge ag titim sna pobail Ghaeltachta, cé nach bhfuil an titim chomh sonrach agus atá i nGaeltachtaí na hAlban.

Tá bun faoin oideachas trí mheán na Gaeilge sa Phoblacht ar feadh tréimhse níos faide ná na trí réigiún eile. Ó bhunú an stáit go dtí na 1950dí, bhí oideachas trí mheán na Gaeilge á chur ar aghaidh, ní amháin sa Ghaeltacht, ach ar fud an stáit. Rianaíonn Helen O Mhurchú líonadh agus trá an pholasaí sin agus léiríonn sí an chuid sin de pholasaí bunaithe an stáit atá i bhfeidhm go fóill. Mar shampla, choinnigh an stát a thacaíocht don oideachas trí mheán na Gaeilge sa Ghaeltacht, agus do theagasc na Gaeilge mar ábhar i ngach áit éile. Ceann de na gnéithe is mó difir sa Phoblacht nó go bhfuil an Ghaeilge riachtanach ó aois 4 bliana go dtí aois fágála na scoile, agus go bhfuil an t-aon churaclam Gaeilge ann do dhaltaí, muintir na Gaeltachta san áireamh. I 1999–2000, bhí 317,103 dalta ag foghlaim na Gaeilge mar ábhar: trí huaire déag an líon atá san oideachas lán-Ghaeilge uilig.

Sna ceantair Ghaeltachta is é polasaí an stáit oideachas trí mheán na Gaeilge a bheith ar fáil do gach páiste, ach ní bhíonn sé ar fáil í gcónaí ag dara leibhéal. Taobh amuigh den Ghaeltacht, níl fáil ar an Ghaeloideachas mar cheart, ní dhéanann an rialtas ach freagairt ar éileamh. Thosaigh feachtais ar son na Gaelscolaíochta sna 1970s agus thosaigh tuismitheoirí ag bunú a scoileanna féin nó "gaelscoileanna" a fuair maoiniú ón stát de réir a chéile. Mar aon le bunús na réigiún eile, ní hí an Ghaeilge an teanga baile ach ag mionlach daltaí sna scoileanna seo sa Phoblacht, agus is tumoideachas go príomha atá ar fáil iontu. Maidir le patrún an tsólathair, is scoileanna lán-ghaeilge is mó ata ar fáil, cé go bhfuil roinnt aonaid ann. Tacaíonn an eagraíocht 'Gaelscoileanna' le tuismitheoirí, agus le scoileanna úra, agus tacaíonn an Comhchoiste Réamhscolaíochta le naíonraí lán-Ghaeilge. Tá fás mór ar an oideachas trí mheán na Gaeilge taobh amuigh den Ghaeltacht ó 1990 i leith: bhí 21,894 dalta bunscoile, agus 5,213 dalta meánscoile in oideachas trí mheán na Gaeilge taobh amuigh den Ghaeltacht sa scoilbhliain 2002–03.

Is ag an rialtas lárnach atá príomhchúram an bhunoideachais cé go bhfuil tromlach mór na mbunscoileanna á mbainistiú ag paróistí eaglasta, agus bíonn easpag mar phátrún orthu. I gcodarsnacht, níl gaelscoileanna mar chuid de chóras na bparóistí agus tá siad saor ar cheangal na n-eaglaisí. Bunaíodh eagraíocht úr, an Foras Pátrúnachta le bheith mar phátrún ar na scoileanna seo.

Ag an dara leibhéal tá soláthar éagsúil ar fáil. Tá líon mór scoileanna i seilbh ord rialta agus eaglasta ach tá siad, a bheag nó a mhór, á maoiniú ag an Roinn Oideachais. Tá gairmscoileanna agus pobalcholáistí ann a fheidhmíonn faoi stiúir choistí gairmoideachais na n-údarás áitiúil, agus pobalscoileanna agus scoileanna cuimsitheacha agus atá faoin Roinn Oideachais.

Braitheann soláthar Gaeloideachais ag an dara leibhéal ar aistriú páistí ó bunscoileanna lán-Ghaeilge. Mar aon le ceantair eile, tá fadhbanna marthanachta ann siocair easpa leanúnachais agus líon na ndaltaí agus na múinteoirí. Téann seo agus an comórtas ó scoileanna eile in éadán Gaelscolaíocht a bhunú ag an dara leibhéal. Bunaíodh an Chomhairle um Oideachas lán-Ghaeilge agus Gaeltachta i 1998, agus chuaigh sí i mbun oibre in 2002, agus táthar ag súil go réiteoidh polasaithe comhordaithe cuid d'fhadhbanna an Ghaeloideachais le himeacht ama.

Alba

Bhí 58,652 cainteoir Gaeilge in Albain ag daonáireamh 2001, agus 92,296 a raibh tuiscint na Gaeilge acu. Tá an tromlach, tuairim is 55 faoi chéad, ina gcónaí i dtrí cheantar rialtais áitúil a bhfuil pobail thraidisiúnta Gaeilge acu: na h-Eileanan Siar, a' Ghàidhealtachd (ainm réigiúin), agus Earra Ghàidheal agus Bhòid. Tá líon na gcainteoirí ag titim, go háirithe sna pobail thraidisiúnta Gaeilge, ach níl an líon iomlán ag titim chomh mór agus a bhí.

In Albain cuireann an rialtas áitiúil oideachas bunscoile agus iarbhunscoile ar fáil, agus tá an mhórchuid den oideachas trí mheán na Gaeilge á sholáthar ag trí údarás áitiúla a bhfuil pobail de chainteoirí dúchais faoina gcúram: Comhairle nan Eilean Siar, Comhairle na Gàidhealtachd, agus Comhairle Earra Gàidheal agus Bhòid. Cumhdaíonn na h-Eileanan Siar, an leath thiar thuaidh de na hInse Gall; cumhdaíonn Comhairle na Gàidhealtachd an réigiún idir Inbhir Nis san oirthear agus an tOileán Sgitheanach agus Ulapúl san iarthar; agus síneann Comhairle Earra Gàidheal agus Bhòid ó Thiriodh agus an t-Òban ó thuaidh, go dtí Baile Eilidh, cóngarach do bhéal na Cluaidhe ó dheas. Tá oideachas trí mheán na Gaeilge ar fáil fosta in Obar Dheathain, i nGlaschú, i nDùn Eideann, agus i ndornán ceantar eile thart orthu.

Tá dhá churaclam in Albain don Ghaeilge mar ábhar, ceann don chainteoir líofa, agus ceann don fhoghlaimeoirí, cé gur féidir leis an chainteoir dúchais siollabas na bhfoghlaimeoirí a dhéanamh fosta. Tá líon na ndaltaí atá ag foghlaim Gaeilge mar ábhar seachas mar mheán íseal i gcomórtas le Tuaisceart Éireann agus le Poblacht na hÉireann. Ach gné shuntasach den scéal in Albain, an soláthar d'oideachas triú leibhéal trí mheán na Gaeilge, go háirithe ag Sabhal Mòr Ostaig, institiúid lán-Ghaeilge, agus ag Coláiste an Chaisteil i Steòrnabhaigh.

Tá ciste ar fáil ón Roinn Oideachais de 'tabhartasan sònraichte' nó deontais ar leith d'oideachas trí mheán na Gaeilge ó 1986 i leith, a thairgeann maoiniú de 75 faoin chéad ar son forbairtí úra sa Ghaeloideachas, ach an tÚdarás áitiúil an 25 faoin chéad eile a chur leis. Ba ghléas an-chumhachtach seo acu siúd a bhí ag dul chuig comhairlí aitiúla le haonaid lán-Ghaeilge a bhunú. In 2002–3, bhí 1,925 páiste ag fáil oideachas trí mheán na Gaeilge ag leibhéal na bunscoile. In 2002-3, bhí 1,925 páiste ag leibhéal na bunscoile ag fáil oideachas trí mheán na Gaeilge.

Tá an córas óg go fóill. Is in aonaid atá an mhórchuid de pháistí atá ag fáil oideachas trí mheán na Gaeilge. Fiú sna hEileanan Siar, mar a raibh os cionn leath an phobail ina gcainteoirí Gaeilge ag daonáireamh 2001, níl oideachas lán-Ghaeilge ar fáil ach ag 25% de na daltaí bunscoile. Tá tuar ansin don Ghaeilge i bpobal a thug bun láidir riamh di.

Tá "neart na dtuismitheoirí" mar ghné den phictiúr in Albain ó na 1980í ar aghaidh, áit ar chothaigh gluaiseacht chumasach réamhscolaíochta faoi stiúir Chomhairle na Sgoiltean Araich (CNSA) an t-éileamh ar oideachas lán-Ghaeilge. Tá cumann ar leith, Comann nam Pàrant, do thuismitheoirí a bhfuil páistí acu in oideachas lán-Ghaeilge, agus eagraíocht iarscoile, Sradagan, do pháistí.

Ainneoin ar baineadh amach le fiche bliain, áitíonn McLeod, go bhfuil cuid mhór le baint amach go fóill. Mar shampla, tá an ghéarchéim i soláthar múinteoirí traenáilte ag cur bac ar fhorbairt na ngaelscoileanna agus na n-aonad. Ach bhunaigh Rialtas na h-Alba Bòrd na Gàidhlig, comhlacht neamhrannach poiblí sa bhliain 2003, le comhordú a dhéanamh ar fhorbairt agus ar mhaoiniú don Ghàidhlig, agus d'fhógair siad go rithfeadh sé bille Gàidhlig. Beidh le feiceáil cén tionchar a bheas ag seo ar an Ghaeloideachas.

Oileán Mhanann

I ndaonáireamh 2001, bhí labhairt na Gaeilge ag 1,527, agus labhairt nó léamh nó scríobh ag 1,689, sin as 76,315 de dhaonra ar fad. Seo fás an-sonrach ar theanga a bhfuair a cainteoir dúchais deireanach bás sa bhliain 1974. Cé go bfhuil dul chun cinn suntasach déanta ag an Ghaeloideachas ar Oileán Mhanann, níl sí ach ina hóige agus níl na huimhreacha líonmhar go fóill. Mhúnlaigh gluaiseacht Oileán Mhanann í féin ar ghluaiseacht na hAlban. Ba í an chéad chéim a tugadh, an eagraíocht naíonraí, Mooinjer Veggey, a bhunú i 1996, agus ina dhiaidh sin bunaíodh Sheshaght ny Paarantyn, eagras do thuismitheoirí. Osclaíodh an chéad aonad bunscoile lán-Ghaeilge i 2001, agus i 2003 d'aistrigh siad go foirgneamh úr áit a bhfuil siad ag súil le Gaelscoil a bheith acu fá cheann cúpla bliain.

Is ionann cuid de na dúshláin atá roimh an Ghaeloideachas ar Oileán Mhanann agus na réigiúin eile: ganntanas de chainteoirí cáilithe le obair mar mhúinteoirí, aistritheoirí nó oibrithe forbartha, agus an síor-ghanntanas in áiseanna teagaisc. Tá cuid mhaith bainte amach, ach áitíonn Philip Gawne, go gcaithfidh Rialtas Mhanann comhordú úrnua a dheanamh ar phleanáil, maoiniú agus fhorbairt teanga, má tá sé le freastal ar an éileamh atá ann, agus má tá bláth ceart le theacht ar Ghaeilge Mhanann.

Taispeánann na cuntais as Tuaisceart Éireann, Albain, Poblacht na hÉireann agus Oileán Mhanann an méid atá bainte amach ag múinteoirí, tuismitheoirí agus ag daoine eile atá ag saothrú sa Ghaeloideachas, agus na dúshláin atá rompu. Is é an dóchas atá ag Iomairt Cholm Cille go mbeidh an leabhar seo ina áis acu, agus iad ag comhrá is ag comhoibriú lena gcomhbhádóirí i réigiúin eile, agus iad ag tabhairt aghaidh ar na dúshláin sin.

Introduction

Maolcholaim Scott and Róise Ní Bhaoill

Gaelic-medium education has much in common across Northern Ireland, Scotland, the Republic of Ireland and the Isle of Man, yet it is also shaped by their very different educational structures. To analyse these structures and their varying influences, the Columba Initiative commissioned Paul Steele, Wilson McLeod, Helen Ó Murchú, and Philip Gawne to write the four chapters in this book. Taken together, they provide an invaluable basis for building shared understandings and cooperation between the various organisations and individuals working in the field across the four territories.

The three chapters on Scotland, Northern Ireland and the Irish Republic cover the differing histories of Gaelic-medium education, its contexts within their overall education systems, and also the roles played by voluntary bodies. Within these contexts, the chapters describe the provision of Gaelic-medium education from pre-school age to secondary levels, and the training and resources available to teachers. The fourth chapter, on the Isle of Man, covers much the same ground for Manx Gaelic, but it also gives more emphasis to the development of the language itself and the social context of its renewal on the island.

In each of the four regions, the governing authorities give some recognition to the fact that Gaelic is a valuable part of the national or regional culture. This is explicitly recognised in the constitution of the Republic of Ireland and in Northern Ireland's Belfast Agreement, and it is also recognised in the European Charter for Regional or Minority Languages, which has now been ratified by the United Kingdom Government for Scottish Gaelic and Irish in Northern Ireland, and by the Manx Government for Manx Gaelic.

In each area, however, Gaelic-medium education faces serious problems and challenges, and many of them are the same or similar. For example, the supply and training of teachers are common problems as are the provision of appropriate teaching materials and the achievement of continuity between the different levels of schooling, particularly from preschool to primary level and from primary to secondary. There are similarities in the challenges facing Gaelic-medium education on the Isle of Man and in Ireland and Scotland outside the traditional Gaelic-speaking communities.

The ways in which the state education systems engage with Gaelic-medium education vary considerably. For example, local government plays a different role in each of the four regions. In Scotland, local government is responsible for education at primary and secondary levels, and every Gaelic-medium school or unit has been established by the local authority. In contrast, local government has no direct role in education in Northern Ireland, while in the Republic of Ireland local government has a role in secondary and further education but not at primary level. The implications of such administrative differences are discussed in the chapters.

Whatever the administrative or legal status of the language, in all four regions, Gaelic-medium education is using a minority language which, in most language domains, faces very strong competition from one of the major international languages: English. Yet the nature of the challenge varies widely depending on the strength of the Gaelic in the family background of the pupils and the school district.

In this publication, it is not possible to address the full range of problems facing Gaelic-medium education, such as the need to develop different language registers for different contexts,[4] or the need for different approaches for children undergoing immersion education and for other children for whom Gaelic is their home language. It has, for instance, been argued that the school curriculum in the Republic of Ireland neglects the native speakers of the Gaeltacht and children raised with Irish elsewhere in favour of a curriculum geared only to the larger numbers of children learning Irish as a subject.[5] There are also teachers who argue that the curriculum does not cater adequately for children in immersion education or for children with differing abilities either. Meeting this wide range of needs is an immense challenge and, to this end, the wealth of experience and skills across the four regions constitutes a huge resource which is vital for strategic developments.

The rest of this introduction provides an overview of the situation facing Gaelic-medium education in each of the four regions. But first a word on terminology. However, in the English versions, *Gaelic* and *Gaelic-medium education* are used generically, underlying the commonalities between the varieties of Gaelic as a language and as a medium of education in the different regions. The term *Irish*, once used for Gaelic in Scotland, is today the commonly used term in educational discourses in the Republic of Ireland and Northern Ireland, and therefore, this term is used in the two chapters dealing with Ireland. In the Isle of Man chapter, both *Manx-Gaelic* and *Manx* are used, the former term generally being favoured by the island's government.[6]

Northern Ireland

At the 2001 census, 167,460 people were returned as having knowledge of Irish, representing just over 10 per cent of an overall population of 1,617,957. There is no longer a traditional Gaeltacht in Northern Ireland, and most speakers are learners with differing levels of skill in the language. However, there is an urban neo-Gaeltacht, a housing development for Irish speakers in Belfast, and there are many other Irish-speaking households outside this community, as well as a significant numbers of fluent second-language speakers.

The provision of Gaelic-medium education in Northern Ireland dates back to 1971 when a number of parents in Belfast who were raising children through Irish set up a primary school. Irish-medium education has grown from an initial intake

---

[4] Ó Baoill, D. (2002) "Curaclam, Pleanáil, Sochtheangeolaíocht agus Réimeanna Teanga" in Ó hUiginn, R. (Ed.) *Curaclam na Gaeilge, LCC XXXII*. Maigh Nuad: An Sagart. 7-18.

[5] Ní Ghallachair, A. (2002) "An bhfuil an Córas Oideachais ag Loiceadh ar Phobal na Gaeilge?" in Ó hUiginn, R. (Ed.) *Cu raclam na Gaeilge, LCC XXXII.* Maigh Nuad: An Sagart. 19-27.

[6] www.gov.im

of nine pupils then to a system of education which currently caters for 3,228 children, from preschool to secondary level. This system is essentially one of immersion education where Irish is not the home language of the majority of pupils. The largest concentrations of schools, and of pupils, are in Belfast and Derry, but small units, schools and preschools are developing outside these areas. Growth is continuing and a number of new Irish-medium units and at least one Irish-medium school are in the pipeline.

The opening sections of Paul Steele's chapter focus on the general provision for education. Unlike other regions, local government does not play a part in education in Northern Ireland – school funds and in-service training are administered on behalf of the Department of Education through five education and library boards. Major changes are expected in the provision of secondary education as the result of a decision in 2002 to abolish the selective transfer test at age 11 (the '11-plus'), but implementation has been delayed for an unspecified period.

The system of schools in Northern Ireland is rather complicated. The Government of Ireland Act 1920 which established the partition of Ireland, and a Northern Ireland Parliament also prohibited the endowment of religion, and the imposition of religious tests on teachers. The 1923 Education Act of the new Parliament sought to absorb the former Protestant and Catholic-controlled primary schools into a non-denominational state system. However, this was rejected by both the Protestant and Catholic churches, which insisted on the inclusion of a denominational ethos. Despite the constitutional provisions of the Government of Ireland Act, the 1930 Education Act established two categories of school: a system of state controlled schools incorporating Bible instruction on Protestant lines, and a voluntary system managed by the Catholic Church and based on Catholic religious principles. The 1930 Education Act and subsequent developments left a political landscape in which most Protestant and Catholic children are educated in different schools.

One freestanding Irish-medium primary school and all Irish-medium units are within the Catholic maintained sector. However, the majority of children attending Irish-medium education are in a different, grant-aided, sector which is not under the management of the Catholic church. In addition, a number of free-standing schools receive a form of interim funding, and there are a number of small independent schools which are not grant-aided.

The funding of an Irish-medium unit in a Derry school, in 1983, was the first real sign of official acceptance of Irish-medium education in Northern Ireland. For years free-stranding schools had survived without state funding for either salaries or buildings, a situation which had put parents and teachers under tremendous pressure. The biggest changes in Government policy on Irish-medium education, however, were to follow the Belfast Agreement of 1998 when the Department of Education founded two new voluntary bodies to cater for Irish-medium education. Comhairle na Gaelscolaíochta was established as a voluntary body to co-ordinate the development of Irish-medium education and advise government; and Iontaobhas na Gaelscolaíochta was set up as a trust fund for the development of new Irish-medium provision. St Mary's University College, Belfast, was charged with the training of teachers for Irish-medium education, and with the provision of educational resources through a special unit, an tÁisaonad Lán-Ghaeilge. Although these measures have provided a new framework for the development of Irish-medium education, inadequacies and challenges remain. At preschool level, funding is inadequate despite the recognition that provision at this level is critical for the vast majority of pupils for whom Irish is a second language. There is also an increasing and unsatisfied demand for Irish-medium units, especially in rural areas. Although all the existing units are in Catholic schools, the Council for Catholic Maintained Schools has not formulated a policy on Irish-medium education, and this often inhibits coordinated development. At secondary level, Irish is largely confined to the Catholic maintained sector. It is taught in some second-level integrated schools and some pupils in the controlled and voluntary grammar schools have availed of the "Cultural Enrichment Programme" offered by Gael-Linn. However, Gaelic-medium Education is not, as yet, an option in any of these schools.

Republic of Ireland

In the Republic of Ireland, Irish is in the unusual position of being a minority language but with the constitutional status of being also "the national language" and "the first official language". At the 2002 census, 1.57 million people were returned as being able to speak Irish: 42.8 per cent of the population. Language ability and use were also recorded and 21.6 per cent were reported as using Irish on a daily basis. The use of Irish in the official Gaeltacht areas varies but, of their total population, 56.6 per cent use it daily, and a further 11 per cent use it on a weekly basis. The percentage of speakers in Gaeltacht areas is declining, though the decline is less marked than in traditional Gaelic speaking areas of Scotland.

In the modern period, Gaelic-medium education has been established in the Republic for longer than the other three regions. From the founding of the state up to the 1950s, education through Irish was officially promoted not only in Gaeltacht areas but throughout the state. Helen Ó Murchú traces the rise and decline of this policy and identifies the elements of the founding policy which are still in operation today. For example, the state has retained its commitment to education through Irish in the Gaeltacht, and to the teaching of Irish as a second language in all other areas. One of the significantly different features of the system in the Republic is that Irish remains a compulsory subject from age four to school-leaving age, and there is a single Irish-language curriculum for all pupils, including those in the Gaeltacht. In 1999–2000, 317,103 pupils were learning Irish as a subject, thirteen times the number in Irish-medium education.

In Gaeltacht areas, state policy is to provide Irish-medium education for all children although, in practice, it is not always available at secondary level. Outside the Gaeltacht, Irish-medium education is not available as of right, and the government merely responds to demand. A campaign to demand Irish-medium schools began in the 1970s when parents started to set up their own schools or *gaelscoileanna* which eventually secured state funding. As in most other regions, in the Republic Irish is the home language for only a minority of pupils in these schools, and here immersion education is the norm. The pattern of provision is predominately one of Irish-medium schools, although there are a few units. The organisation Gaelscoileanna supports parents and new schools while An Comhchoiste Réamhscolaíochta supports Irish-medium preschools. There has been significant growth in Irish-medium education outside the Gaeltacht since 1990: 21,894 primary pupils and 5,213 secondary level pupils were in Irish-medium education outside the Gaeltacht in the school year 2002-3.

Responsibility for primary education in general lies mainly with central Government, although the majority of primary or 'national schools' are managed by parishes, and have a bishop as a patron. In contrast, the Gaelscoileanna are not part of the parish system and are outside church control. A new organisation, An Foras Pátrúnachta, has been established to act as patron for such schools.

The system at second level is more varied. A large number of schools are in the ownership of local churches or religious orders but are funded mostly by the Department of Education. There are also vocational schools and community colleges which operate under the vocational committees of the local authorities, and comprehensive and community schools which come under the Department of Education. Co-ordination on Irish education is required but, at present, it is inadequate.

The provision of Irish-medium education at secondary level depends on the transfer of pupils from existing Irish-medium primary schools. As in the other three regions, there are difficulties with continuity and the numbers of pupils and staff required for viability. This and the competition from other schools militate against the establishment of an Irish-medium secondary sector. An Chomhairle um Oideachas lán-Ghaeilge agus Gaeltachta was established by the 1998 Education Act and commenced work in 2002, and it is hoped that developing a co-ordinated policy for Irish-medium education will, in time, solve some of the problems.

Scotland

In Scotland, the 2001 census returned 58,652 persons as 'speaking Gaelic', and 92,396 as 'understanding' it. The majority of speakers, some 55 per cent, live in the three local authority districts with traditional Gaelic-speaking communities: the Western Isles, Highland, and Argyll and Bute. Although the overall number of speakers is declining, particularly in the traditional Gaelic-speaking communities, the rate of decline has slowed.

In Scotland, primary and secondary education are provided by local government, and the three authorities with Gaelic-speaking communities are the main providers of Gaelic-medium education: The Western Isles Council, the Highland Council, and Argyll and Bute Council. The Western Isles Council covers the Outer Hebrides, the Highland Council includes the city of Inverness on the east coast, and Skye and Ullapool on the west coast, while Argyll is south west of Highland and reaches from Tiree and Oban to Bute and Helensburgh on the Firth of Clyde. Gaelic-medium education is also available in Aberdeen, Edinburgh, and Glasgow, and in a number of towns in neighbouring council areas.

Two separate curricula are available for Gaelic as a subject, one for native speakers and another for learners, although native speakers may also take the learners' syllabus. The number of children learning Gaelic as a subject is small in comparison with Northern Ireland and the Republic of Ireland. However, a notable feature of the Scottish situation is the provision for Gaelic-medium education at tertiary level, particularly at Sabhal Mòr Ostaig, the Gaelic-medium college on Skye, and at Lews Castle College on Lewis.

A programme of 'specific grants' for Gaelic has been in place since 1986 and provides grant aid of up to 75 per cent for new developments in Gaelic-medium education with local authorities being asked to provide the remaining 25 per cent. This funding has provided powerful leverage for those approaching local authorities with a view to setting up a Gaelic-medium unit. In 2002-3, there were 1,925 pupils in Gaelic-medium education at primary level. Gaelic-medium education is still young, and most provision is in units rather than schools. Even in the Western Isles, where over half the population were Gaelic speakers at the 2001 census, only 25% of primary children are in Gaelic-medium education. This has implications for the future of Gaelic in a traditional stronghold.

"Parent-power" has also been a feature of the Scottish scene where from the early 1980s, a vigorous preschool movement, led by Comhairle nan Sgoiltean Àraich (CNSA), encouraged the demand for Gaelic-medium education. There is also a society for parents, Comann nam Pàrant, which is devoted to Gaelic-medium education, and an after-schools club, Sradagan, for children.

Despite the many achievements of the last two decades, Wilson McLeod argues that a great deal has still to be achieved. For example, the shortage of trained Gaelic-medium teachers is a major constraint on the development of Gaelic-medium schools and units. However, the Scottish Parliament has established a new non-departmental public body, Bòrd na Gàidhlig, to co-ordinate the development and funding of Gaelic, and the Executive, elected in May 2003, has declared its intention to enact a Gaelic Language Bill. It remains to be seen how these developments impact on Gaelic-medium education.

The Isle of Man

At the 2001 census, 1,527 people were returned as speaking Manx Gaelic, and 1,689 as either speaking, reading or writing the language, out of a total population of 76,315. This is a dramatic turnaround for a language whose last native speaker died in 1974. Although the Manx-medium education has made significant progress on the Isle of Man, it still in its infancy and numbers are low. The movement on the Isle of Man modelled itself on the Scottish movement. The first step was the formation of the preschools organisation, Mooinjer Veggey, in 1996, followed by a parents' organisation, Sheshaght ny Paarantyn. The first Manx-medium unit was opened in 2001, and in 2003 it moved to a dedicated building and is expected to develop into a Manx-medium school within the next few years.

Manx-medium education faces similar challenges to those faced in the other regions: shortage of suitably qualified Manx-speaking staff to work as teachers, translators or development workers, and the ever-present shortage of teaching resources. There are very signficant achievements, and Phil Gawne argues that the Government of Mann[7] needs to co-ordinate language policy, development and funding in a radically new way, if it is to meet the demand, and if Manx Gaelic is to continue to grow.

---

[7] *Mann* is the normal spelling when the name stands on its own, and a single *n* is normal in the phrase *the Isle of Man.*

The accounts from Northern Ireland, Scotland, the Republic of Ireland and Mann show the real achievements of teachers pupils and others working in the Gaelic-medium education, and the considerable challenges still to be met. It is the hope of the Columba Initiative that this book will assist them as they communicate and co-operate with their colleagues in other regions and tackle those challenges.

Oideachas trí mheán na Gaeilge i dTuaisceart Éireann

Paul Steele

1. Intreoir

Ba sa bhliain 1971, nuair a bunaíodh bunscoil neamhspleách i mBéal Feirste, a cuireadh tús leis an ghaelscolaíocht i dTuaisceart Éireann. Tá líon na ndaltaí atá ag freastal ar ghaelscoileanna i ndiaidh fás ó naonúr sa bhliain 1971 go 3,228 sa scoilbhliain 2002-3. Is í an Ghaeilge an meán teagaisc san earnáil seo. Múintear Béarla mar ábhar scoile ón tríú nó ón cheathrú bliain ar aghaidh, nuair atá na daltaí seacht nó ocht mbliana d'aois.

Nuair a bunaíodh Tuaisceart Éireann sa bhliain 1921, bhí dearcadh naimhdeach ag an rialtas nua Aontachtach maidir le húsáid na Gaeilge sa chóras oideachais. Le linn na 1920í agus na 1930í, chuir siad srianta ar theagasc na Gaeilge i mbunscoileanna agus dhiúltaigh tacaíocht a sholáthar i gcomhair múinteoirí a oiliúint. Sa bhliain 1949 cuireadh cosc ar shráidainmneacha Gaeilge, cosc a mhair go 1995. In ainneoin nach raibh tacaíocht ná acmhainní ar fáil ón rialtas, lean pobal na Gaeilge orthu ag eagrú ranganna Gaeilge do dhaoine fásta, scéimeanna samhraidh do pháistí scoile agus cúrsaí samhraidh d'fhoghlaimeoirí i nGaeltacht Dhún na nGall.

Osclaíodh an chéad ghaelscoil sa bhliain 1971 le freastal ar phobal beag cainteoirí Gaeilge i nua-Ghaeltacht iarthar Bhéal Feirste. Ní raibh cistiú ar bith á fháil ag an scoil ón stát agus bhí sí neamhspleách ar na húdaráis oideachais agus eaglaise. Ba dheacair agus ba mhíshocair an caidreamh a bhí idir an scoil agus an Roinn Oideachais le linn na mblianta tosaigh seo, agus bhagair an Roinn an scoil a dhruidim agus an dlí a chur uirthi. I dtús ama, ní ghlactaí isteach sa scoil ach páistí a bhain le teaghlaigh a raibh an Ghaeilge á labhairt acu. Níos faide anonn, tosaíodh ar pháistí ó theaghlaigh gan Ghaeilge a ghlacadh isteach, agus chuir an scoil clár tumoideachais ar bun. Tá cistiú Rialtais á fháil ag an scoil anois agus tá os cionn 300 páiste cláraithe mar dhaltaí inti.

Ba ualach mór airgidis ar reáchtáil na scoile, Bunscoil Phobal Feirste, ag na tuismitheoirí agus an pobal araon, agus b'éigean síorobair dheonach a dhéanamh chuige. Ba bheag téacsleabhar fóirsteanach a bhí ar fáil i nGaeilge agus bhí ar mhúinteoirí, ar thuismitheoirí agus ar dhaoine díograiseacha eile sa phobal tabhairt faoi théacsanna a aistriú fá choinne na ndaltaí. B'éigean don fhoireann díograis agus dúthracht as an ghnách a bheith acu. Bhí na tuarastail íseal go leor agus bhí ar an fhoireann uaireanta fada a chur isteach le hábhair a ullmhú agus le gníomhaíochtaí taobh amuigh den scoil a eagrú.

Sa bhliain 1983, bunaíodh aonad lán-Ghaeilge i mbunscoil Chaitliceach i nDoire. D'aithin agus chistigh an Roinn Oideachais an t-aonad seo a bhí ag feidhmiú faoi bhainistíocht scoile seanbhunaithe Béarla ón tús. D'fhás líon na ndaltaí go seasmhach sa dóigh is go ndearnadh scoil saorsheasaimh Chaitliceach choinnithe di. Chuir an Roinn Oideachais cistiú ar fáil do Bhunscoil Phobal Feirste ag deireadh 1984.

Idir 1984 agus 2002, thug an Roinn Oideachais cabhair dheontais do chúig scoil is fiche eile le hoideachais trí Ghaeilge a sholáthar. San am i láthair tá an ghaelscolaíocht á soláthar ag bunleibhéal i gcúig scoil is fiche. Is 'aonaid' taobh istigh de scoileanna Béarla ceithre cinn díobh sin. Tá iar-bhunscoil saorsheasaimh amháin i mBéal Feirste, agus tá aonad gaelscolaíochta iar-bhunscoile i nDoire atá suite ar shuíomh atá scartha ón scoil Bhéarla ar cuid di é. Ó Mheán Fómhair 2002 i leith, tá oideachas trí Ghaeilge le fáil ag leibhéal iar-bhunscoile i gcathair Ard Mhacha, i scoil Bhéarla de chuid na cathrach sin.

Níl ach ceann amháin de na bunscoileanna saorsheasaimh nach mbaineann leis an earnáil Chaitliceach. Is scoileanna idirchreidmheacha iad na scoileanna eile, cé gur leis an phobal Caitliceach a bhaineann tromlach na bpáistí iontu. Baineann formhór na bpáistí le teaghlaigh nach í an Ghaeilge a bpríomhtheanga.

2. Soláthar reachtúil oideachais (ginearálta)

Déantar oideachas foirmiúil a sholáthar ar cheithre leibhéal i dTuaisceart Éireann:

- réamhscolaíocht;
- bunscolaíocht;
- iar-bhunscolaíocht;
- breisoideachas agus ardoideachas.

Níl aon fhreagracht ar na húdaráis áitiúla i dTuaisceart Éireann ó thaobh sholáthar oideachais de, murab ionann agus na húdaráis áitiúla in Albain agus sa chuid eile den Ríocht Aontaithe. Is ar an Roinn Oideachais atá freagracht reachtúil as an earnáil oideachais fhoirmiúil agus déantar an earnáil sin a riar trí chúig cinn de Bhoird Oideachais agus Leabharlainne (BOL) sna réigiúin éagsúla i dTuaisceart Éireann mar seo a leanas:

- Bord Oideachais agus Leabharlainne Bhéal Feirste;
- Bord Oideachais agus Leabharlainne an Oirthuaiscirt;
- Bord Oideachais agus Leabharlainne an Oirdheiscirt;
- Bord Oideachais agus Leabharlainne an Deiscirt;
- Bord Oideachais agus Leabharlainne an Iarthair.

2.1 Réamhscolaíocht

Cistiú

Níl a leithéid de rud ann agus ceart reachtúil ar oideachas réamhscoile. Bíodh sin mar atá, tá an Rialtas, faoi bhun Ordú Oideachais TÉ 1998, ag iarraidh cúram leanaí a sholáthar do gach páiste, más sin is mian le tuismitheoirí an pháiste. Cuireann an Rialtas oideachas réamhscoile saor in aisce ar fáil do pháistí sa bhliain réamhscoile faoi bhun an Chláir um Leathadh Oideachais Réamhscoile (CLOR). Déantar cistiú a riar de réir na bhfoirmlí cistithe a mbaintear úsáid astu sa chlár Scoileanna á mBainistiú go hÁitiúil. Cuirtear cistiú ar fáil do scoileanna naíonlainne maoinithe, d'aonaid, do ranganna glacacha agus do ghrúpaí. Tugtar deontais dhíreacha do naíonlanna príobháideacha agus do ghrúpaí súgartha réamhscoile a fheidhmíonn ar bhonn deonach. Is áiteanna páirtaimseartha ar fad na háiteanna a chuirtear ar fáil faoi bhun CLOR agus is gnách gur 2.5 uair an chloig in aghaidh an lae a bhíonn i gceist suas go cúig lá in aghaidh na seachtaine thar thréimhse 38 seachtain (.i. an scoilbhliain ó Mheán Fómhair go Meitheamh). Chomh maith leis sin, is féidir cistiú roghnach a sholáthar do thionscadail chaipitil faoi choinne scoileanna nó aonaid naíonlainne a fheidhmíonn ar bhonn reachtúil. Cuirtear deontais níos lú ná sin ar fáil tríd an Roinn Sláinte, Seirbhísí Sóisialta agus Sábháilteachta Poiblí (RSSSSP). Caithfidh naíonraí 26 dalta a chlárú in aon bhliain amháin le stádas scoil naíonlainne nó aonad naíonlainne a bhaint amach. Is tríd an Roinn Oideachais, faoi bhun CLOR, a mhaoinítear grúpaí súgartha réamhscoile a fheidhmíonn ar bhonn deonach. Is féidir le grúpaí súgartha cur leis an chistiú seo trí tháillí a ghearradh nó airgead a bhailiú, nó deontais a lorg ón RSSSSP. Ní chuirtear cistiú caipitil ar fáil do ghrúpaí súgartha réamhscoile a fheidhmíonn ar bhonn deonach. Tá córas monatóireachta agus cigireachta á sholáthar ag na Cigirí Oideachais agus Traenála (ETI) le cigireacht a dhéanamh ar an chuid sin den earnáil naíonlainne a fhaigheann cabhair dheontais. Cigirí de chuid na RSSSSP, agus de chuid ETI, a dhéanann cigireacht ar ghrúpaí súgartha réamhscoile a fheidhmíonn ar bhonn deonach agus ar bhonn príobháideach. (Féach 5.6 fá choinne tuilleadh eolais ar naíonraí lán-Ghaeilge.)

Aois iontrála

Caithfidh páistí a bheith trí bliana d'aois le go ligfear dóibh freastal ar ghrúpa súgartha réamhscoile. Is féidir páistí chomh hóg le dhá bhliain d'aois a chlárú i scoileanna nó in aonaid naíonlainne a fheidhmíonn ar bhonn reachtúil má tá áiteanna ar fáil dóibh iontu.

2.2 Oideachas bunleibhéil

Maoiniú

Déanann an Rialtas oideachas bunscoile a lánchistiú i gcás go bhfuil áitreabh oiriúnach fáighte ag an scoil agus go gcomhlíontar na critéir maidir le líon daltaí agus caighdeáin oideachais. Bíonn cistiú eatramhach á fháil ag an earnáil lán-Ghaeilge agus ag an earnáil Imeasctha, an earnáil uilechumais a fhreastalaíonn ar Phrotastúnaigh agus ar Chaitlicigh araon. Cuireann an cistiú seo ar a gcumas costais reáchtála a ghlanadh gan chistiú caipitil. (Féach 5.7 fá choinne tuilleadh eolais ar ab bhunscolaíocht lán-Ghaeilge.)

Aois iontrála

Leanann an t-oideachas bunscoile ar aghaidh go dtí go bhfuil an páiste idir 11 agus 12. Téann formhór na bpáistí ar scoil nuair a bhaineann siad aois a ceathair amach le linn mhí Mheán Fómhair i ndiaidh a gceathrú breithlá. Más rud é áfach go mbíonn a gcúigiú breithlá i mí Iúil nó mí Lúnasa, is amhlaidh a théann siad ar scoil le linn mhí Mheán Fómhair na bliana dár gcionn ag tús na scoilbhliana.

2.3 Iar-bhunoideachas

Cistiú

Déanann an Rialtas oideachas iar-bhunscoile a lánchistiú i gcás go gcomhlíontar na critéir bhunaithe maidir le líon daltaí, caighdeáin oideachais agus áitreabh. (Féach 5.8 fá choinne tuilleadh eolais ar iar-bhunscoileanna lán-Ghaeilge.)

Aois iontrála

Is é 11 an aois iontrála fá choinne an oideachais iar-bhunscoile. Maireann an tréimhse reachtúil oideachais iar-bhunscoile ó 11 go dtí go mbaineann an páiste 16 amach. Is féidir le daltaí leanúint ar aghaidh lena n-oideachas iar-bhunscoile ar roinnt bealtaí idir iar-bhunscoileanna, choláistí breisoideachais agus ardoideachais agus institiúidí traenála. Maidir leis na daltaí sin ar mian leo dul leis an oideachas tríú leibhéal, is gnách go roghnaíonn siad dhá bhliain bhreise den oideachas iar-bhunscoile le Teastas Ginearálta Oideachais (A-leibhéal) a bhaint amach.

2.4 An tríú leibhéal

Is féidir le daltaí cúrsaí oideachais tríú leibhéal a dhéanamh in institiúidí amhail na hollscoileanna, coláistí oiliúna múinteoirí nó institiúidí breisoideachais agus ardoideachais.

3. An Ghaeilge mar ábhar staidéir san earnáil Bhéarla

Tá tábhacht nach beag le múineadh na Gaeilge mar ábhar staidéir sna scoileanna Béarla i dtaca le comhthéacs iomlán na gaelscolaíochta. Is mar ábhar staidéir i scoileanna Béarla a d'fhoghlaim formhór mhúinteoirí na ngaelscoileanna an Ghaeilge i dtús báire. Déantar soláthar fá choinne an Ghaeilge a mhúineadh mar ábhar curaclaim breise i gcorr-bhunscoil de chuid na hearnála lán-Bhéarla. Mar sin féin, tá an soláthar seo ag brath cuid mhór ar mhúinteoirí díograiseacha a bheith ann a bhfuil Gaeilge ar a dtoil acu, agus fosta ar dhea-mhéin bhainisteoirí na scoileanna. Múintear an Ghaeilge mar nuatheanga i bhformhór na scoileanna (gramadaí) Caitliceacha agus i roinnt iar-bhunscoileanna Caitliceacha. Diomaite de líon beag iar-bhunscoileanna Imeasctha, is beag scoil taobh amuigh den earnáil Chaitliceach a mbíonn an Ghaeilge á múineadh mar ábhar curaclaim iontu. Is í an Ghaeilge an dara nuatheanga is mó a roghnaítear, bliain i ndiaidh bliana, fá choinne scrúduithe an Teastais Ghinearálta Mheánoideachais (GCSE). Is í an Fhraincis an teanga is mó a roghnaítear. Tá deiseanna eile ann le scileanna teanga a fhoghlaim agus a fhorbairt chomh maith leis an chóras foirmiúil scoile. Bíonn coláistí samhraidh i nGaeltacht Dhún na nGall á reáchtáil ag Gael-Linn (Gael-linn.ie) agus Comhaltas Uladh, eagras rialaithe Chonradh na Gaeilge i gCúige Uladh (cnag.ie/bunus/cu.htm).

4. An córas oideachais i dTuaisceart Éireann

Tá córas oideachais Thuaisceart Éireann casta. Tá deich n-eagras reachtúil ann a bhíonn ag plé le bainistiú agus riar an chórais. Tá ról suntasach ag raon d'eagraíochtaí deonacha fosta.

4.1 Eagraíochtaí reachtúla

An Roinn Oideachais
Is í an Roinn Oideachais atá freagrach as an chóras oideachais agus seirbhísí gaolmhara a riar i dTuaisceart Éireann. Bíonn sí ag plé le gach gné den oideachas réamhscoile, bunscoile agus meánscoile, an tseirbhís óige, oideachas múinteoirí agus le cur chun cinn an chaidrimh phoiblí taobh istigh de na scoileanna agus idir na scoileanna. An Roinn Fostaíochta agus Foghlama (RFF) atá freagrach as an chóras oideachais i ndiaidh an leibhéil iar-bhunscoile.

Na Boird Oideachais agus Leabharlainne

Is iad na Boird Oideachais agus Leabharlainne (BOL) na húdaráis áitiúla oideachais agus leabharlainne do na ceantair atá faoina gcúram. Tá cúig cinn ar fad i dTuaisceart Éireann. Tá dualgas reachtúil orthu féachaint chuige go mbíonn go leor scoileanna de gach cineál ann le freastal ar riachtanais mhuintir an cheantair: na scoileanna atá faoina mbainistíocht a airgeadú; scoileanna coinnithe a threalmhú agus a chothabháil agus costais reatha na scoileanna sin a ghlanadh.

Tá raon leathan feidhmeanna ag gach Bord, lena n-áirítear:

- comhairle a chur ar Ranna Rialtais (agus ar ghníomhaireachtaí eile) faoi riachtanais na gceantar atá faoina gcúram agus ar cheapadh polasaí;
- cuntais a choinneáil ar úsáid acmhainní;
- soláthair áiseanna iompair do dhaltaí atá ina dteideal;
- monatóireacht ar thinreamh scoile;
- seirbhís chomhairle agus tacaíochta churacalaim a sholáthar do na scoileanna uile ina gceantar.

Comhairle na Scoileanna Caitliceacha Coinnithe

Eagraíocht reachtúil atá i gComhairle na Scoileanna Caitliceacha Coinnithe (CCMS), a bunaíodh go foirmiúil in Aibreán 1990. Faigheann sí cistiú 100 faoin chéad ón Roinn Oideachais.

Is iad príomhfheidhmeanna na Comhairle ná:

- comhairle a chur ar an Roinn Oideachais agus ar na BOL maidir le hábhair a bhaineann le scoileanna Caitliceacha coinnithe;
- pleanáil agus bainistiú éifeachtach a chur chun cinn san earnáil Chaitliceach choinnithe;
- comhairle agus eolas a sholáthar d'iontaobhaithe, do Bhoird Ghobharnóirí, do phríomhoidí agus d'fhoireann na scoileanna Caitliceacha coinnithe;
- múinteoirí agus múinteoirí taca a fhostú ar fhoirne na scoileanna Caitliceacha coinnithe.

An Chomhairle Churaclaim, Scrúdúcháin agus Mheasúnaithe do Thuaisceart Éireann

Cuireann An Chomhairle Churaclaim, Scrúdúcháin agus Mheasúnaithe do Thuaisceart Éireann (CCEA) comhairle ar an Aire Oideachais faoi ábhair a bhaineann leis an churaclam, le measúnú agus le scrúdúchán, cuireann measúnaithe eochairchéime i gcrích, agus scrúduithe GSCE agus GCE fosta. Tá ról rialaithe aici chomh maith maidir le caighdeáin scrúduithe, agus foilsíonn agus dáileann sí eolas maidir leis an churaclam, scrúdúchán agus measúnaithe.

An Coimisiún Foirne do Bhoird Oideachais agus Leabharlainne

Is iad príomhfheidhmeanna an Choimisiúin ná ábhair atá bainteach le traenáil fhoireann na mBord Oideachais agus Leabharlainne, le ceapacháin agus arduithe céime agus idirphlé mar gheall ar théarmaí agus coinníollacha na foirne.

Comhairle Óige Thuaisceart Éireann

Is í an Chomhairle a chuireann comhairle ar an Roinn Oideachais, ar na BOL agus ar eagraíochtaí eile maidir le forbairt phearsanta agus shóisialta páistí, ógánaigh agus ógánaigh fhásta.

4.2 Eagraíochtaí neamhreachtúla

Comhairle na Gaelscolaíochta (CnaG)
D'fhág an tOrdú Oideachais 1998 dualgas reachtúil ar an Roinn Oideachais an ghaelscolaíocht a spreagadh agus a éascú. Ba mar gheall ar an dualgas sin a bhunaigh an Roinn an eagraíocht dheonach Comhairle na Gaelscolaíochta i Lúnasa 2000. Tá an Chomhairle á cistiú ag an Roinn Oideachais. (Féach 5.5 fá choinne tuilleadh eolais)

Comhairle Thuaisceart Éireann ar son an Oideachais Imeasctha (NICIE)
Eagraíocht dheonach le stádas carthanachta atá i gComhairle Thuaisceart Éireann ar son an Oideachais Imeasctha a bunaíodh mar scátheagraíocht do roinnt grúpaí atá ag saothrú ar son an oideachais imeasctha. Freastalaíonn scoileanna imeasctha ar pháistí Caitliceacha agus Protastúnacha de gach leibhéal cumais. Tá éiteas ag na scoileanna a thugann urraim do thraidisiúin éagsúla.

Cumann na gComhlachtaí Rialaithe
Déanann Cumann na gComhlachtaí Rialaithe ionadaíocht ar son scoileanna gramadaí deonacha i dTuaisceart Éireann.

Comhairle na nIonadaithe Aistreacha
Bunaíodh an Chomhairle sna 1920í, nuair a rinne an stát scoileanna a bhí faoi stiúir eaglasta a aistriú go stiúir an stáit. Ar na heaglaisí a bhí i gceist bhí Eaglais na hÉireann, an Eaglais Phreispitéireach in Éirinn,agus an Eaglais Mhodhach, agus bíonn ionadaithe dá gcuid ag feidhmiú ar an Chomhairle.

4.3 Catagóirí scoileanna

Tá roinnt gnéithe sainiúla ag baint leis an chóras oideachais i dTuaisceart Éireann. Is córas roghnach, den chuid is mó, atá sa chóras meánscolaíochta i.e. freastalaíonn daltaí ar scoileanna ghramadaí nó ar mheánscoileanna, de réir a gcumais acadúil. Tá earnáil dheonach an-mhór ann ina bhfuil scoileanna gramadaí deonacha (faoi bhainistíocht Chaitliceach nó neamh-shainchreidmheach) agus scoileanna Caitliceacha coinnithe.

Scoileanna rialaithe
Is iad na Boird Oideachais agus Leabharlainne, trí na boird ghobharnóirí, a bhainistíonn bunscoileanna agus meánscoileanna rialaithe. I measc na ngobharnóirí bíonn ionadaithe ó na "scoileanna aistrithe" (Protastúnaigh a bhformhór) chomh maith le hionadaithe ar son na dtuismitheoirí, na múinteoirí agus na BOL. Bíonn ionadaithe ó na trí chatagóir dheireanacha ag feidhmiú ar bhoird ghobarnóirí sna naíonraí, sna scoileanna gramadaí, agus sna scoileanna speisialta.

Scoileanna deonacha (coinnithe)
Bíonn scoileanna deonacha (coinnithe) á mbainistiú ag boird ghobharnóirí fosta. Bíonn ionadaithe ar na boird seo a ainmníonn iontaobhaithe (Caitlicigh a bhformhór), chomh maith le hionadaithe de chuid na dtuismitheoirí, na múinteoirí

agus na BOL. Is minic a thugtar an 'earnáil Chaitliceach choinnithe' air. Tá gaelscoil amháin agus roinnt aonad san earnáil seo.

Scoileanna deonacha (neamhchoinnithe)
Is scoileanna gramadaí deonacha a bhformhór atá á mbainistiú ag boird ghobharnóirí ar a bhfuil daoine a cheaptar de réir Scéim Bhainistithe na scoile chomh maith le hionadaithe ar son na dtuismitheoirí agus na múinteoirí agus, i gcás fhormhór na scoileanna, baill a cheapann an Roinn Oideachais nó na BOL. Soláthraíonn an Roinn Oideachais cistiú díreach do scoileanna deonacha ach, faoi bhun Ordú Oideachais 1998, aistreofar an dualgas sin go dtí na BOL.

Scoileanna imeasctha maoinithe
Is toradh iad na scoileanna imeasctha coinnithe ar fheachtais a thosaigh sna 1970dí le hoideachas a thabhairt do pháistí Protastúnacha agus Caitliceacha le chéile. Is scoileanna uilechumais iad ar a bhfuil bunscoileanna agus iar-bhunscoileanna. Tá líon beag de scoileanna imeasctha san earnáil rialaithe chomh maith.

Scoileanna maoinithe eile
Clúdaíonn 'gaelscoileanna' maoinithe gach gaelscoil saorsheasaimh a fhaigheann cistiú ón Roinn Oideachais agus nach bhfuil san earnáil dheonach choinnithe (Chaitliceach), lena n-áirítear scoileanna saorsheasaimh nach bhfuil acu ach cistiú eatramhach nó cistiú ioncaim.

Scoileanna neamhspleácha
Is 'scoileanna neamhspleácha' iad na scoileanna sin nach bhfuil á gcistiú ag an Roinn Oideachais. Clúdaíonn siad gaelscoileanna nach bhfuil cistiú á fháil acu ón Roinn Oideachais. Is faoi na boird ghobharnóirí atá feidhmiú praiticiúil na scoileanna go léir, cuir i gcás soláthar an churaclaim, daltaí a ghlacadh isteach sa scoil, agus bainistiú chúrsaí airgeadais na scoile, cúrsaí foirne san áireamh.

4.4 Maoiniú ón Roinn Oideachais

An t-oideachas réamhscoile
Is de réir an Chláir um Leathadh Oideachais Réamhscoile a dháileann an Roinn Oideachais an buiséad oideachais réamhscoile. Tugtar leithdháileadh faoin chlár Scoileanna á mBainstiú go hÁitiúil (SBA) do sholáthóirí oideachais maoinithe. Deontas díreach a thugtar do sholáthróirí deonacha agus príobháideacha.

Bunoideachas agus iar-bhunoideachas
Is de réir fhoirmlí cistithe SBA a dháileann an Roinn Oideachais na buiséid bhunoideachais agus iar-bhunoideachais. Tá foirmlí chistithe LMS bunaithe ar líon na bpáistí a fhreastalaíonn ar an scoil, agus ar roinnt critéar eile, díth shóisialta cuir i gcás. Tá feidhmiú na bhfoirmlí cistithe seo á athbhreithniú le linn don téacs seo a bheith á scríobh, agus tá moltaí ann a chuirfeadh costais bhreise na gaelscolaíochta san áireamh sna foirmlí nua SBA.

Cistí iontaobhais
Tá cistí iontaobhais bunaithe ag an Roinn Oideachais ar son earnáil na gaelscolaíochta agus na hearnála imeasctha. Déanann Iontaobhas na Gaelscolaíochta (Féach 5.5) freastal ar earnáil na gaelscolaíochta agus déanann Ciste Iontaobhais Imeasctha Thuaisceart Éireann freastal ar an earnáil dheonach.

4.5 Soláthar traenála

Déantar múinteoirí a thraenáil i gceann amháin de cheithre institiúid tríú leibhéal. Is i gColáiste Ollscoile Naomh Muire agus i gColáiste Ollscoile an tSrutháin Mhilis, Béal Feirste a chuirtear traenáil réamhsheirbhíse ar mhúinteoirí bunscoile. Bunaíodh Coláiste Naomh Muire mar choláiste traenála do mhúinteoirí Caitliceacha, agus bíonn an Sruthán Milis ag plé le scoileanna rialaithe, le scoileanna imeasctha, agus le scoileanna deonacha neamh-Chaitliceacha den chuid is mó (dhá chineál scoile ar Protastúnaigh is mó a fhreastalaíonn orthu). Mar sin féin is coláistí de chuid Ollscoil na Banríona, Béal Feirste iad araon. Déanann an dá institiúid Céim Bhaitsiléara sa Bhunoideachas a thairscint. Maireann an cúrsa ar feadh ceithre bliana. Chomh maith leis sin, tairiscíonn Coláiste Ollscoile an tSrutháin Mhilis cúrsa Baitsiléara sa Bhunoideachas fá choinne mhúinteoirí earnáil na gaelscolaíochta. Tá cúrsaí céime san oideachas iar-bhunscoile agus cúrsaí teastas iarchéimeach san Oideachas san oideachas iar-bhunscoile (PGCE) á dtairiscint ag na hinstitiúidí seo a leanas: Coláiste Ollscoile Naomh Muire, Coláiste Ollscoile an tSrutháin Mhilis, Ollscoil na Banríona, Béal Feirste agus Ollscoil Uladh. Déantar réimsí speisialtóireachta a roinnt ar bhonn comhaontaithe idir gach ceann de na ceithre institiúid. Tairiscíonn Coláiste Naomh Muire PGCE sa bhunoideachas lán-Ghaeilge. Caithfidh naíscoileanna agus aonaid naíonlainne san earnáil fhoirmiúil féachaint chuige go mbíonn múinteoir cáilithe i ngach rang. Tairiscíonn Coláiste Ollscoile an tSrutháin Mhilis dhá shainchúrsa i gcomhair na hearnála seo: cúrsa BA sa Staidéar Luathóige agus PGCE san Oideachas Luathóige (blianta 3-8). Tá cáilíochtaí chúram leanaí riachtanach d'oibrithe agus do mhaoirseoirí san earnáil dheonach réamhscoile. Is gnách gur Cáilíochta Náisiúnta Gairmoideachais (NVQ) na cáilíochtaí seo. Tá roinnt mhaith eagraíochtaí a chuireann traenáil NVQ ar fáil d'oibrithe réamhscoile. Ina measc seo tá coláistí breisoideachais agus ardoideachais, Cumann na nGrúpaí Súgartha Réamhscoile i dTuaisceart Éireann (NIPPA) agus Altram arb í an earnáil lán-Ghaeilge a réimse speisialtóireachta (Féach 7. i gcomhair tuilleadh eolais ar thraenáil d'earnáil na gaelscolaíochta). Tá sé de chúram ar na BOL traenáil inseirbhíse churaclaim a sholáthar taobh istigh den earnáil fhoirmiúil oideachais. Cuirtear an tacaíocht seo ar fáil trí an tSeirbhís Chomhairleoireachta agus Tacaíochta Churaclaim (CASS) agus tríd an tSeirbhís Leabharlainne do Scoileanna. Tá oifigeach traenála saineolach ceaptha i dTuaisceart Éireann le freastal ar an earnáil lán-Ghaeilge i ngach ceann de na cúig BOL. Tá Aonad Traenála Réigiúnach curtha ar bun ag na Boird Oideachais agus Leabharlainne le dul i ngleic le traenáil oideachasúil agus le riachtanais taighde ar bhonn réigiúnach.

4.6 Riachtanais speisialta oideachais

Cuireann na Boird Oideachais agus Leabharlainne cistiú ar fáil trí bhuiséid gach scoile le dul i ngleic leis na riachtanais speisialta oideachais atá ag gach scoil acu. Chomh maith leis sin tá roinnt aonad curtha ar bun ag an Roinn Oideachais trí na Boird Oideachais agus Leabharlainne le freastal ar riachtanais speisialta oideachais. Roinntear costais na n-aonad seo idir na cúig Bhord Oideachais agus Leabharlainne, an Roinn Oideachais agus na Boird agus Iontaobhais Sláinte agus Seirbhísí Sóisialta. Níl foireann ar leith ann le dul i ngleic le sainriachtanais an oideachais speisialta san earnáil lán-Ghaeilge. Sa bhliain 1999 d'fhoilsigh na Cigirí Oideachais agus Traenála tuarascáil dar teideal *A Survey of Provision for Special Needs in Irish-medium Primary* a bhí bunaithe ar shraith de chuairteanna struchtúrtha suirbhéireachta ar cheithre scoil mhaoinithe. Tá an tuairisc ar fáil ar láithreán na Roinne: www.deni.gov.uk/inspection_services/publications/.

5. Soláthar reachtúil faoi choinne na Gaelscolaíochta

Tá dualgas reachtúil ar an Roinn Oideachais an ghaelscolaíocht a spreagadh agus a éascú de thairbhe Chomhaontú Bhéal Feirste agus an Ordaithe Oideachais (Tuaisceart Éireann) a lean é sa bhliain 1998. Thug an tOrdú sin an chumhacht don Roinn Oideachais cabhair dheontais a cheadú fá choinne fhorbairt na gaelscolaíochta.

5.1 Critéir maoinithe

I bhFeabhra 1999, thionscnaigh an Roinn Oideachais critéir nua maidir le cistiú na hearnála lán-Ghaeilge agus na hearnála imeasctha. Seo na critéir aitheantais i gcomhair maoiniú athfhillteach (gan maoiniú caipitil)

- is é an critéar tairsí tosaigh do Bhéal Feirste agus do Dhoire 15 páistí (agus iad a ghlacadh isteach sa scoil in aon bhliain amháin);
- is é an critéar tairsí tosaigh do cheantair taobh amuigh de Bhéal Feirste agus de Dhoire 12 páistí (agus iad a ghlacadh isteach sa scoil in aon bhliain amháin).

Bíonn iallach ar scoileanna fianaise a sholáthar a léiríonn go bhfuiltear ag glacadh daltaí nua isteach ar bhonn inbhuanaithe. An uair amháin atá na critéir inghlactha bainte amach ag scoil tá sí i dteideal cistiú athfhillteach a fháil. Le go mbeidh sí i dteideal ar chistiú caipitil caithfidh sí critéir bhreise a bhaint amach i dtaca le líon daltaí sna blianta dár gcionn. Seo na critéir aitheantais i gcomhair stádais lánchistithe Caithfidh Bunscoileanna saorsheasaimh:

- 20 páiste a ghlacadh isteach (in aon bhliain amháin) más i mBéal Feirste nó i nDoire atá siad;
- 15 páiste (in aon bhliain amháin) i gceantair taobh amuigh de Bhéal Feirste nó de Dhoire;
- a léiriú go bhfuiltear ag glacadh daltaí nua isteach ar bhonn inbhuanaithe

5.2 Soláthar lán-Ghaeilge i mbunscoileanna Béarla

Caithfidh 9/10 páistí a ghlacadh isteach in aonad Gaeilge in aon bhliain amháin agus a léiriú go bhfuil páistí á nglacadh isteach ar bhonn inbhuanaithe.

5.3 Scoileanna iar-bhunscoileanna

Le go mbeidh siad i dteideal ar chistiú Rialtais, caithfidh iar-bhunscoileanna saorsheasaimh 50 páiste, ar a laghad, a ghlacadh isteach in aon bhliain amháin. Aon scoil a bhfuil an líon sin daltaí aici, tá sí i dteideal cistiú caipitil agus cistiú athfhillteach a fháil. Tá critéir níos ísle i bhfeidhm i dtaca le haonaid Ghaeilge i scoileanna Béarla.

5.4 Cistiú na Gaelscolaíochta

Scoileanna le cistiú rialtais

Déantar gaelscoileanna a bhfuil aitheantas ón Roinn Oideachais acu a chistiú trí na BOL de réir fhoirmlí cistithe Scoileanna á mBainistiú go hÁitiúil. Is mórán mar a chéile iad na socruithe cistithe d'aonaid lán-Ghaeilge taobh istigh de scoileanna lán-Bhéarla. Tá a fhoirmle chistithe féin ag gach BOL a chuirtear i bhfeidhm ar bhuiséad gach scoile. Ar na nithe a chuirtear san áireamh ina leithéid d'fhoirmle tá líon daltaí, an líon daltaí atá i dteideal bhéilte scoile saor in aisce, an cineál foirgnimh atá ann, agus líon na bpáistí le riachtanais speisialta oideachais. Tá an socrú seo á athbhreithniú ag an Roinn Oideachais faoi láthair agus tá súil aici, trí phróiseas comhairliúcháin, teacht ar fhoirmle chistithe choiteann a bheidh á feidhmiú ag gach ceann de na cúig BOL i leith gach scoile atá faoina gcúram. Luann an doiciméad comhairliúcháin a d'eisigh an Roinn Oideachais go mbeidh na scoileanna san earnáil Béarla a thairiscíonn an t-oideachas lán-Ghaeilge fá réir na foirmle cistithe coiteann seo fosta. (Féach 4.4)

Is mar seo a leanas atá an earnáil lán-Ghaeilge á cistiú faoi láthair ag bunús na mBOL:

- tugtar £100 breise in aghaidh an pháiste do bhunscoileanna saorsheasaimh agus d'aonaid lán-Ghaeilge. Tugtar an íocaíocht seo le costais bhreise múinteoirí a chlúdach, chomh maith le hacmhainní curaclaim a chruthú agus ábhar croíláir breise (an Ghaeilge) a mhúineadh ag Eochairchéim 2.
- tugtar £25 breise in aghaidh gach páiste do scoileanna agus d'aonaid lán-Ghaeilge ag leibhéal iar-bhunscoile. Tugtar an íocaíocht seo le gur féidir acmhainní teagaisc a chruthú.
- tugtar suim airgid eile do scoileanna ina bhfuil aonad lán-Ghaeilge. Cuidíonn an íocaíocht seo le costais bainistíochta agus riaracháin a chlúdach. Is de réir líon na ndaltaí a mheastar an íocaíocht.

Cistiú scoileanna neamhaitheanta

Ní chuirtear cistiú Rialtais ar fáil do scoileanna nach gcomhlíonann critéir chistithe na Roinne Oideachais. Bíodh sin mar atá, tugann Iontaobhas na Gaelscolaíochta deontas £1,500 sa mhí do choistí a bhfuil scoileanna neamh-mhaoinithe á reáchtáil cu i leith gach múinteora atá fostaithe ag an choiste sin. Go dtí go gcomhlíonann a leithéid de scoil critéir chistithe na Roinne Oideachais, is é coiste bainistíochta na scoile atá freagrach as cistiú a aimsiú le freastal ar riachtanais na scoile.

5.5 Ról na neagraíochtaí deonacha

De thoradh ar Ordú Oideachais TÉ (1998) thug an Roinn Oideachais cabhair dheontais do Chomhairle na Gaelscolaíochta agus do Iontaobhas na Gaelscolaíochta.

Comhairle na Gaelscolaíochta

Is í Comhairle na Gaelscolaíochta an eagraíocht a dhéanann ionadaíocht ar son sholáthróirí an oideachais lán-Ghaeilge i dTuaisceart Éireann. Déanann sí forbairt an oideachais lán-Ghaeilge agus na nGaelscoileanna a chothú, a éascú agus a spreagadh. Ag seo thíos ráiteas misin Comhairle na Gaelscolaíochta:

> Gréasán cuimsitheach de sholáthar oideachasúil den scoth a fhorbairt ar fud thuaisceart na hÉireann sna deich mbliana amach romhainn, le freastal ar éileamh ó thuismitheoirí ar mian leo an ghaelscolaíocht dá bpáistí agus é seo a chur i gcrích de mheon na comhpháirtíochta leis an phobal agus le páirtithe earnála. Luann Comhairle na Gaelscolaíochta seacht gcinn d'aidhmeanna straitéiseacha sa *Phlean Corparáideach 2000–5*:

- cur chuige comhleanúnach straitéiseach a fhorbairt d'earnáil na gaelscolaíochta ag leibhéal naíscoile, bunscoile agus iar-bhunscoile;
- comhordú a dhéanamh ar na hacmhainní uile atá ar fáil lena chinntiú go mbainfear an leas is fearr is féidir astu ar son earnáil na gaelscolaíochta;
- soláthar oideachasúil agus seirbhísí tacaíochta den scoth a dheimhniú d'earnáil na gaelscolaíochta;
- an soláthar oideachasúil don ghaelscolaíocht a dhaingniú agus a fheabhsú i ndlúthchomhar leis na forais chuí uile;
- guth agus próifíl a bheidh láidir comhleanúnach comhaontaithe a chur chun tosaigh d'earnáil na gaelscolaíochta;
- ár réimse tionchair a fheabhsú leis an leas is fearr is féidir a bhaint amach d'earnáil na gaelscolaíochta;
- leordhóthain acmhainní a chinntiú do Chomhairle na Gaelscolaíochta le freastal ar éilimh earnáil na gaelscolaíochta.

Iontaobhas na Gaelscolaíochta

Bhunaigh an Roinn Oideachais Iontaobhas na Gaelscolaíochta sa bhliain 2000 le híocaíocht tosaigh dar luach £1.25 milliún. Tá sé á riar ag bord beag d'iontaobhaithe deonacha a cheapann an Roinn Oideachais agus Comhairle na Gaelscolaíochta. Feidhmíonn sé neamhspleách ar an Roinn Oideachais le comhairle ó Chomhairle na Gaelscolaíochta. Ba do scoileanna neamh-mhaoinithe a thug an tIontaobhas bunús a chiste le linn na chéad bhliana. Chuir sé cistiú ar fáil i gcomhair cóiríocht shealadach ghluaisteach a cheannach agus i gcomhair láithreáin do scoileanna a cheannach. Tugadh roinnt deontas don earnáil réamhscoile fosta. Ní leor acmhainní an Iontaobhais le freastal ar an éileamh in earnáil na gaelscolaíochta.

Chomh maith leis na heagraíochtaí thuasluaite atá á cistiú ag an Roinn Oideachais, tá na heagraíochtaí deonacha seo a leanas gníomhach san earnáil oideachais lán-Ghaeilge.

Gaeloiliúint

Is eagraíocht dheonach maoinithe í Gaeloiliúint a raibh dlúthbhaint aici le fiontair úra ghaelscolaíochta a bhunú ó bhí 1991 ann. Is é an ról atá aici faoi láthair maidir leis an oideachas lán-Ghaeilge ná forbairtí nua a éascú, tacaíocht a thabhairt do scoileanna bunaithe agus tacaíocht oideachasúil agus neamh-oideachasúil a chur ar fáil. Chomh maith leis sin tairiscíonn sí raon de chúrsaí traenála. Cé go bhfuil sí neamhspleách ar Chomhairle na Gaelscolaíochta, saothraíonn sí i ndlúthchomhar leis an eagraíocht sin agus tá ionadaíocht aici ar bhord stiúrthóirí na Comhairle. Tá Gaeloiliúint comhcheangailte le gaelscoileanna, an eagraíocht dheonach a chothaíonn an earnáil oideachais lán-Ghaeilge i bPoblacht na hÉireann.

Altram
Eagraíocht réigiúnach thraenála agus chomhairleach atá in Altram a fhreastalaíonn ar an earnáil luathóige lán-Ghaeilge. Bunaíodh Altram sa bhliain 1996. Cuireann sé tacaíocht agus comhairle ar fáil do bhaill fhoirne sna scoileanna, do choistí agus do thuismitheoirí agus ceapann treoirlínte, acmhainní curaclaim agus áiseanna teagaisc don earnáil. Is é an t-aon aonad i dTuaisceart Éireann a thairiscíonn cúrsaí fá choinne Cáilíochtaí Náisiúnta Gairmoideachais (NVQ) trí mheán na Gaeilge agus cuireann sé cúrsaí traenála ar fáil ar bhonn réigiúnach agus for-rochtana. Faigheann sé cistiú tionscadail ó roinnt foinsí, Foras na Gaeilge ina measc. Tá ról ar leith forbartha aige maidir le moltaí a chur faoi bhráid gníomhaireachtaí reachtúla agus neamhreachtúla i dtaca le forbairt polasaí. Cé go bhfuil Altram neamhspleách ar Chomhairle na Gaelscolaíochta, saothraíonn sé i ndlúthchomhar léi agus tá ionadaíocht aige ar bhord stiúrthóirí na Comhairle.

5.6 An t-oideachas réamhscoile

Tá cúig chineál de sholáthar réamhscoile i dTuaisceart Éireann:

- grúpaí súgartha réamhscoile deonacha;
- naíscoileanna maoinithe saorsheasaimh reachtúla;
- naí-aonaid mhaoinithe reachtúla (lonnaithe i mbunscoileanna);
- naíonlanna lae príobháideacha; agus
- réamhranganna agus réamhghrúpaí fáiltithe i mbunscoileanna (a bhfuil deireadh á gcur leo ag an Rialtas faoi láthair).

De réir an Chláir um Leathadh Oideachais Réamhscoile de chuid an Rialtais, beidh gach páiste i dteideal thréimhse oideachais réamhscoile le linn na bliana díreach sula dtéann siad ar bhunscoil. Osclaíodh an chéad réamhscoil lán-Ghaeilge i mBéal Feirste sa bhliain 1978. Inniu tá 37 réamhscoil san earnáil agus tuairim is 847 páiste ag freastal orthu. Chuir an Roinn Oideachais tacaíocht ar fáil i gcomhair áiteanna leathlae do 383 páiste ar feadh thréimhse bhliana. Tá líon beag scoileanna i ndiaidh iarratas a chur faoi bhráid na Roinne Oideachais le haghaidh naí-aonaid reachtúla a oscailt. Ba i mí Mheán an Fhómhair a osclaíodh an chéad naíscoil reachtúil lán-Ghaeilge agus tá sé beartaithe naíscoil reachtúil eile a oscailt i bhfoirgneamh sainchuspóireach i mí Mheán Fómhair 2003. Is gnách go mbíonn réamhscoileanna suite in aice na mbunscoileanna a mbíonn siad ag friotháil orthu. Tá roinnt bunscoileanna ann a ghlacann páistí ó dhá réamhscoil, rud a fhágann go gclúdaíonn siad scoilcheantar níos mó ná mar is gnách. Go dtí seo is gnách go gcuirtear bunscoileanna ar bun d'fhonn freastal ar éileamh ó thuismitheoirí a bhfuil páistí leo i réamhscoileanna lán-Ghaeilge. Bíodh sin mar atá, níl aon chaidreamh foirmiúil idir an bhunscoil agus an réamhscoileanna friothála. Níl an chuma air go bhfuil comhchoibhneas idir an pobal Gaeilge trí chéile agus na háiteanna ina bhfuil na réamhscoileanna nó bunscoileanna suite. Is ó chúlra Béarla bunús na dtuismitheoirí atá páirteach san oideachas lán-Ghaeilge.

Tábla 1: Réamhscoileanna lán-Ghaeilge i dTuaisceart Éireann

Ceantar	*Líon na Réamhscoileanna*
Béal Feirste	12
Co. Dhoire	8 (cathair Dhoire, Dún Geimhin, Machaire Rátha, Carn Tóchair, Baile na Croise)
Co. Ard Mhacha	4 (Ard Mhacha, An Lorgain, Port an Dúnáin, Ard Mhacha Theas)
Co. an Dúin	3 (An tIúr, Caisleán Uidhilín, Dún Pádraig)
Co. Thír Eoghain	5 (An Charraig Mhór, Dún Geanainn, Oileán an Ghuail, An Srath Bán, Rúscaigh)
Co. Aontroma	3 (Baile an Chaistil, Croimhghlinn, Dún Lathaí)
Co. Fhear Manach	2 (Lios na Scéithe, Inis Ceithleann)

Tábla 2: Bunscoileanna lán-Ghaeilge i dTuaisceart Éireann

Stádas maoinithe	*Líon scoileanna*
Scoileanna lánmhaoinithe saorsheasaimh	5
Lánmhaoinithe (aonaid)	7
Maoiniú eatramhach amháin	7
Neamhmhaoinithe	6
Líon iomlán bunscoileanna	25

Tábla 3: Dáileadh na mbunscoileanna lán-Ghaeilge i dTuaisceart Éireann

Suíomh	*Líon*	*Miondealú ó cheantar go ceantar*
Béal Feirste	9	7 scoil maoinithe (2 scoil neamh-mhaoinithe)
Co. Dhoire	4	Doire (2 scoil maoinithe) Machaire Rátha (1 aonad maoinithe) Dún Geimhin (1 aonad maoinithe)
Co. Ard Mhacha	3	Ard Mhacha (1 aonad maoinithe) An Lorgain (1 aonad maoinithe) Port an Dúnáin (1 aonad maoinithe)
Co. an Dúin	3	An tIúr (1 scoil maoinithe) Caisleán Uidhilín (1 scoil maoinithe) Dún Pádraig (1 aonad maoinithe)
Co. Thír Eoghain	4	Oileán an Ghuail (1 scoil maoinithe) An Srath Bán (1 scoil maoinithe) Goirtín (1 scoil maoinithe) Pomeroy (1 scoil neamh-mhaoinithe)
Co. Aontroma	2	Baile an Chaistil (1 scoil neamh-maoinithe) Cromghlinn (1 scoil neamh-maoinithe)
Co. Fhear Manach	0	

5.7 Bunoideachas

Tá earnáil na mbunscoileanna lán-Ghaeilge roinnte i dtrí chatagóir a mhaoinítear ar bhealaí éagsúla:

- scoileanna lánmhaoinithe (costais ioncaim agus chaipitil);

- scoileanna le cistiú eatramhach (costais ioncaim amháin);
- scoileanna neamh-mhaoinithe.

Tá gaelscoileanna agus scoileanna Béarla le haonaid lán-Ghaeilge i measc na scoileanna lánmhaoinithe. Léiríonn na táblaí thíos líon na scoileanna i ngach catagóir agus a ndáileadh geografach (Tábla 2 agus 3).

Tá oideachas lán-Ghaeilge á chur ar fáil ar dhá bhealach san am i láthair. Tá 18 scoileanna saorsheasaimh ann ina gcuirtear an soláthar oideachais ar fáil trí Ghaeilge amháin. Tá seacht n-aonad i scoileanna Béarla ina gcuirtear oideachas lán-Ghaeilge ar fáil. I gcás trí cinn de na scoileanna seo, tá an líon céanna daltaí cláraithe leis an aonad lán-Ghaeilge agus atá sa scoil Bhéarla, sin nó beidh siad cothrom sna blianta beaga amach romhainn. Tá 1,700 páiste ag freastal ar bhunscoileanna agus aonaid lán-Ghaeilge. San am i láthair, údaraíonn an Roinn Oideachais teist aistrithe i mbliain 7 den bhunscoil le páistí a roghnú do na hiar-bhunscoileanna gramadaí agus araile. Tá díospóireacht fhorleathan ar siúl taobh istigh den earnáil lán-Ghaeilge mar gheall ar na míbhuntáistí a d'fhéadfadh a bheith ag páistí in earnáil na gaelscolaíochta ó thaobh na teiste seo.

Ar na moltaí atá i dTuarascáil Burns (Deireadh Fómhair 2001)) athbhreithniú a rinneadh le gairid ar an oideachas iar-bhunscoile, moltar go gcuirfí deireadh le teisteanna aistrithe an 11+ chomh luath agus is féidir. I ndiaidh gur foilsíodh an tuarascáil, cinneadh ar dheireadh a chur leis an 11+, ach leanfar di go dtí an bhliain 2006. Is leis an traidisiún Caitliceach/Náisiúnach a bhaineann formhór mór na bpáistí a fhreastalaíonn ar scoileanna lán-Ghaeilge san am i láthair. Baineann formhór na scoileanna saorsheasaimh lán-Ghaeilge leis an chatagóir 'Scoileanna maoinithe eile'. Tá scoil saorsheasaimh lán-Ghaeilge amháin, agus na haonaid lán-Ghaeilge go léir, taobh istigh d'earnáil na 'scoileanna Caitliceacha coinnithe'. (Féach 4.3)

5.8 Soláthar iar-bhunscoile

Tá éileamh ann anois i gcomhair an oideachais lán-Ghaeilge ag leibhéal iar-bhunscoile i gceantair lasmuigh de Bhéal Feirste agus de Dhoire. In 2003 i láthair is in iar-bhunscoil saorsheasaimh neamhroghnach a bhí oideachas iar-bhunscoile ar fáil i mBéal Feirste. Maidir le Doire níl ach bunscoil mhaoinithe amháin ann agus níl de sholáthar iar-bhunscoile i gcomhair pháistí na scoile sin ach aonad atá faoi bhainistíocht iar-bhunscoile Béarla de chuid na hearnála Caitlicí. Ó bhí Meán Fómhair 2002 ann tá aonad iar-bhunscoile lán-Ghaeilge ag feidhmiú taobh istigh de scoil Chaitliceach i gcathair Ard Mhacha. Freastalaíonn an t-aonad ar pháistí sa mhórcheantar 30 míle thart ar chathair Ard Mhacha. Is mó an líon daltaí a bhíonn de dhíth faoi choinne sholáthar inbhuanaithe iar-bhunscoile ná mar a bhíonn de dhíth ag leibhéal bunscoile, go háirithe i gcás scoileanna saorsheasaimh. An chúis is mó leis seo ná an líon mór múinteoirí sainábhair a bhíonn de dhíth san oideachas iar- bhunscoile. Rud eile a dhéanann an scéal níos casta ná an próiseas roghnaithe ag aois 11–12. I dtaca leis na páistí sin ó scoileanna lán-Ghaeilge a n-éiríonn go maith leo sa Teist Aistrithe, is minic a roghnaíonn siad scoil ghramadaí Bhéarla seachas na hiar-bhunscoileanna lán-Ghaeilge, ar scoileanna cumais measctha imeasctha iad go léir.

Bíonn institiúidí eile Béarla á roghnú chomh maith le scoileanna gramadaí. Táthar ag súil go dtiocfaidh breis éilimh ar an oideachas iar-bhunscoile lán-Ghaeilge arfud na hearnála de réir mar a shroicheann na scoileanna éagsúla a seachtú bliain.

Tá Comhairle na Gaelscolaíochta agus comhpháirtithe eile lán-Ghaeilge i mbun straitéis fhorbartha a cheapadh agus a chomhaontú a chinnteoidh soláthar leanúnach ón réamhscoil go dtí an iar-bhunscoil ar fud Thuaisceart Éireann.

Léiríonn Tábla 4 líon na ndaltaí in iar-bhunscoileanna lán-Ghaeilge i nDoire agus i mBéal Feirste sa bhliain 2001–2 agus líon na ndaltaí in Ard Mhacha sa bhliain 2002–3.

Tábla 4: Iar-bhunscoileanna lán-Ghaeilge i dTuaisceart Éireann

Suíomh	***Líon daltaí 2001–02***
Doire	54
Béal Feirste	342
Suíomh	***Líon daltaí 2002–03***
Ard Mhacha	10
Doire	54
Béal Feirste	363

Ar na háiteanna ina bhféadfaí soláthar iar-bhunscoile lán-Ghaeilge a chur ar fáil amach anseo tá an Srath Bán, an Ómaigh, Dún Pádraig, Machaire Rátha agus lár Aontroma. Maidir leis an soláthar atá anois ann i mBéal Feirste, Doire agus Ard Mhacha is amhlaidh gur soláthar comhoideachasúil (idir bhuachaillí agus chailíní), cumais mheasctha, neamhroghnach atá ann a bhfuil idir roghanna gairmoideachasúla agus roghanna acadúla ann. Tá raon na n-ábhar atá ar fáil i nDoire á shrianadh i gcónaí de dheasca easpa múinteoirí sainábhair. Táthar ag súil go mbeidh sé deacair a leithéid de shaineolaithe láncháilithe a aimsiú in Ard Mhacha fosta.

5.9 Leanúnachas sa Ghaelscolaíocht

Tá na hathruithe a tháinig de thoradh ar Chomhaontú Bhéal Feirste ag cuidiú le tuilleadh leanúnachais a chinntiú sa ghaelscolaíocht ó bhunleibhéal go meánleibhéal. Go dtí an Comhaontú bhí lucht na gaelscolaíochta ag saothrú faoi choinníollacha nach raibh fabhrach don leanúnachas, go háirithe i ndiaidh an bhunleibhéil. Ba é an patrún a bhí ann go raibh bunscoileanna neamhspleácha lán-Ghaeilge á mbunú nach raibh á gcistiú ag an Roinn Oideachais. Bhí na scoileanna seo á mbunú de bharr ghníomhartha na dtuismitheoirí, le heolas agus le comhairle na heagraíochta deonaí don earnáil lán-Ghaeilge, Gaeloiliúint. Ba ghnách gur bunaíodh na bunscoileanna de thoradh ar na réamhscoileanna a cruthaíodh rompu. Is fiú a rá gur scoileanna a bhí iontu seo nach raibh á gcistiú ag an Roinn Oideachais. Mar sin féin, de réir mar a bhí ag méadú ar líon na naíonraí sa cheantar, bhí nós ann bunscoileanna nua a bhunú seachas na daltaí breise a roinnt idir na bunscoileanna a bhí ann cheana. Ba é an toradh a bhí air seo gur dheacair na bunscoileanna a dhaingniú. I gcásanna áirithe i nDoire agus i mBéal Feirste lagaíodh na scoileanna bunaithe dá bharr seo ar shlí go raibh sé deacair líon na ndaltaí iontu a choinneáil socair. Ní raibh aon chomhordú foriomlán ann ó leibhéal na réamhscolaíochta go leibhéal na bunscoile. Tá dul chun cinn á dhéanamh maidir le tuilleadh leanúnachais a chinntiú san earnáil ó Chomhaontú Bhéal

Feirste i leith, de thairbhe na heagraíochtaí gaelscolaíochta a bheith ag saothrú i gcomhar le chéile agus de thairbhe pholasaí forghníomhach na Roinne Oideachais. Tá forbairt chomhordaithe an tsoláthair oideachais ó leibhéal na réamhscolaíochta go leibhéal na iar-bhunscoile le cothú faoi Phlean Corparáideach Chomhairle na Gaelscolaíochta. Go dtí seo ní raibh mórán deiseanna ann le leanúint den oideachas lán-Ghaeilge i ndiaidh leibhéil na hiar-bhunscoile. Tairiscíonn an dá ollscoil réigiúnacha, Ollscoil na Banríona Béal Feirste agus Ollscoil Uladh, cúrsaí a bhfuil an Ghaeilge mar ábhar iontu ach is trí Bhéarla a mhúintear gach gné de na cúrsaí diomaite de na haonaid teanga. Níl aon soláthar déanta ag na coláistí breisoideachais agus ardoideachais faoi choinne an oideachais lán-Ghaeilge. Tairiscíonn Forbairt Feirste, eagraíocht a bhíonn ag plé le forbairt eacnamaíoch, le fostaíocht agus le traenáil, cúrsaí do dhaltaí na hiar-bhunscoile lán-Ghaeilge, Meánscoil Feirste.

6. Curaclam, scrúdúchán agus measúnú agus cigireacht

6.1 Curaclam

Socraíodh Curaclam Thuaisceart Éireann faoi bhun An Orduithe um Athchóiriú Oideachais (Tuaisceart Éireann) 1989. Is ann a leagtar síos an íosteidlíocht oideachais do dhaltaí ó cheithre go 16 déag bliain d'aois. Leasaíodh an tOrdú sa bhliain 1993 agus sa bhliain 1996. Tionscnaíodh Curaclam TÉ sa bhliain 1990, rinneadh athbhreithniú air i 1994 agus tionscnaíodh Curaclam athbhreithnithe do Thuaisceart Éireann sa bhliain 1996. Tá sé á athbhreithniú arís ó bhí 1999 ann, obair atá le bheith réidh le linn 2002. Tionscnófar curaclam athbhreithnithe sa bhliain 2004. Is í an eagraíocht ar a bhfuil freagracht reachtúil as an churaclam, measúnú agus scrúduithe ná an Chomhairle Churaclaim, Scrúdúcháin agus Mheasúnaithe do Thuaisceart Éireann (CCEA). (Féach 4.1 fá choinne sonraí) Múintear an curaclam i gceithre cinn d'eochairchéimeanna a chlúdaíonn an dá bhliain déag scolaíochta atá riachtanach do pháistí idir ceithre agus 16 bliain déag d'aois:

- Eochairchéim 1 a chlúdaíonn na scoilbhlianta 1–4 do dhaltaí d'aois 4–8;
- Eochairchéim 2 a chlúdaíonn na scoilbhlianta 5–7 do dhaltaí d'aois 8–11;
- Eochairchéim 3 a chlúdaíonn na scoilbhlianta 8–10 do dhaltaí d'aois 11–14;
- Eochairchéim 4 a chlúdaíonn na scoilbhlianta 11–12 do dhaltaí d'aois 14–16.

Aois 4 go 11 (Eochairchéimeanna 1 agus 2)
Ar an churaclam do Eochairchéimeanna 1 agus 2 tá:

- Oideachas Reiligiúnach;
- Béarla;
- Matamaitic;
- Eolaíocht agus Teicneolaíocht;
- Stair agus Tíreolaíocht;
- Ealaín agus Dearadh, Ceol agus Corpoideachas;
- Gaeilge i gcás an tsoláthair lán-Ghaeilge amháin; agus
- Ceithre théama oideachasúla traschuraclaim: Oideachas don
- Chomhthuiscint; Teicneolaíocht an Eolais; Sláinte agus
- Traidisiúin Chultúrtha.

Tá trí cinn "d'ábhair chroíláir" ag Eochairchéim 1 mar atá matamaitic, eolaíocht agus teicneolaíocht agus Gaeilge i gcás na ngaelscoileanna nó Béarla i gcás na scoileanna Béarla. Is ábhar croíláir breise sna gaelscoileanna é an Béarla ag Eochairchéim 2, rud a fhágann go bhfuil ceithre ábhar croíláir ar fad ann: Gaeilge, Béarla, Matamaitic agus Eolaíocht agus Teicneolaíocht.

Aois 11 go 16 (Eochairchéimeanna 3 agus 4)
Is mar seo a leanas an curaclam d'Eochairchéim 3:

- Oideachas Reiligiúnach;
- Béarla;
- Matamaitic;
- Eolaíocht agus Teicneolaíocht agus Dearadh;
- Stair agus Tíreolaíocht;
- Ealaín agus Dearadh, Ceol agus Corpoideachas;
- Fraincis nó Gearmáinis nó Iodáilis nó Spáinnis nó Gaeilge; agus
- Sé cinn de théamaí oideachasúla.
- Is mar seo a leanas an curaclam d'Eochairchéim 4:
- Oideachas Reiligiúnach;
- Béarla;
- Matamaitic;
- Eolaíocht;
- Cúrsa amháin as measc na gcinn seo, Stair, Tíreolaíocht, Staidéar
- Gnó, Eacnamaíocht Baile, Eacnamaíocht, Polaitíocht;
- Corpoideachas;
- Cúrsa ceadaithe nuatheanga; agus
- Sé cinn de théamaí oideachasúla.

6.2 Measúnú

Déantar dul chun cinn na ndaltaí sna hábhair ainmnithe a mheasúnú ag deireadh gach eochairchéime. Déantar an measúnú reachtúil seo ag aois a hocht, a haon déag agus ceithre déag sna hábhair chroíláir éagsúla.

Measúnú ag aois 8 (Deireadh Eochairchéim 1)
Déanann na múinteoirí measúnaithe foirmiúla ar shaothar na ndaltaí i mBéarla agus sa Mhatamaitic nó i gcás na ngaelscoileanna sa Ghaeilge agus sa Mhatamaitic. Cuireann an CCEA Aonaid Mheasúnaithe ar fáil leis an mheasúnú a éascú. Ní bhíonn ar na daltaí scrúduithe foirmiúla a dhéanamh.

Measúnú ag aois 11 (Deireadh Eochairchéim 2)
Déanann na múinteoirí measúnaithe foirmiúla ar shaothar na ndaltaí i mBéarla agus sa Mhatamaitic nó, i gcás na ngaelscoileanna, sa Ghaeilge, sa Bhéarla agus sa Mhatamaitic. Ní bhíonn ar na daltaí scrúduithe foirmiúla a dhéanamh ag an chéim seo.

Measúnú ag aois 14 (Deireadh Eochairchéim 3)
Cuirtear measúnú reachtúil i gcrích sa Bhéarla, sa Ghaeilge (i gcás dhaltaí na ngaelscoileanna), sa Mhatamaitic agus san Eolaíocht ag Eochairchéim 3. Tá dhá chuid ar leith sa mheasúnú seo, mar atá measúnú múinteoirí agus teisteanna sna hábhair éagsúla de chuid na hEochairchéime.

6.3 Scrúduithe

Teist aistrithe (11 +)

Aistríonn bunús na ndaltaí ón bhunscoil chun na hiar-bhunscoile nuair a bhaineann siad an bhliain déag amach. Más mian le daltaí a bheith san iomaíocht fá choinne áiteanna i scoil ghramadaí (nó scoil roghnach) caithfidh siad dhá theist aistrithe a dhéanamh. Déantar na páistí a scrúdú i dtrí ábhar in aghaidh gach teiste acu. Maidir le daltaí ó scoileanna lán-Ghaeilge, scrúdaítear iad i nGaeilge, san eolaíocht agus teicneolaíocht agus sa mhatamaitic. Béarla, eolaíocht agus teicneolaíocht agus an mhatamaitic a bhíonn i gceist i gcás daltaí ó scoileanna lán-Bhéarla. Tá an teist aistrithe cáinte ag daoine atá gníomhach sa ghaelscolaíocht. Dar leo gurb olc a oireann sí do dhaltaí na ngaelscoileanna. Cáineann siad na gnéithe seo a leanas go háirithe. Is leaganacha aistrithe de na teisteanna Béarla a bhíonn sna teisteanna matamaitice agus eolaíochta agus teicneolaíochta, rud a chothaíonn cuid mhaith deacrachtaí téarmaíochta agus friotail. Anuas air sin, ní chuirtear aon scrúdú ar dhaltaí na ngaelscoileanna i gcomhair an ábhair chroíláir bhreise a bhíonn le déanamh acu, an Béarla, agus ní fhaigheann siad aon chreidiúint as a gcuid scileanna breise san ábhar seo. I dTuaisceart Éireann tá iallach ar gach scoil glacadh le gach dalta a bhfuil a t(h)uismitheoirí ag iarraidh go bhfreastalódh sé/sí ar an scoil áirithe sin, fad is atá go leor áiteanna sa scoil. Níl cead ag aon scoil diomaite de na scoileanna gramadaí (nó scoileanna roghnacha) leas a bhaint as torthaí na dteisteanna aistrithe le daltaí a roghnú i gcás nach bhfuil go leor áiteanna sa scoil. Teist iomaíoch atá ann agus socraítear na gráid atá le bunú de réir líon na bpáistí atá i dteideal an scrúdú a dhéanamh. Is féidir le páistí raon de scrúduithe acadúla agus gairmoideachasúla a dhéanamh le linn a dtréimhse oideachais iar-bhunscoile. Ina measc seo tá Cuspóirí Grádaithe sna Nua-Theangacha, Cáilíochtaí Náisiúnta Gairmoideachais, scrúduithe fá choinne an Teastais Ghinearálta Mheánoideachais (GCSE O-Leibhéal) nó an Teastais Ghinearálta Oideachais (GCE A-Leibhéal). Is í an Chomhairle Churaclaim, Scrúdúcháin agus Mheasúnaithe atá freagrach as na scrúduithe fá choinne GCSE agus GCE idir Ardleibhéal Tánaisteach agus Ardleibhéal 2. Is gnách go ndéanann daltaí scrúdaithe GCSE ag deireadh a gcúigiú bliain den oideachas iar-bhunscoile agus go gclúdaítear an raon leathan ábhar a clúdaíodh in Eochairchéim 4 lena n-áirítear Gaeilge i gcás na ngaelscoileanna, Béarla, an Mhatamaitic, eolaíocht agus reiligiún. Tá cuid mhór páistí ann a dhéanann scrúduithe GCSE in ábhair ar leith ag céimeanna éagsúla dá n-oideachas iar-bhunscoile.

Scrúduithe i ndiaidh aois 16

Maidir leis na daltaí sin ar mian leo aistriú go dtí an t-oideachas tríú leibhéal is gnách go bhfanann siad i mbun an oideachais iar-bhunscoile ar feadh dhá bhliain bhreise i ndiaidh dóibh na scrúduithe GCSE a chur díobh. Is gnách go ndéanann na daltaí seo staidéar ar líon beag ábhar ar feadh thréimhse dhá bhliain agus ag deireadh na tréimhse sin go ndéanann siad scrúduithe i gcomhair an GCE (A-Leibhéal) ag Ardleibhéal Tánaisteach agus ag Ardleibhéal 2.

6.4 Cigireacht

Is iad na Cigirí Oideachais agus Traenála (ETI) atá freagrach as tuairiscí a chur ar fáil agus cigireacht agus monatóireacht a dhéanamh ar chaighdeán an oideachais a chuirtear ar fáil i scoileanna (réamhscoileanna san áireamh), i gcoláistí agus in eagraíochtaí eile maoinithe. Cuireann siad comhairle de réir mar is cuí ar an Roinn Oideachais, ar an Roinn Cultúir, Ealaíon agus Fóillíochta agus ar an Roinn Fostaíochta agus Foghlama. Cuireann ETI tuairiscí ar fáil do ranna rialtais, do ghobharnóirí, do thuismitheoirí agus do na húdaráis fostaithe maidir le gnéithe lárnacha soláthair agus cleachtais sna scoileanna agus maidir le hábhair ar leith.

7. Traenáil agus cáilíochtaí

7.1 Traenáil mhúinteoirí fá choinne na Gaelscolaíochta

Is i gColáiste Ollscoile Naomh Muire, Béal Feirste, a thraenáiltear múinteoirí le freastal ar earnáil na gaelscolaíochta. Tairiscíonn an coláiste dhá bhealach isteach sa ghaelscolaíocht. Is fá choinne iarchéimí atá an chéad rogha, is é sin cúrsa bliana lánaimseartha fá choinne cáiliú mar bhunmhúinteoir. Is trí Ghaeilge a mhúintear an cúrsa seo den chuid is mó agus is ar chéimithe ar mian leo múineadh i mbunscoileanna lán-Ghaeilge atá sé dírithe. Is d'fhochéimithe an dara rogha, is é sin cúrsa ceithre bliana lánaimseartha fá choinne cáiliú mar bhunmhúinteoir. Is é atá sa chúrsa seo traenáil shaineolach i gcomhair múinteoireachta in earnáil na gaelscolaíochta chomh maith leis an earnáil Bhéarla. Sin ráite, is féidir le múinteoirí dul ag obair in earnáil na gaelscolaíochta agus gan acu ach bunchháilíocht mar a bheadh ag bunmhúinteoir i gcomhair na hearnála Béarla. Níl aon sainchúrsa traenála do mhúinteoirí na hiar-bhunscoileanna lán-Ghaeilge ann. Is gnách go mbaineann múinteoirí na hearnála seo cáilíocht iar-bhunmhúinteora amach i gceann den dá ollscoil nó i gceann de na coláistí ollscoile. Tá tuairisc ó Chomhairle na Gaelscolaíochta á meas ag an Roinn Oideachais faoi láthair ina moltar bearta áirithe le dul i ngleic le ganntanas múinteoirí sa ghaelscolaíocht.

7.2 Traenáil mhúinteoirí agus mhaoirseoirí ag leibhéal réamhscoile

Níl aon traenáil i gcomhair cáilíochta ar fáil d'oibrithe na réamhscoileanna. Cuireann institiúidí breisoideachais agus ardoideachais traenáil cháilithe ar fáil don earnáil réamhscoile Bhéarla agus tá raon soláthróirí deonacha, d'institiúidí oideachais agus d'iontaobhais agus de bhoird sláinte a chuireann traenáil inseirbhíse ar fáil. Tairiscíonn Coláiste Ollscoile an tSrutháin Mhilis céim Onórach sa Staidéar Luathóige agus Teastas Iarchéimeach san Oideachas (PGCE) Luathóige. Is mar seo a leanas na riachtanais d'oibrithe ag na leibhéil éagsúla sna réamhscoileanna: ba chóir go mbeadh NVQ Leibhéal 3 nó a comhionann ag ball foirne amháin ar a laghad; NVQ Leibhéal 2 nó a comhionann ag gach ball foirne cáilithe eile; agus ba chóir do 50 faoin gcéad den fhoireann a bheith cáilithe.

8. Acmhainní

Is iad an ghníomhaireacht fhoilsitheoireachta Ghaeilge, an Gúm, agus an tÁisaonad Lán-Ghaeilge na heagraíochtaí is mó atá freagrach as acmhainní a sholáthar san earnáil lán-Ghaeilge. Tá an Gúm lonnaithe i mBaile Átha Cliath agus freastalaíonn sé ar an earnáil lán-Ghaeilge i bPoblacht na hÉireann. Tá a gcuid oibre bunaithe mar sin ar churaclam Phoblacht na hÉireann. Is ar Thuaisceart Éireann a fhreastalaíonn An tÁisaonad Lán-Ghaeilge atá lonnaithe i gColáiste Mhuire, Béal Feirste. Tá an Gúm á chistiú ag Foras na Gaeilge, an ghníomhaireacht Ghaeilge a fheidhmíonn taobh istigh den eagras trasteorannach teanga atá freagrach as an Ghaeilge agus as an Albainis Uladh. Foilsíonn an Gúm téacsanna Gaeilge a úsáidtear i scoileanna lán-Ghaeilge agus i scoileanna Béarla lena n-áirítear aistriúcháin Ghaeilge de théacsanna a úsáidtear leis an churaclam reachtúil a chlúdach i scoileanna Béarla i bPoblacht na hÉireann. Ar na téacsanna a fhoilsíonn siad tá téacsanna matamaitice, eolaíochta, staire agus tíreolaíochta. Bunaíodh an tÁisaonad chun freastal ar shainriachtanais acmhainní na gaelscolaíochta i dTuaisceart Éireann. Is é Foras na Gaeilge a mhaoiníonn an t-aonad seo fosta ina bhfuil foireann bheag eagarthóirí agus aistritheoirí. Bíonn téacsanna á gcruthú, á gcur in oiriúint agus á n-aistriú acu fá choinne a n-úsáidte i mbunscoileanna agus in iar-bhunscoileanna lán-Ghaeilge. Ar na téacsanna atá curtha ar fáil acu tá téacsanna léitheoireachta, staire, eolaíochta agus matamaitice. Ar na tosaíochtaí atá ann faoi láthair tá téacsanna grádaithe matamaitice agus téacsanna eolaíochta do na hiar-bhunscoileanna. Is iomaí múinteoir de chuid na hearnála lán-Ghaeilge a dhéanann iarracht an soláthar míshásúil atá anois ann a fheabhsú trí théacsanna oiriúnacha Béarla a chur in oiriúint iad féin nó trína n-acmhainní féin a chruthú. Tá sé beartaithe anois bunachar lárnach a chruthú ina mbeidh cnuasach de na hacmhainní a chuireann scoileanna agus múinteoirí ar fáil.

9. Dinimicí earnáil na Gaelscolaíochta

9.1 Athruithe ó Chomhaontú Bhéal Feirste 1998

I ndiaidh thréimhse d'fhorbairt thapa neamh-chomhordaithe tá athrú thar na bearta tagtha ar an ghaelscolaíocht i dTuaisceart Éireann ó 1998 i Leith. Ba é údar an athraithe seo Comhaontú Bhéal Feirste a chuir dualgais áirithe ar an Rialtas agus ar an Roinn Oideachais i leith na Gaeilge. Ba é seo a shocraigh an comhthéacs ina mbíonn ranna Rialtais, gníomhaireachtaí agus eagrais stáit ag plé leis an ghaelscolaíocht. Mar a luadh cheana, ba lena dualgais siúd a chomhlíonadh a bhunaigh an Roinn Oideachais Comhairle na Gaelscolaíochta agus Iontaobhas na Gaelscolaíochta. Cé gur thosaigh ré nua don Ghaelscolaíocht le bunú na n-eagraíochtaí thuasluaite is amhlaidh a tugadh go leor de na heagraíochtaí deonacha a bhí ann faoi scáth Chomhairle na Gaelscolaíochta, rud a chinntigh go mbeadh leanúnachas éigin san earnáil. Tá £1.75 milliún geallta ag an Rialtas don Chiste Iontaobhais ar a dtugtar Iontaobhas na Gaelscolaíochta, a fhreastalaíonn ar earnáil na gaelscolaíochta. Is ceann d'fheidhmeanna reachtúla na gníomhaireachta teanga trasteorannaí, Foras na Gaeilge, comhairle a thabhairt mar gheall ar an oideachas lán-Ghaeilge agus ar mhúineadh na Gaeilge mar ábhar scoile. Is é an Foras atá freagrach as soláthar acmhainní san earnáil ghaelscolaíochta tríd an Ghúm i bPoblacht na hÉireann agus tríd an Áisaonad Lán-Ghaeilge i dTuaisceart Éireann. Is i mBaile Átha Cliath atá ceanncheathrú Fhoras na Gaeilge ach is i mBéal Feirste atá an oifig oideachais.

9.2 Caidreamh idir na hearnálacha reachtúla agus neamhreachtúil

Sular bunaíodh Comhairle na Gaelscolaíochta is caidreamh frithghníomhach neamh-chomhleanúnach a bhí ann idir an earnáil reachtúil agus an earnáil lán-Ghaeilge. Bhí tuiscintí an-difriúla ar fad ann i leith na hearnála lán-Ghaeilge agus a cuid riachtanas. Ó síníodh Comhaontú Bhéal Feirste, agus ó bunaíodh Comhairle na Gaelscolaíochta, tháinig feabhas ar an chaidreamh idir na heagraíochtaí oideachais reachtúla. Bíonn an Roinn Oideachais agus na BOL níos tionscantaí agus níos dearfaí i dtaca le forbairt na hearnála a éascú. Tá oifigigh ceaptha ag an Roinn Oideachais ar a bhfuil freagracht dhíreach as forbairt na hearnála. Tá Príomhoifigeach ag an Chomhairle Churaclaim, Scrúdúcháin agus Mheasúnaithe atá freagrach as an oideachas lán-Ghaeilge chomh maith le beirt aistritheoirí lánaimseartha. Laghdaíodh na critéir aitheantais i gcomhair chistiú scoile agus tá an Roinn Oideachais i ndiaidh éirí níos solúbtha ina cur chuige i dtaca le critéir chistithe. Tá iarrachtaí á ndéanamh dul i ngleic le riachtanais na hearnála ar bhonn comhordaithe.

9.3 Forbairt agus pleanáil laistigh den earnáil lán-Ghaeilge

D'fhás an earnáil oideachais lán-Ghaeilge go tapa le deich mbliana anuas, rud a chruthaigh roinnt fadhbanna. Ar na fadhbanna seo tá cistiú easnamhach agus easpa acmhainní teagaisc. Ní raibh straitéis fhorbartha chomhordaithe ann, rud a d'fhág gur dheacair an soláthar a bhí ann cheana a dhaingniú nó an earnáil a fhorbairt tuilleadh. Taobh istigh den earnáil lán-Ghaeilge tá díospóireacht leanúnach eatarthu siúd atá ag iarraidh a bhfuil ann cheana a dhaingniú is a bhuanú agus iad siúd atá i bhfách leis an oiread scoileanna agus is féidir a bhunú. Molann lucht an daingnithe gur cheart fiontair nua a mhoilliú, nó fiú gan aon fhiontar nua a chur ar siúl, le go mbeidh faill ag na struchtúir thacaíochta agus ag soláthróirí acmhainní dul i ngleic le riachtanais na hearnála. Iad siúd atá i bhfách leis an earnáil a mhéadú, molann siad straitéis a mhéadódh ar an éileamh ó thuismitheoirí agus a bhunódh tuilleadh scoileanna d'fhonn freastal ar an éileamh sin. Maíonn siad go ndéanfadh a leithéid de straitéis an earnáil reachtúil a spreagadh le freastal ar an éileamh méadaithe. Tá gach duine atá gníomhach san earnáil ar aon aigne faoin ghá atá le cur chuige straitéiseach mionphleanáilte i dtaca le fás agus forbairt na hearnála ar bhealach a chinnteoidh gréasán oideachais d'ardchaighdeán ar fud Thuaisceart Éireann ón réamhscoil go leibhéal na hiar-bhunscoile. Tá sé de chúram ar Chomhairle na Gaelscolaíochta an earnáil a phleanáil agus saothar na n-eagraíochtaí éagsúla taobh istigh den earnáil a chomhordú, féachaint chuige go mbainfear úsáid éifeachtúil éifeachtach as na hacmhainní atá ar fáil. Cuirfidh sí plean forbartha ar fáil do na deich mbliana amach romhainn. Beidh an plean sin dírithe ar na móionaid chónaithe ach éascófar iarrachtaí tuismitheoirí i ngach áit a bhfuil éileamh spontáineach agus líon páistí atá mór go leor le gur fiú an infheistíocht. Ar aon uain leis na pleananna i gcomhair fhás na hearnála cuirfear pleananna i gcrích i dtaca le traenáil réamhsheirbhíse agus inseirbhíse, soláthar acmhainní agus gréasáin chomhoibre a chruthú.

10. Taighde agus forbairt sa Ghaelscolaíocht

Is ar bhonn *ad hoc* a rinneadh taighde i dtaobh na gaelscolaíochta go dtí seo. Choimisiúnaigh an Roinn Oideachais roinnt tionscadal taighde agus is féidir na tuairiscí seo a leanas a athlódáil ó: http://www.deni.gov.uk/ facts_figures.

Teideal:	*Cruinneas Teangeolaíoch a fhorbairt i mbunscoileanna Gaeilge.*
An t-eagras taighde:	Scoil na nEolaíochtaí Iompraíocha agus Cumarsáide, Ollscoil Uladh, Baile Jordan.
Foilsithe:	Deireadh Fómhair 2002.
Cur síos:	Ba é cuspóir an tionscadail cur le dea-chleachtais maidir le forbairt chumas Gaeilge sna scoileanna lán-Ghaeilge. Aithníonn an taighde roinnt *norm* i dtaca le cruinneas gramadaí sa chaint agus sa scríobh; aithnítear roinnt earráidí a dhéantar arís is arís eile agus cén sciar díobh seo a fhanann fiú le linn bhlianta deireanacha na bunscoile. Ceaptar agus meastar straitéisí le cruinneas teanga a fheabhsú de réir mar is

Teideal:	*Outcomes for pupils who receive Gaeilge-Medium education in Northern Ireland.*
An t-eagras taighde:	Hanna and Company.
Foilsithe:	Aibreán 2002. 2002.
Cur síos:	Rinne an tionscadal seo anailís ar na cáilíochtaí a ghnóthaigh páistí a d'fhreastail ar mheánscoileanna lán-Ghaeilge, na bealaí a ndeachaigh siad i ndiaidh dóibh an scoil a fhágáil agus na slite beatha a roghnaigh siad. Bailíodh eolas faoi dhearcadh agus tuairimí na ndaoine a d'fhreastail ar ghaelscoileanna i dtaca leis na buntáistí agus na srianta a tháinig de thoradh air sin, dar leo, maidir lena n-oideachas ina diaidh sin agus araile. Pléann an taighde seo na fáthanna a roghnaíonn páistí a d'fhreastail ar bhunscoileanna lán-Ghaeilge, na fáthanna a roghnaíonn siad meánscoileanna Béarla seachas meánscoileanna lán-Ghaeilge. Pléitear fosta tionchar an oideachais bhunscoile lán-Ghaeilge ar a n-oideachas meánscoile.

Teideal:	*Immersion Education: A literature review.*
An t-eagras taighde:	Scoil Oideachais Iarchéime Ollscoil na Banríona agus Coláiste Ollscoile Naomh Muire, Béal Feirste.
Foilsithe:	Méan Fómhair 2000.
Cur síos:	Pléann an taighde seo feidhmiú daltaí scoile ó chúlra Béarla i dtír ina labhraítear Béarla mar phríomhtheanga i ndiaidh go dtumtar iad i dteanga eile. Meastar feidhmiú na ndaltaí seo i gcoibhneas daltaí a fuair oideachas trí Bhéarla. Déantar gnóthachtáil na bpáistí ag bunleibhéal agus ag meánleibhéal a mheasúnú.

Figure 1: **Gaelscoileanna i dTuaisceart Éireann 2002–3**
Irish-medium schools in Northern Ireland 2002–3

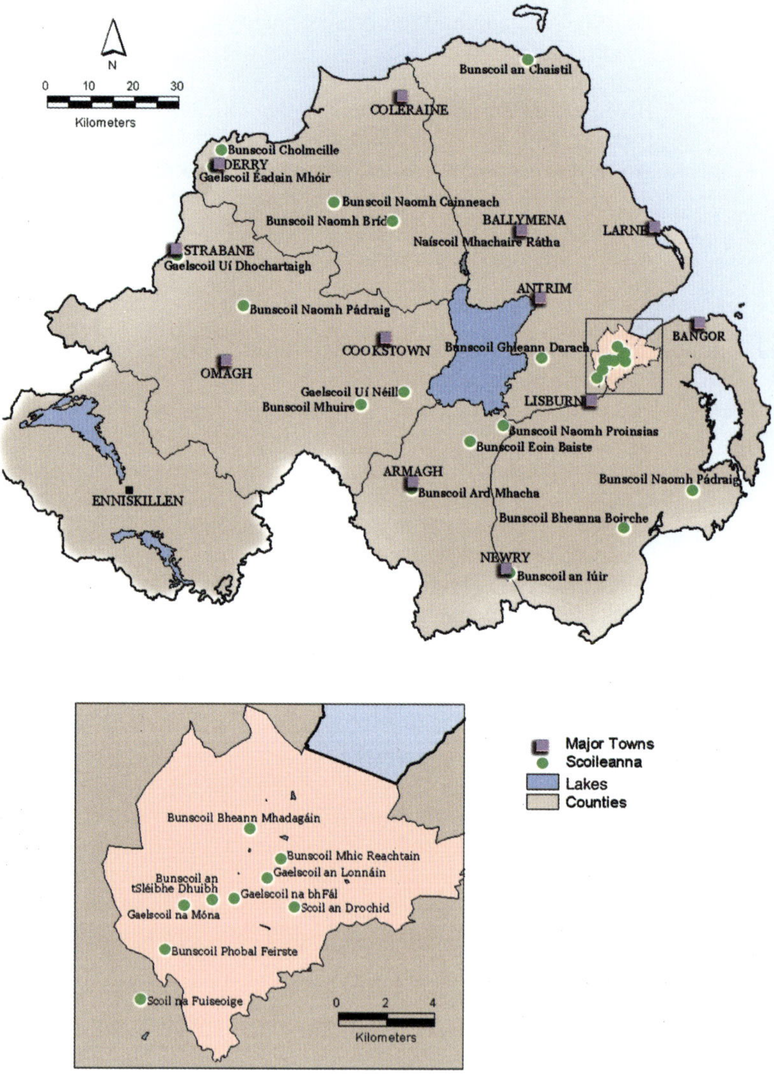

Figure 2: **Réamhscoileanna i dTuaisceart Éireann 2002–3**
Irish-medium preschools in Northern Ireland 2002–3

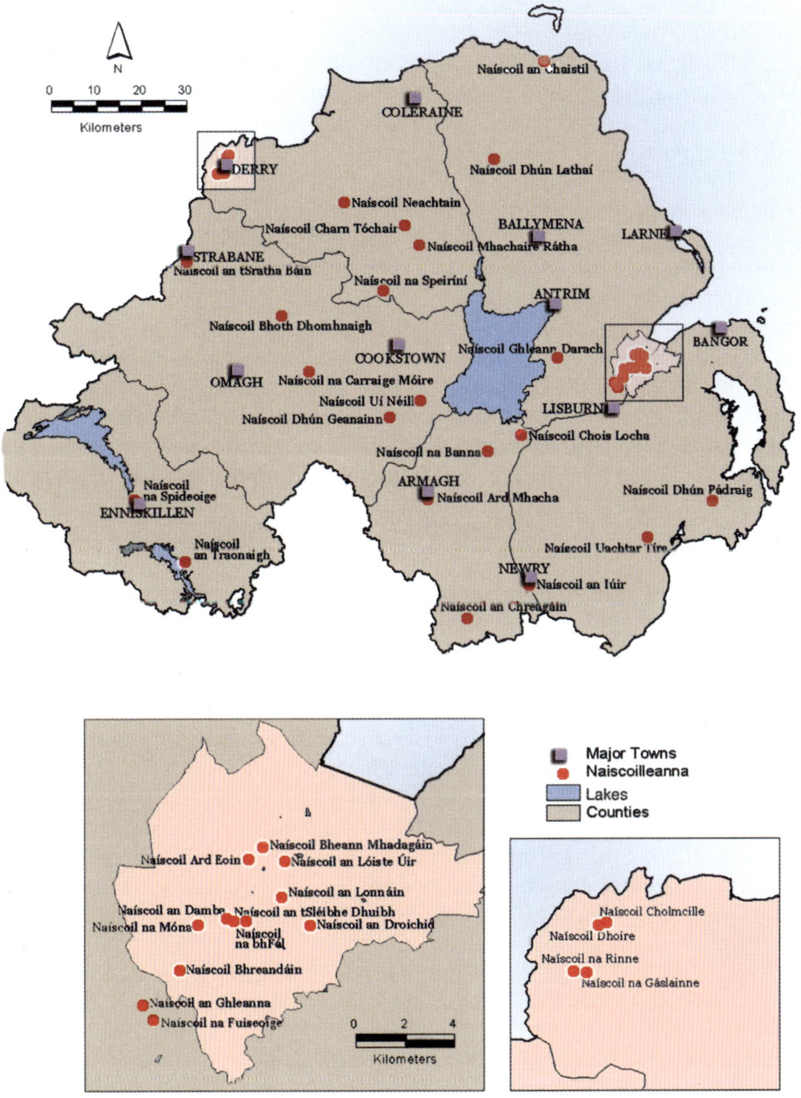

Gaelic-medium Education in Northern Ireland

Paul Steele

1. Introduction

Irish-medium education in Northern Ireland began with the setting up of an independent primary school in Belfast in 1971. The Irish-medium sector has grown from an initial intake of nine in 1971 to 3,228 for the school year 2002–3. Irish is the language of instruction in the sector. English is taught as a subject from year three or four when the children are seven or eight years of age.

When Northern Ireland was founded in 1921, the new Unionist Government was hostile to the use of the language in the education system. During the 1920s and 1930s, it placed restrictions on the teaching of Irish in primary schools and refused to support the training of teachers. In 1949, it banned the use of street names in Irish, a ban which was rescinded only in 1995. Despite the lack of Government support, material or otherwise, the language community continued to organise adult language classes, summer schemes for school children and summer courses for learners in the Gaeltacht areas of Donegal.

The first Irish-medium school which opened in 1971 served a small community of Irish speakers in the neo-Gaeltacht of west Belfast. The school did not receive Government funding and was independent of both educational and church authorities. It had a difficult and fraught relationship with the Department of Education in its early years and was threatened with both closure and legal action by the Department. The school accepted only children from Irish-speaking families at first. Later, the intake was to include children from non-Irish speaking families, and the school adopted a programme of immersion education. The school is now in receipt of Government funding, and its enrolment stands at over 300 children.

The running of the school, Bunscoil Phobal Feirste, proved a great financial burden to parents and community alike and required continual and active voluntary effort. Few suitable textbooks were available in Irish, and teachers, parents and other committed members of the community undertook the task of translating texts for the schoolchildren. Commitment and enthusiasm were a prerequisite for staff. Salaries were low, and staff worked long hours preparing materials and organising out-of-school activities.

In 1983, an Irish-medium unit was set up in a Catholic primary school in Derry. The unit, which operated under the management of an established English-medium school, was recognised and funded by the Department of Education from its inception. The enrolment at the stream in Derry grew steadily, and it developed into a free-standing Catholic maintained school. Bunscoil Phobal Feirste was funded by the Department from the end of 1984.

Between 1984 and 2002, the Department of Education grant-aided a further 25 schools to provide Irish-medium education. At present, 25 schools offer primary Irish-medium provision, four of which are "units" within English-medium schools. There is a free-standing post-primary school in Belfast and an Irish-medium post-primary unit in Derry which operates on a separate site to the main English-medium school. Since September 2002, Irish-medium post-primary provision has been available in an English-medium school in Armagh City.

Only one of the free-standing primary schools is within the Catholic sector, and the others are, in principle, interdenominational, although the vast majority of children come from the Catholic community. Most of the children also come from households where Irish is not the main home language.

2. Statutory provision for education (general)

In Northern Ireland formal education is provided at four levels:

- preschool;
- primary;
- post-primary;
- further and higher.

Northern Ireland differs from Scotland and the rest of the United Kingdom in that local authorities do not have responsibility for the provision of education. The statutory responsibility for the formal educational sector rests with the Department of Education, and is administered through the five Education and Library Boards (ELBs) for the various regions in Northern Ireland as follows:

- Belfast Education and Library Board;
- North Eastern Education and Library Board;
- South Eastern Education and Library Board;
- Southern Education and Library Board;
- Western Education and Library Board.

2.1 Preschool

Funding

There is no statutory right to preschool education. However, under the Education (Northern Ireland) Order 1998, the Government seeks to provide a childcare place for every child whose parents wish it. The Government provides free preschool education for children in their preschool year through the Preschool Education Expansion Programme (PEEP). Funding is administered according to Local Management of Schools (LMS) funding formulae and is allocated to grant-aided nursery schools, units, reception classes, and groups. Direct grants are made to voluntary preschool playgroups and private nurseries. All places available under the PEEP are part-time, and normally run for 2.5 hours per day, up to five days per week over a 38-week period (i.e. the school year from September to June). Discretionary Government funding can also be provided for capital projects for statutory nursery schools or units. Smaller grants are also delivered through the Department of Health, Social Services and Public Safety (DHSSPS). Preschools must have a single-year enrolment of 26 to qualify for nursery-school or unit status. Voluntary preschool playgroups are funded by the Department of Education through PEEP. Playgroups may supplement this funding through fees, fundraising and the DHSSPS grants. Voluntary preschool playgroups do not receive capital funding. A monitoring and inspection system is provided by the Educational and Training Inspectorate (ETI), which inspects grant-aided nursery provision. DHSSPS inspectors and the ETI inspect voluntary preschool playgroups and private provision. (See section 5.6 for details on Irish-medium preschools.)

Entrance age
Children must be three to attend a preschool playgroup. Children as young as two years may enrol in statutory nursery schools or units if places are available.

2.2 Primary education

Funding
Primary school education is fully funded by Government when the school has obtained suitable premises and meets enrolment criteria and appropriate standards of educational provision. Both the Irish-medium sector and the integrated sector – the all-ability sector which caters for both Protestant and Catholics – receive interim funding which provides for running costs without capital funding. (See section 5.7 for details on Irish-medium primary schools.)

Entrance age
Primary education continues until the child is between 11 and 12 years of age. The majority of children start school at the age of four, on the September after their fourth birthday. However, if their fifth birthday falls in July or August, they start school in the following September at the beginning of the school year.

2.3 Post-primary education

Funding
Post-primary school education is fully funded by Government when criteria on enrolment, educational standards and premises have been met. (See section 5.8 for details on Irish-medium post-primary schools.)

Entrance age
The entrance age for post-primary education is 11. The statutory period for education is from 11 until 16 years of age. Students may opt to continue their post-primary education beyond 16 in a range of settings including post-primary school, colleges of further and higher education and training institutions. Students wishing to transfer to third-level education generally opt for a further two years of post-primary education to complete a General Certificate of Education (A-level) qualification.

2.4 Third level

Students may proceed to third-level education through university, teacher-training colleges, or institutions of further and higher education.

3. Irish as a subject in the English-medium sector

The provision of Irish as a subject in English-medium schools makes a significant contribution to the overall context of Irish-medium education. The majority of teachers in the sector have learnt Irish as a subject in English-medium schools. In the English-medium sector, a number of primary schools make provision for the teaching of Irish as an additional curricular subject. The provision, however, is largely dependent on the availability and commitment of Irish-speaking teachers and the goodwill of the school management. Irish is taught as a modern language in most Catholic grammar schools and in a number of other post-primary Catholic schools. With the exception of post-primary integrated schools, few schools outside the Catholic sector offer Irish as a curricular subject. Irish has consistently been the most popular modern language after French in GCSE examination entries. In addition to the formal school system there are other opportunities to learn and develop language skills. Gael Linn (cf. www.gael-linn.ie) and Comhaltas Uladh, the governing body of the Gaelic League in Ulster (cf. www.cnag.ie/bunus/cu.htm) organise summer colleges for learners in the Donegal Gaeltacht.

4. The education system in Northern Ireland

The structure of the education system in Northern Ireland is complex, with ten statutory bodies involved in the management and administration of the system. A number of voluntary bodies also play a significant role.

4.1 Statutory bodies

- The Department of Education;
- The Education and Library Boards (of which there are five);
- The Council for Catholic Maintained Schools;
- The Northern Ireland Council for the Curriculum, Examinations and Assessment;
- The Staff Commission for Education and Library Boards;
- The Youth Council for Northern Ireland.

The Department of Education

The Department of Education is responsible for the central administration of education and related services in Northern Ireland. It is concerned with all aspects of preschool, primary and secondary education, the youth service, teacher education and the promotion of community relations within and between schools. The Department for Employment and Learning (DEL) is responsible for education beyond post-primary level.

Education and Library Boards

Education and Library Boards (ELBs) are the local education authorities and library authorities for their areas. There are five in Northern Ireland. They have a statutory responsibility to ensure that there are sufficient schools of all kinds to meet the needs of their area; to provide finance for the schools under their management; and to equip, maintain and meet other running costs of maintained schools. Each board has a wide range of functions which include:

- advising Departments (and other agencies) both on the needs of their own areas and on the formulation of policy;
- accounting for the use of resources;
- transport for eligible pupils;

- monitoring school attendance;
- providing a curriculum advisory and support service to all schools in their area.

The Council for Catholic Maintained Schools
The Council for Catholic Maintained Schools (CCMS) is a statutory body which was formally established in April 1990. It receives 100 per cent funding from the Department of Education. Its main functions are:

- to advise the Department of Education and the ELBs on matters relating to Catholic maintained schools;
- to promote effective planning and management in the Catholic maintained sector;
- to provide advice and information to the trustees, board of governors, principals and staff of Catholic maintained schools;
- to employ and supply teachers as staff of Catholic maintained schools.

The Northern Ireland Council for the Curriculum, Examinations and Assessment
The Northern Ireland Council for the Curriculum, Examinations and Assessment (CCEA) provides advice to the Minister for Education on curriculum, assessment and examinations matters, conducts key stage assessments, GCSE and GCE examinations. It has a regulatory role in relation to examinations standards, and publishes and distributes information about the curriculum, examinations and assessment.

The Staff Commission for Education and Library Boards
The Commission's main functions relate to the training of ELBs' staff: appointments and promotions; and negotiating the terms and conditions of staff.

The Youth Council for Northern Ireland
The council advises the Department of Education, ELBs and other bodies on the personal and social development of children, young people and young adults.

4.2 Non-statutory bodies

Comhairle na Gaelscolaíochta (CnaG)
The 1998 Education Order placed a statutory duty on the Department of Education to encourage and facilitate Irish-medium education. As part of that duty the Department established the voluntary body Comhairle na Gael-scolaíochta (Council for Irish-medium Schools) in August 2000. (See section 5.5 for further information.)

The Northern Ireland Council for Integrated Education (NICIE)
The Northern Ireland Council for Integrated Education is a voluntary organisation with charitable status which was established as an umbrella body by a number of groups working to promote integrated education. Integrated education caters for Catholic and Protestant children of all abilities, and the schools have an ethos which respects different traditions.

Association of Governing Bodies
The Association of Governing Bodies represents the Northern Ireland voluntary grammar schools.

The Transferor Representatives' Council
The Transferor Representatives' Council brings together representatives of the Transferor Churches (Church of Ireland, Presbyterian Church in Ireland and Methodist Church). It dates back to the transfer of church schools to state control in the 1920s.

4.3 Categories of Schools

The education system in Northern Ireland has a number of distinctive features. Secondary education largely retains a selective system, with pupils going to grammar schools or secondary schools according to academic ability. There is also a very large voluntary school sector consisting of voluntary grammar schools (under either Catholic or nondenominational management) and Catholic maintained schools.

Controlled schools
Controlled schools are managed by ELBs through boards of governors. Primary and secondary school boards of governors consist of representatives of transferors (mainly the Protestant churches) along with representatives of parents, teachers and ELBs. Nursery, grammar and special school boards of governors consist of representatives of the last three categories. In the controlled sector there is a small but growing number of controlled integrated schools (with Catholic and Protestant pupils).

Voluntary (Maintained) schools
Voluntary (maintained) schools are managed by Boards of Governors which consist of members nominated by trustees (mainly Roman Catholic), along with representatives of parents, teachers and ELBs. They are often referred to as the "Catholic maintained sector". They include one Irish-medium school and a number of units.

Voluntary schools (non-maintained)
These are mainly voluntary grammar schools managed by boards of governors which consist of persons appointed as provided for in each school's scheme of management along with representatives of parents and teachers and, in most cases, members appointed by the Department of Education or ELBs. Voluntary schools are funded directly by Department of Education but, under the 1998 Education Order, this responsibility will pass to ELBs.

Grant-maintained integrated schools
Grant-maintained integrated schools are the result of campaigns which began in the 1970s for the education of Protestant and Catholic children together. They are all-ability schools at both primary and post-primary levels. In the controlled sector, there is also a small number of integrated schools.

Other grant-maintained schools
Grant-maintained Irish-medium schools include all free-standing Irish-medium schools in receipt of funding from the Department of Education which do not come under the voluntary maintained (Catholic) sector, including free-standing schools with interim or revenue funding only.

Independent schools
Independent schools are not funded by the Department of Education. These include Irish-medium schools which are not in receipt of funding from the Department. The practical operation of all schools is a matter for boards of governors, which are responsible for the delivery of the curriculum, admission of pupils, and for the management of their own financial affairs, including staffing matters.

4.4 Department of Education funding

Preschool education
The Department of Education apportions the preschool education budget according to the Preschool Education Expansion Programme in the form of Local Management of Schools allocation for grant-aided provision and in the form of direct grants to voluntary and private providers.

Primary and post-primary education
The Department of Education apportions the primary and post-primary education budgets according to LMS funding formulae. The LMS formulae are based on the number of children attending the school and other criteria such as social deprivation. The operation of the funding formulae is being reviewed, and there are proposals to include the extra costs of Irish-medium education in the new LMS formula. The Education and Libraries (Northern Ireland) Order 2003 was laid before Parliament on 7 January 2003.

Trust funds
The Department of Education established trust funds for the Irish-medium and the integrated sectors. Iontaobhas na Gaelscolaíochta (see section 5.5) serves the Irish-medium sector and the Northern Ireland Integrated Trust Fund serves the voluntary sector.

4.5 Training provision

Teachers are trained in one of four third-level institutions. Primary-school teachers receive their pre-service training at St. Mary's University College and Stranmillis University College in Belfast. While St. Mary's was founded as a Catholic teacher training college, Stranmillis caters predominantly for the controlled, integrated, and non-Catholic voluntary schools (predominantly Protestant). Both are colleges of the Queen's University of Belfast (QUB) and offer a four-year Batchelor of Education degree course in primary education. Degree courses in post-primary education and post-graduate certificates in education (PGCE) are available from the following: St. Mary's University College, Stranmillis University College, Queen's University Belfast and the University of Ulster. Specific subject specialisations are allocated on an agreed basis to each of the four institutions. St Mary's offers a PGCE in Irish-medium primary education. Nursery schools and units in the formal sector require a qualified teacher in each class. Stranmillis University College offers two specialised courses for this sector, a BA course in Early Childhood Studies and a PGCE in Early Years (years 3–8). Child care qualifications are necessary for workers and supervisors in the voluntary preschool sector. These are usually National Vocational Qualifications (NVQs). A wide variety of organisations deliver NVQ training for preschool staff including colleges of further and higher education, the Northern Ireland Preschool Playgroups Association (NIPPA), and Altram which specialises in the Irish-medium sector. (See 7 for further details on training for Irish-medium education.) The ELBs are charged with providing curriculum in-service training and support from within the formal education sector. That support is provided by the Curriculum Advice and Support Service (CASS) officers and through the Schools Library Service. A specialist training officer has been appointed in Northern Ireland to service the Irish-medium sector in all five Education and Library Boards. The ELBs established a regional training unit to address educational training and research requirements on a regional basis.

4.6 Special educational needs

ELBs provide funding through schools' budgets to address each school's special educational requirements. In addition, the Department of Education through the ELBs, has set up a number of special educational needs units. The costs of these units are spread over all five ELBs, the Department of Education and the Health and Social Services boards and trusts. Dedicated staff are not available to address the specific needs of special education in the Irish-medium sector. The Education and Training Inspectorate produced a reported entitled *A Survey of Provision for Special Needs in Irish-medium Primary Schools* in 1999, which was based on a series of structured survey visits to four grant-aided primary schools. The report is available from the Department site: www.dcni.gov.uk/inspection_services/publications/.

5. Statutory provision for Irish-medium education

The Department of Education has a statutory duty to encourage and facilitate Irish-medium education arising out of the Belfast Agreement and the subsequent Education (Northern Ireland) Order 1998. The Order gave the Department of Education the power to award grant-aid for the development of Irish-medium education.

5.1 Funding criteria

In February 1999, new criteria for the funding of the Irish medium sector and the integrated sectors were introduced by the Department of Education.

Criteria for recognition for recurrent (non-capital) funding
An initial threshold of 15 children (in a single-year intake) must be achieved in Belfast and Derry, whereas an initial threshold of 12 children (in a single-year intake) must be achieved outside of Belfast and Derry. Schools are also required to provide evidence of a pattern of sustainable intake. When a school fulfils the criteria, it qualifies for recurrent funding. To qualify for capital funding, it is required to meet additional enrolment criteria in subsequent years.

Criteria for recognition for fully-funded status
Free-standing primary schools must achieve an intake of 20 children (in a single-year intake) in Belfast and Derry, whereas they must achieve an intake of 15 children (in a single-year intake) outside Belfast and Derry. All schools must demonstrate a sustainable pattern of enrolment.

5.2 Irish-medium provision in English-medium primary schools

An Irish-medium unit requires a single-year intake of nine or ten children and evidence of a sustainable pattern of enrolment.

5.3 Post-primary schools

To qualify for Government funding, a minimum of 50 children is required in a single-year intake for a free-standing post-primary school. This enrolment entitles schools to capital and recurrent funding. Less stringent criteria are applied to Irish-medium units in English-medium schools.

5.4 Funding of Irish-medium education

Government-funded schools
Irish-medium schools which are recognised by the Department of Education are funded through the ELBs according to the Local Management of Schools funding formulae. Irish-medium units in English-medium schools are funded on a similar basis. Each ELB has its own funding formula which it applies to each school's budget. This formula includes number of pupils, number of pupils entitled to free school meals, type of building, and the number of children with special educational needs. The Department of Education is in the process of reviewing this arrangement and hopes through consultation to agree a common funding formula for all five ELBs. The consultation document issued by the Department of Education reveals that Irish-medium schools and schools offering Irish-medium education within the English-medium sector will also be subject to a common funding formula. (See section 4.4) Most ELBs are currently funding Irish-medium provision in the following manner:

- free-standing Irish-medium primary schools and primary units receive an additional £100 for each child to cover additional teacher costs, creation of curriculum materials and the teaching of an additional core subject (Irish) in Key stage 2;
- post-primary Irish-medium schools and post-primary units receive an additional £25 for each child towards the creation of teaching resources;

- an additional contribution, based on the numbers of children attending, is made towards the management and administration of schools with Irish-medium units.

Funding non-recognised schools
Government funding is not provided for schools which do not meet the Department of Education's funding criteria. However, Iontaobhas na Gaelscolaíochta awards a grant of £1,500 per month, per teacher, to committees running non-funded schools in respect of each teacher employed by the committee. The school and its management committee are responsible for obtaining the funds required to meet the school's needs until the Department of Education's funding criteria are met.

5.5 The role of voluntary organisations

Following the Education (Northern Ireland) Order 1998, the Department of Education grant-aided Comhairle na Gaelscolaíochta and Iontaobhas na Gaelscolaíochta.

Comhairle na Gaelscolaíochta (Council for Irish-medium schools)
Comhairle na Gaelscolaíochta is the representative organisation for Irish-medium education in Northern Ireland. It promotes, facilitates and encourages the development of Irish-medium education and schools. Comhairle na Gaelscolaíochta's mission is:

> to develop a comprehensive network of quality educational provision over the next ten years throughout Northern Ireland, to meet the demands of parents who wish Irish-medium education for their children and to do this in a spirit of partnership with the community and sectoral partners.

Comhairle na Gaelscolaíochta lists seven strategic aims in its *Corporate Plan 2000–5*:

- to develop a coherent and strategic approach for the Irish-medium sector at preschool, primary and post-primary levels;
- to co-ordinate all available resources to ensure maximum benefit for the Irish-medium sector;
- to ensure the highest quality of educational provision and support services for the Irish-medium sector;
- to secure and enhance Irish-medium educational provision in full partnership with all appropriate bodies;
- to present a strong, coherent and agreed voice and profile for the Irish-medium sector;
- to enhance its sphere of influence for the maximum benefit of the Irish-medium sector;
- to ensure that Comhairle na Gaelscolaíochta is adequately resourced to meet the demands of the Irish-medium sector.

Iontaobhas na Gaelscolaíochta (Irish-medium education trust)
The Department of Education established the Irish-medium Education Trust fund

in 2000. The fund received an initial payment of £1.25 million. It is administered by a small voluntary board of trustees appointed by the Department of Education and Comhairle na Gaelscolaíochta. It functions independently of the Department of Education with advice from Comhairle na Gaelscolaíochta. In its first year, the trust directed the majority of its funding towards non-funded schools. It provided funding towards the purchase of temporary mobile accommodation and school sites. A number of grants have also been awarded to the preschool sector. The demand for funding in the Irish-medium sector exceeds the trust's resources.

Gaeloiliúint

Gaeloiliúint, a voluntary grant-aided body, has been closely involved in the establishment of new Irish-medium ventures since 1991. It facilitates new developments, supports existing schools and provides educational and non-educational support. It also offers a range of training courses. While Gaeloiliúint retains its independence from Comhairle na Gaelscolaíochta, it works closely with the Comhairle and is represented on its board of directors. Gaeloiliúint is affiliated to Gaelscoileanna, the voluntary organisation which promotes the Irish-medium education sector in the Republic of Ireland.

Altram

Altram is a regional training and advisory organisation for the Irish-medium early years sector. Founded in 1996, it supports and advises staff, committees and parents and develops guidelines, curriculum resources and teaching aids for the sector. It is the only Irish-medium NVQ centre in Northern Ireland, and it provides training courses on a regional and outreach basis. It receives project funding from a number of sources, including Foras na Gaeilge. It has developed a role in contributing towards policy development with statutory and non-statutory agencies. While Altram retains its independence from Comhairle na Gaelscolaíochta it works closely with it and is represented on its board of directors.

5.6 Preschool education

There are five types of preschool provision in the Northern Ireland:

- voluntary preschool play groups;
- grant-aided, free-standing, statutory nursery schools;
- grant-aided, statutory nursery units (based in primary schools);
- private day nurseries; and
- reception classes and groups in primary schools (currently being phased out by Government).

The first Irish-medium preschool opened in Belfast in 1978. The sector now boasts 37 preschools with approximately 847 children. The Department of Education supported half-day places for a one-year period for 383 children. A small number of schools has applied to the Department of Education to open statutory nursery units. The first Irish-medium statutory nursery opened in September 2002, and a further purpose-built statutory nursery school is planned for September 2003. Preschools in general tend to be located close to the primary school which they feed. Several primary schools receive children from two

Table 1: Irish-medium preschools in Northern Ireland

Area	*No. of preschools*
Belfast	12
Co. Derry	8 (Derry City, Dungiven, Maghera, Carntogher, Draperstown)
Co. Armagh	4 (Armagh, Lurgan, Portadown, South Armagh)
Co. Down	3 (Newry, Castlewellan, Downpatrick)
Co. Tyrone	5 (Carrickmore, Dungannon, Coalisland, Strabane, Rouskey)
Co. Antrim	3 (Ballycastle, Crumlin, Dunloy)
Co. Fermanagh	2 (Lisnaskea, Enniskillen)

Table 2: Irish-medium primary schools in Northern Ireland

Funding Status	*No. of schools*
Fully-funded free-standing	5
Fully-funded (units)	7
Interim funding only	7
Non-funded	6
Total no. of primary schools	25

Table 3: Location of Irish-medium primary schools in Northern Ireland

Location	*Numbers*	*Area breakdown*
Belfast	9	(7 funded, 2 non-funded schools)
Co. Derry	4	Derry (2 funded schools) Maghera (1 funded unit) Dungiven (1 funded unit)
Co. Armagh	3	Armagh (1 funded unit) Lurgan (1 funded unit) Portadown (1 funded unit)
Co. Down	3	Newry (1 funded school) Castlewellan (1 funded school) Downpatrick (funded unit)
Co. Tyrone	4	Coalisland (1 funded school) Strabane (1 funded school) Gortin (1 funded school) Pomeroy (1 non-funded school)
Co. Antrim	2	Ballycastle (1 non-funded school) Crumlin (1 non-funded school)
Co. Fermanagh	0	

preschools which provides the school with a wider catchment area. Although primary provision has tended to be established in direct response to demand from parents with children in an Irish-medium preschool, no recognised formula exists to facilitate a formalised relationship between a primary school and its feeder preschool. There does not appear to be a direct correlation between the location of Irish-medium preschools, or primary schools, and the general Irish-speaking population. The majority of parents involved in Irish-medium education tend to come from non-Irish speaking backgrounds.

5.7 Primary education

The Irish-medium primary sector is divided into three categories which relate to funding:

- fully funded (revenue and capital costs) schools;
- interim funding (revenue only) schools;
- non-funded schools.

Fully funded schools include both Irish-medium and English-medium schools with Irish-medium units. Tables 2 and 3 show the numbers of schools in each category and their geographical distribution.

Irish-medium provision is currently delivered in two ways. In 18 free-standing schools, provision is through the medium of Irish only. A further seven units in English-medium schools offer Irish-medium provision. In three of these schools, enrolment in the Irish-medium unit has already reached the same level as the English-medium provision, or will do so in a small number of years. 1,700 children attend Irish-medium primary schools and units. The Department of Education currently permits an academic transfer test at primary seven in order to select children for post-primary grammar schools. Considerable debate exists within the Irish-medium sector regarding the potential disadvantage to children in the Irish-medium sector.

The Burns Report (October 2001), a review of post primary education, recommends that the 11 plus transfer tests should end as soon as possible. Following the report. a decision was taken to end 'the 11 plus', but it will continue to operate until 2006. The vast majority of children who attend Irish-medium education at present are from the Catholic/Nationalist tradition. Most free-standing Irish-medium schools are in the category "Other grant-maintained schools". One free-standing Irish-medium school and all units are in the "Catholic maintained sector". (See 4.3)

5.8 Post-primary provision

Demand for post-primary Irish-medium provision is beginning to develop outside Belfast and Derry. In 2003, post-primary provision in Belfast took the form of a free-standing, non-selective post-primary school. Post-primary provision for the children from the only funded Irish-medium primary school in Derry is in the form of a unit which is under the management of an English-medium post-primary school within the Catholic sector. Since September 2002, there has been a post-primary unit in a Catholic school in Armagh City which serves children from within a radius of 30 miles of Armagh City. The numbers needed for viable post-primary provision are greater than at primary level, particularly in the case of free-standing schools. This is mainly due to the large number of specialist teachers required for post-primary education. It is also complicated by the issue of choice between the ages of 11 and 12. Children in Irish-medium provision who perform well in the Transfer Test frequently opt for a place in a grammar school rather than the mixed ability Irish-medium post-primary schools. Other English-medium options may also be chosen. Increased demand for Irish-medium post-primary education is expected to materialise across the sector in coming years as successive schools reach year 7. Comhairle na Gaelscolaíochta and other Irish-medium partners are currently engaged in drawing up and agreeing a development strategy to ensure continuous provision from preschool to post-primary across Northern Ireland.

Table 4 shows the numbers of pupils in Irish-medium post-primary education in Derry and Belfast for 2001–2, and in Armagh for 2002–3.

Table 4: Irish-medium post-primary schools in Northern Ireland

Location	*No. of pupils 2001–2*
Derry	54
Belfast	342
Location	***No. of pupils 2002–3***
Armagh	10
Derry	54
Belfast	363

Possible future locations for Irish-medium post-primary provision include Strabane, Omagh, Downpatrick, Maghera and Mid-Antrim. Provision in Belfast, Derry and Armagh is co-educational (boys and girls), mixed ability and non-selective, providing both vocational and academic pathways. The range of subjects available in Derry continues to be restricted by the availability of qualified subject specialists. Difficulty in acquiring suitably qualified subject specialists is also anticipated in Armagh.

5.9 Continuity of Irish-medium education

The changes following the Belfast Agreement are contributing to greater continuity in Irish-medium education from primary to secondary level. Prior to the Agreement, Irish-medium education has operated under conditions which worked against continuity, particularly after primary level. A pattern of establishing independent Irish-medium primary schools which were not funded by the Department of Education had emerged. Irish-medium schools were established as a result of action by parents with the voluntary Irish-medium education organisation Gaeloiliúint offering information and advice. The creation of preschool provision generally resulted in subsequent primary provision, although that took the form of schools which did not have Department of Education funding. On the other hand, additional preschool provision in neighbouring areas has led to additional, rather than shared, primary provision leading to a difficulty in consolidating existing provision. In Derry and Belfast, that has led in some cases to a weakening of existing schools and subsequent pressure to maintain enrolment in longer established schools. There was no overall coordination from preschool to primary level. Since the Belfast Agreement, greater co-operation between bodies promoting Irish-medium education and a pro-active policy by the Department of Education have been working towards greater continuity in the sector. The Comhairle na Gaelscolaíochta corporate plan promotes co-ordinated development between provision from preschool to post-primary level. There are, as yet, only limited opportunities to continue with Irish-medium education beyond post-primary level. While both regional universities, Queen's University of Belfast and the University of Ulster, offer a range of courses in Irish as a subject, neither offers any part of their courses other than language studies through the medium of Irish. The colleges of further and higher education make no provision for Irish-medium education. Forbairt Feirste, an economic development, employment and training organisation, offers courses to the students of the Irish-medium post-primary school, Meánscoil Feirste.

6. Curriculum, examination and assessment and inspection

6.1 Curriculum

The Northern Ireland curriculum was established by the Education Reform (Northern Ireland) Order 1989. It sets out the minimum educational entitlement for pupils aged four to 16. The Order was amended in 1993 and 1996. The NI Curriculum was introduced in 1990 and reviewed in 1994, and a revised NI Curriculum was introduced in 1996. It is currently undergoing a further review that began in 1999 and is due for completion in 2003. A revised curriculum will be introduced in 2004. The organisation with statutory responsibility for the curriculum, assessment and examinations is the Council for Curriculum, Examinations and Assessment (CCEA). (See 4.1 for details) The curriculum is delivered in four key stages which cover the twelve years of compulsory schooling from age four to sixteen years:

- Key stage 1 covers school years 1–4 for pupils aged 4–8;
- Key stage 2 covers school years 5–7 for pupils aged 8–11;
- Key stage 3 covers school years 8–10 for pupils aged 11–14;
- Key stage 4 covers school years 11–12 for pupils aged 14–16.

Age 4 to 11 (Key stages 1 and 2)
The curriculum for Key Stages 1 and 2 includes:

- Religious Education;
- English;
- Mathematics;
- Science and Technology;
- History and Geography;
- Art and Design, Music and Physical Education;
- Irish, for Irish-medium provision only; and
- Four educational cross-curricular themes: Education for Mutual Understanding; Information Technology; Health and Cultural Traditions.

At key stage 1. there are three "core subjects": mathematics, science and technology, and Irish in Irish-medium schools, or English in English-medium schools. At key stage 2 Irish-medium schools acquire English as an additional core subject giving four core subjects: Irish, English, mathematics, and science and technology.

Age 11 to 16 (Key stages 3 and 4)
The curriculum for key stage 3 includes:

- Religious Education;
- English;
- Mathematics;
- Science, and Technology and Design;
- History and Geography;
- Art and Design, Music and Physical Education;
- French or German or Italian or Spanish or Irish; and
- Six educational themes.

The curriculum for key stage 4 includes:

- Religious Education;
- English;
- Mathematics;
- Science;
- A course in one of History, Geography, Business Studies, Home Economics, Economics, Politics;
- Physical Education;
- An approved course in a modern language; and
- Six educational themes.

6.2 Assessment

At the end of a key stage pupils' progress in specified subjects is assessed. This statutory assessment assesses children at ages eight, 11 and 14 in specific key or core subjects.

Assessment at age eight (End of key stage 1)
Teachers carry out formal assessments of pupils' work in English and mathematics. Irish-medium pupil's work in Irish and mathematics is assessed. Assessment is facilitated by assessment units provided by CCEA. Pupils are not required to sit formal tests.

Assessment at age 11 (End of key stage 2)
Teachers carry out formal assessments of pupils' work in English and Mathematics. Irish-medium children's work in Irish, English and Mathematics is assessed. Pupils are not required to sit formal tests at this stage.

Assessment at age 14 (End of key stage 3)
Statutory assessment of English, Irish (for Irish-medium pupils), mathematics and science at key stage 3 takes the form of teacher assessment as well as the end of key stage subject tests.

6.3 Examinations

Transfer Test (11 Plus)

Most pupils transfer from primary to post-primary school at 11. If pupils wish to be considered for a place at a grammar (selective) school, they must sit two transfer tests. The children are examined in three subjects in each test; Irish-medium students are examined in Irish, science and technology, and mathematics. English-medium students are examined in English, science and technology and mathematics. Those involved in Irish-medium education have been critical of the transfer test as they believe it has an adverse effect on pupils from the Irish-medium sector. They point in particular to the following aspects. The mathematics, and science and technology tests are translations of the English test and often present problems in terminology and phrasing. Also, Irish-medium pupils are not tested in their additional core subject, English, and no allowance is made for their additional skills. In Northern Ireland, each school is required to admit all pupils whose parents have expressed a preference for their child to attend the school, provided the school has sufficient places. Only grammar (selective) schools may use the results of the transfer tests to select pupils if they are over subscribed. The test is competitive, and grades are awarded on the basis of the number of children entitled to sit the examination. Children may sit a range of academic and vocational examinations during the course of their post-primary education. These include Graded Objectives in Modern Languages, General National Vocational Qualifications, General Certificate of Secondary Education examinations (GCSE O-Level), General Certification of Education examinations (GCE A-Level). The Council for Curriculum Examinations and Assessment is responsible for GCSE and GCE Advanced Subsidiary and Advanced 2 examinations. Students generally sit GCSE examinations at the end of their fifth year of post-primary education in a broad range of subjects covered in key stage 4, including Irish in Irish-medium provision, English, mathematics, science and religion. Many children sit GCSE examinations in specific subjects at various stages in their post-primary education.

Post-16 examinations

Students wishing to transfer to third-level education normally continue their post-primary education for a further two years following completion of their GCSE examinations. Students generally study a small number of subjects for a two-year period and sit GCE (A-Level) Advanced Subsidiary and Advanced 2examinations.

6.4 Inspection

The Education and Training Inspectorate (ETI) is the body charged with monitoring, inspecting, and reporting on the standard of education and training provided by schools (including preschools), colleges and other grant-aided organisations and with providing relevant advice to the Department of Education, the Department of Culture, Arts and Leisure and the Department for Employment and Learning. The ETI furnishes reports to Departments, governors, parents and employing authorities on key features of provision and practice in schools and individual subjects.

7. Training and qualification

7.1 Training of teachers for Irish-medium education

The training of teachers to serve the Irish-medium sector is carried out in St. Mary's University College, Belfast. The college offers two routes into Irish-medium education. The first option offers postgraduate students a one-year full-time course to gain a primary teacher qualification. This course is taught mainly through the medium of Irish and is aimed at graduates who wish to teach in Irish-medium primary schools. The second option offers undergraduate students a four-year full-time Bachelor of Education degree course to qualify as primary-school teachers. This offers specialist training for teaching in the Irish-medium sector as well as the English-medium sector. However, teachers may enter Irish-medium education with a basic primary-teacher qualification appropriate for the English-medium sector only. A specialised teacher-training course for Irish-medium post-primary teachers does not exist. Teachers in this sector generally qualify as post-primary teachers in one of the two universities or in one of the university colleges. The Department of Education is currently considering a Comhairle na Gaelscolaíochta report recommending specific measures to address teacher shortages in Irish-medium education.

7.2 Training of nursery teachers and supervisors and staff at preschool level

There are no specialist training qualifications for Irish-medium preschool staff. Institutions of further and higher education provide qualifying training for the English-medium preschool sector. A range of voluntary providers, educational institutions and health trusts and boards provides in-service training. Stranmillis University College offers a BA Honours degree in Early Childhood Studies and a Post-graduate Certificate in Education (PGCE) Early Years. (See Altram, section 5.5, for more information on training for Irish-medium preschool staff) The requirements to work at various levels in preschools are as follows: at least one member of staff should have NVQ Level 3, or equivalent; all other qualified staff should have NVQ Level 2 or equivalent; and 50 per cent of the staff group should be qualified.

8. Resources

The Irish-medium publishing agency, An Gúm, and an tÁisaonad Lán-Ghaeilge are the principal organisations charged with the provision of resources to the Irish-medium sector. An Gúm is based in Dublin and serves the Irish-medium sector in the Republic, which works to a separate curriculum. An tÁisaonad Lán-Ghaeilge serves Northern Ireland and is based at St. Mary's University College, Belfast. An Gúm is funded by Foras na Gaeilge, the Irish-language agency of the cross-border language body with responsibility for Irish and Ulster-Scots. An Gúm publishes Irish-language texts for use in Irish-medium and English-medium schools, including translations of texts used to deliver the statutory curriculum in English-medium schools in the Republic of Ireland. They include mathematics, science, history and geography texts. An tÁisaonad Lán-Ghaeilge was established to cater for the particular resource needs of the Irish-medium sector in Northern Ireland. The unit, with a small team of editors and translators, is also funded by Foras na Gaeilge. It creates, adapts and translates texts for use in Irish-medium primary and post-primary sectors. It has provided reading, history and sciences, and mathematics texts. Current priorities include graded mathematics texts and post-primary science texts. Many Irish-medium teachers enhance the current inadequate provision with in-house adaptations of suitable English-medium texts and with their own resources. There are currently plans to create a central bank of in-house resources created by schools and teachers.

9. Issues and Dynamics

9.1 Changes since the Belfast Agreement

Irish-medium education in Northern Ireland has undergone dramatic changes following a period of rapid uncoordinated development. The catalyst for that change was the Belfast Agreement and the obligations it placed on Government and the Department of Education in respect of the Irish language. That development gave Departments, agencies and state bodies a context in which to provide for Irish-medium education. As already noted, the Department of Education in its response to its obligations established Comhairle na Gaelscolaíochta and Iontaobhas na Gaelscolaíochta. Although the establishment of the above bodies heralded a new era for Irish-medium education, the incorporation of many of the existing voluntary organisations into Comhairle na Gaelscolaíochta ensured a measure of continuity in the sector. The Government has committed £1.75 million to the trust fund, Iontaobhas na Gaelscolaíochta, which serves the Irish-medium sector. The cross-border language agency, Foras na Gaeilge, also has a statutory function to advise on Irish-medium education and on the teaching of Irish as a subject. The Foras is responsible for the provision of resources in the Irish-medium sector through An Gúm in the Republic and An tÁisaonad Lán-Ghaeilge in Northern Ireland. While the headquarters of Foras na Gaeilge are in Dublin, its education office is based in Belfast.

9.2 Relations between statutory and non-statutory sectors

Before the establishment of Comhairle na Gaelscolaíochta, the relationship of the statutory sector with the Irish-medium sector had been reactive and incoherent. Understanding of the Irish-medium education sector and its requirements varied greatly. With the signing of the Belfast Agreement and the establishment of Comhairle na Gaelscolaíochta, relations with the statutory educational organisations have improved. The Department of Education and the ELBs now adopt a more proactive and positive role in facilitating the development of the sector. The Department of Education has appointed officials with direct responsibility for the development of the sector, and the ELBs have employed a curriculum-support officer for the sector. The Council for the Curriculum,

Examinations and Assessment has a Principal Officer with responsibility for Irish-medium education and two full-time translation staff. Recognition criteria for school funding have been reduced, and the Department of Education has become more flexible in its approach to funding criteria. Efforts are being made to respond to the needs of the sector in a coordinated fashion.

9.3 Development and planning within the Gaelic-medium sector

The rapid expansion of Irish-medium education **over the past ten years** has resulted in a number of problems. Schools and preschools have not had adequate funding or teaching resources. The lack of a coordinated development strategy has at times led to difficulties in balancing the need to consolidate existing provision and further development of the sector. Within the Irish-medium sector, there is an ongoing debate between those who would like to pursue a strategy of consolidation and those in favour of creating as many new schools as possible. Those in favour of consolidation suggest a slowing down or freezing of new developments to allow the support structures and resource providers time to respond to the needs of the sector. Those in favour of increasing the size of the sector would promote a strategy that creates parental demand and establishes new schools in the belief that such a strategy will encourage the statutory sector to respond as demand increases. All involved with the sector are agreed on the need for a carefully planned and strategic approach to its growth and development that will provide a network of high quality provision throughout Northern Ireland from preschool to post-primary levels. Comhairle na Gaelscolaíochta has been charged with planning and with co-ordinating the efforts of the various organisations in the sector to ensure the efficient and effective use of available resources. It will produce a development plan for the next ten years concentrating on centres of population but also facilitating spontaneous parental demand where numbers are sufficient to justify investment. Plans will also be implemented for pre-service and in-service training, resource provision and the creation of collaborative networks.

10. Research and development within Gaelic-medium-education

Research into Irish-medium education has generally been ad hoc. The Department of Education has commissioned a number of research projects, details of which may be downloaded from: http://www.deni.gov.uk/facts_figures.

Title:	*Developing Linguistic Accuracy in Irish-Medium Primary Schools.*
Research Body:	School of Behavioural and Communication Sciences, University of Ulster at Jordanstown.
Publication:	October 2002.
Description:	The project sought to contribute to good practice in the development of competence in Irish in Irish-medium Schools. It identifies norms in relation to grammatical accuracy in speech and writing; identifies recurring errors, and determines which of these persist in the later primary years; and devises and evaluates strategies for improving linguistic accuracy where appropriate.

Title:	*Outcomes for pupils who receive Irish medium education in Northern Ireland.*
Research Body:	Hanna and Company
Publication:	April 2002
Description:	This project analysed the qualifications gained by pupils who have experienced Irish-medium secondary education, their destinations on leaving school, and their career choices. It collected attitudinal information from those who have had a Irish-medium education on the advantages and constraints which they feel have resulted, both their subsequent education and in other respects. The research also considered the reasons why pupils who have had an Irish-medium primary opt for an English-medium secondary education, and the impact of the Irish-medium primary education on their secondary education.

Title:	*Immersion Education: A literature review*
Research Body:	Graduate School of Education, QUB and St. Mary's College of Education, Belfast.
Publication:	September 2000.
Description:	This review focused on how children from an English-speaking background in a predominantly English-speaking country who are immersed in another language perform at school relative to other children educated in English. Attainment at both primary and secondary levels is evaluated.

Rogha Léitheoireachta / Select Reading List

Andrews, A.M. (1994) "Report on Pre-Primary Education: Provisions for the Irish Language in Northern Ireland", in A.Sj. van der Goot, W.J.T. Renkema and M.B. Stuijt eds. *Pre-Primary Education*. Ljouwert/Leeuwarden: Fryske Akademy, Mercator-Education, 327-337.

Andrews, A.M. (1994) "The Irish language in Northern Ireland, United Kingdom", in R.S. Tjeerdsma and J. A. Sikma, eds. *Provision of Learning Materials for Primary and Pre-primary Education*. Ljouwert/Leeuwarden: Fryske Akademy, Mercator-Education, 763-831.

Andrews, L.S. (1991) "The Irish Language in the Education System of Northern Ireland: Some Political and Cultural Perspectives", in R. M. O. Pritchard, ed. *Motivating the Majority: Modern Languages in Northern Ireland*. Coleraine and London: University of Ulster / The Centre for Information on Language Teaching and Research. 89-106.

Andrews, L.S. (1995) *The Irish Language in Northern Ireland, United Kingdom: The Training of Primary and Post-Primary Teachers. Teacher Training of Minority Languages for Primary and Secondary Education*, Imlr 3 Fryske Akademy: Mercator Education.

Comhairle na Gaelscolaíochta (2002) *Plean Corparáideach 2002-2005*. Béal Feirste: Comhairle na Gaelscolaíochta.

Farren, S. (1996) "Language Policy in a Divided Community", in T. Hickey and J. Williams eds. *Language, Education and Society in a Changing World*. Clevedon and Dublin: IRAAL / Multilingual Matters. 54-64.

Iontaobhas na Gaelscolaíochta (2002) *Tuarascáil Bhliantúil 2001*. Béal Feirste: Iontaobhas na Gaelscolaíochta.

Kirk, J.M. and Ó Baoill, D.P. eds. (2002) *Language Planning and Education: Linguistic Issues in Northern Ireland, the Republic of Ireland, and Scotland*. Belfast: Cló Ollscoil na Banríona.

Mac Éinrí, E. (2003) "Athbhreithniú Curaclam i dTuaisceart na hÉireann", in M. Ó Laoire, and H Ó Murchú eds. *Teagasc na Gaeilge*, Imleabhar 8, Feabhra. Baile Átha Cliath: Comhar na Múinteoirí Gaeilge. 91-95.

Mac Póilin, A. and Willemsma, A. (1997) *The Irish Language in Education in Northern Ireland*. The Netherlands: Mercator-Education.

Maguire, G. (1991) *Our Own Language: An Irish Initiative*. Multilingual Matters 66. Clevedon: Multilingual Matters.

McKendry, E. (1994) "Presenting the Irish Language in the Ulster Context", *Linenhall Review*, Spring 1994, 10.

Northover, M. and Donnelly S. (1996) "A future for English / Irish bilingualism in Northern Ireland?", *Journal of Multilingual and Multicultural Development*, Imlr 17, Uimh.1, 33-48.

Ó Coinn, S. (2003) "An Ghaelscolaíocht ó Thuaidh – i dtreo Cur Chuige Straitéiseach", in M. Ó Laoire and H. Ó Murchú eds. *Teagasc na Gaeilge*, Imleabhar 8, Feabhra. Baile Átha Cliath: Comhar na Múinteoirí Gaeilge.

Peover, S. (2001) "Encouragement and Facilitation: A New Paradigm for Minority Language Education" in John M. Kirk and Dónall P. Ó Baoill, eds. *Linguistic Politics: Language Policies for Northern Ireland, the Republic of Ireland, and Scotland*. Béal Feirste: Cló Ollscoil na Banríona. 195-204.

Pritchard, R.M.O. (1990) "Language Policy in Northern Ireland". *Teangeolas* 27, 26-35.

The Education and Training Inspectorate (1999) *Report on A Survey of Provision for Special Educational Needs in Irish-medium Primary Schools*, Belfast: The Education and Training Inspectorate (ar fáil ó http://www.deni.gov.uk/inspection_services/publications).

Teagmhálacha / Contacts

Comhairle na Gaelscolaíochta
Teach an Gheata Thiar
4 Sráid na Banríona
Béal Feirste BT1 6ED
Tel +44 (0)28 9032 1475
Fax +44 (0)28 9032 4475
Email eolas@comhairle.org
http://www.comhairle.org

Iontaobhas na Gaelscolaíochta
199 Bóthar na bhFál
Béal Feirste BT12 6FB
Tel +44 (0)28 9024 1510
Fax +44 (0)28 9023 9520
Email eolas@iontaobhasnag.com

Altram
32a Corrán Uíbh Eachach
Béal Feirste BT12 6AT
Tel +44 (0)28 9032 9180
Fax +44 (0)28 9031 9369

Gaeloiliúint
216 Bóthar na bhFál
Béal Feirste BT12 6AH
Tel +44 (0)28 9024 7222
Email eolas@gaeloiliuint.ie

An tÁisaonad Lán-Ghaeilge
Col. Ollscoile Naomh Muire
191 Bóthar na bhFál
Béal Feirste BT12 6FE
Tel +44 (0)28 9024 3864
Fax +44 (0)28 9033 3719
http://www.stmarys-belfast.ac.uk/aisaonad/

Coláiste. Ollscoile an
tSrutháin Mhilis
Bóthar an tSrutháin Mhilis
Béal Feirste BT9 5DU
Tel +44 (0)28 9038 1271
Fax +44 (0)28 9066 4423
http://www.stran-ac.ac.uk

An Roinn Oideachais
Teach Ráth gCaol
43 Br Bhaile Aodha
Beannchar BT19 7PR
Tel +44 (0)28 9127 9279
Fax +44 (0)28 9127 9100
http://www.deni.gov.uk

Foras na Gaeilge
Teach an Gheata Thiar
2–4 Sráid na Bainríona
Béal Feirste BT1 6ED
Tel +44 (0)28 90890970
Fax +44 (0)28 90890972
http://www.forasnagaeilge.ie

Oideachas trí mheán na Gaeilge i bPoblacht na hÉireann

Helen Ó Murchú

1. Réamhrá

1.1 Stádas

Cé gur teanga mhionlaigh í an Ghaeilge sa Phoblacht, tá stádas bunreachtúil aici nach mbíonn ag teanga mhionlaigh de ghnáth. De réir Bhunreacht na hÉireann, is í an Ghaeilge "an phríomhtheanga oifigiúil". Tá ionad substainteach ag an Ghaeilge mar ábhar agus mar mheán i bpolasaí oideachais Phoblacht na hÉireann.

Taobh amuigh den Ghaeltacht is tumoideachas go príomha, atá san oideachas trí mheán na Gaeilge sa Phoblacht, agus is mionlach iad na daltaí a bhfuil an Ghaeilge mar theanga theaghlaigh acu. Sa bhliain scoile 2001–2 i scoileanna a chuir tumoideachas trí mheán na Gaeilge ar fáil bhí os cionn 26,000 dalta ag fáil oideachais trí mheán na Gaeilge taobh amuigh den Ghaeltacht.

Is í an Ghaeltacht an limistéar oifigiúil ina n-áirítear an Ghaeilge mar ghnáththeanga phobail. Tá dúil le Gaeilge a bheith ag páistí ag teacht chun na scoile dóibh sna ceantair seo. Le himeacht na mblianta tá athruithe go leor tite amach taobh istigh de limistéar oifigiúil na Gaeltachta agus tá ar mhúinteoirí agus ar scoileanna freastal ar líon mór páistí nach bhfuil Gaeilge ar bith acu ag teacht chun na scoile dóibh chomh maith leo siúd a bhfuil an Ghaeilge mar chéad teanga acu.

Tá an Ghaeilge mar ghnáthmheán teagaisc i ngach scoil a áirítear mar scoil Ghaeltachta. Ach níl oideachas trí mheán na Gaeilge ar fáil ag gach dalta sa Ghaeltacht. Déanann scoileanna dara leibhéal freastal ar cheantair atá níos leithne ná ceantair na mbunscoileanna. Tá scoileanna dara leibhéal ann atá ag freastal ar cheantair atá sa Ghaeltacht agus ar cheantair atá taobh amuigh di, agus ní fheidhmíonn an scoil trí mheán na Gaeilge amháin sa chás sin.

D'ainneoin go dtógtar sciar mór de na páistí le Gaeilge sa Ghaeltacht tá an curaclam céanna Gaeilge sa Ghaeltacht, a bheag nó a mhór, agus atá sa chuid eile den stát. Níl córas mór seirbhísí ann chun freastal ar na sainriachtanais atá ag an oideachas sa Ghaeltacht, ach tá scéimeanna ar leith ann. Tá liúntas breise ann don teagasc trí mheán na Gaeilge sa Ghaeltacht agus feidhmíonn sé mar spreagadh ag múinteoirí. Tacaíonn Údarás na Gaeltachta le naíonraí do pháistí atá faoi aois scoile agus le cúntóirí a chur ar fáil sna seomraí ranga ina bhfuil páistí ar bheagán Gaeilge.

1.2 Cúlra

Nuair a bunaíodh an stát neamhspleách, Saorstát Éireann, sa bhliain 1922 d'fhéach an rialtas nua le polasaithe radacacha a chur i bhfeidhm lena gcuirfí oideachas trí mheán na Gaeilge ar fáil go forleathan. Bhí na hacmhainní gann agus coinníodh cuid mhór de na struchtúir a bhí ann roimh bhunú an stáit. Os a choinne sin, bhí an rialtas ag tógáil ar bhreis agus scór bliain d'athbheochan teanga agus ar bhlianta d'fheachtais dheonacha ar son na Gaeilge.

Sa bhliain 1831 chuir rialtas na Breataine tús le córas "Scoileanna Náisiúnta" a dhéanfadh freastal ar an tír ar fad. Ba é an Béarla an t-aon mheán teagaisc iontu, d'ainneoin go raibh Gaeilge ag os cionn leath de dhaonra na tíre. Sa cheathrú dheireanach den naoú haois déag thosaigh feachtais chun an Ghaeilge a thabhairt isteach sa chóras oideachais. Ba é Cumann Buan-Choimeádta na Gaeilge, a bunaíodh sa bhliain 1873, a chuir tús leis an bhfeachtas agus sa bhliain 1879 tugadh cead Gaeilge a mhúineadh taobh amuigh de ghnáthuaire scoile. An bhliain chéanna, ceadaíodh an Ghaeilge (faoin teideal "Ceiltis") ar an chlár scrúduithe don oideachas idirmheánach.

Mhéadaigh ar na feachtais ar son na Gaeilge ag leibhéil éagsúla sa chóras oideachais ón mbliain 1899 amach. Bhí baint mhór ag Conradh na Gaeilge, a bunaíodh sa bhliain 1893, leis na feachtais seo. Fuair siad tacaíocht ó Chumann Múinteoirí Éireann, ó chomhairleoirí contae agus ó pholaiteoirí eile, agus ó chuid mhór den chléir chaitliceach. Sa scoilbhliain 1906–7 cuireadh tús le clár dátheangach do scoileanna Gaeltachta. Faoin am sin bhí coláistí samhraidh ar bun ag Conradh na Gaeilge a d'oilfeadh múinteoirí i dteagasc na Gaeilge. Bhí fordheontas beag ag na coláistí ó rialtas na Breataine.

Taobh amuigh den Ghaeltacht cuireadh tús leis an chéad fhiontar sa teagasc trí mheán na Gaeilge sa bhliain 1908, nuair a bhunaigh Pádraig Mac Piarais Scoil Éanna i mBaile Átha Cliath. Scoil dhátheangach ab ea Scoil Éanna a d'eagraigh an Piarsach ar na prionsabail a bhí feicthe aige i réim sa Bheilg. Bunaíodh an chéad bhunscoil lán-Ghaeilge, Scoil Bhríde, i mBaile Átha Cliath sa bhliain 1917.

Sa bhliain 1913 tháinig buaic ar fheachtais Chonradh na Gaeilge nuair a cuireadh an Ghaeilge ar chlár na n-ábhar a bhí riachtanach sna scrúduithe máithreánachta d'Ollscoil Náisiúnta na hÉireann.

Nuair a bunaíodh Saorstát Éireann chuir an rialtas sealadach chun oibre láithreach maidir leis an Ghaeilge sa chóras oideachais. Ón 17 Márta 1922 amach, bhí an Ghaeilge le múineadh mar ábhar nó le húsáid mar mheán, uair an chloig sa lá i ngach bunscoil ina raibh an fhoireann cáilithe nó inniúil chuige. Níos déanaí an bhliain chéanna ghlac an rialtas le moltaí na Comhdhála a reachtáil Cumann Múinteoirí Éireann. Moladh an Ghaeilge a bheith riachtanach feasta mar ábhar agus á húsáid mar mheán teagaisc i ranganna na naíonán, agus sna hábhair stair agus tíreolas, amhránaíocht agus corpoiliúint. Bhí córas tumoideachais á chur i bhfeidhm do naíonáin agus bhí córas oideachais trí mheán na Gaeilge nó dátheangach á chur chun cinn.

Leanadh den pholasaí a leathnú maidir le húsáid na Gaeilge mar mheán i mbunscoileanna. B'fhusa a chur i bhfeidhm i scoileanna a tháinig díreach faoi cheannas na Roinne Oideachais mar a bhí i gcás na Modhscoileanna (na hiarscoileanna oiliúna). Shroich an córas tumoideachais a bhuaic sna 1940í nuair a bhí sé i réim in 11 faoin gcéad de na bunscoileanna.

Ag an dara leibhéal bhí oideachas trí mheán na Gaeilge á chur chun cinn chomh maith. Aithníodh trí chatagóir de scoileanna dara leibhéal sa scoilbhliain 1924–25, scoileanna "A" ina raibh gach ábhar trí Ghaeilge, scoileanna "B" ina raibh leath na n-ábhar dátheangach, agus scoileanna "B2" ina raibh dhá ábhar nó dhá rang trí Ghaeilge.

Cuireadh tús le coláistí ullmhúcháin sa bhliain 1926 arbh coláistí cónaithe do mhic léinn as an Ghaeltacht iad a rachadh ar aghaidh chuig coláistí oiliúna le bheith ina múinteoirí. Chuir an scéim seo go mór leis an soláthar múinteoirí a raibh Gaeilge líofa acu.

Ba é Acht Choláiste Phríomh-Scoile na Gaillimhe, 1929, an fiontar mór deireanach san oideachas trí mheán na Gaeilge. Faoin acht sin deonaíodh maoiniú ar leith do Choláiste Ollscoil na hÉireann sa Ghaillimh chun cúrsaí trí Ghaeilge a thosú agus foireann a earcú chuige sin.

Sna 1950í thosaigh cúlú ar pholasaithe oideachais an stáit i leith na Gaeilge go háirithe taobh amuigh den Ghaeltacht. Cuireadh deireadh le hearcaíocht do na coláistí oiliúna caitliceacha sa bhliain 1960. Lean cuid de scoileanna na mBráithre Críostaí agus líon beag de na scoileanna "A", agus de na modhscoileanna den mhúineadh trí mheán na Gaeilge ach ní raibh fágtha faoi dheireadh na 1970idí ach bloghanna d'ollpholasaí Gaeilge an stáit. Go dtí an lá inniu tá modhscoileanna (bunscoileanna) lán-Ghaeilge ann a thagann go díreach faoin Roinn Oideachais agus Eolaíochta, i mBaile Átha Cliath, Luimneach, agus Corcaigh, iarsmaí den seanchóras oiliúna múinteoirí ón naoú haois déag. Tá líon beag bunscoileanna agus iar-bhunscoileanna ann ina múintear ar a laghad ábhar amháin trí Ghaeilge.

Níor fágadh an t-oideachas trí mheán na Gaeilge go hiomlán i ngeall ar pholasaithe an stáit nó tháinig glúin úr scoileanna ar an fhód a bhunaigh tuismitheoirí. "Gaelscoileanna" a thugtar ar na scoileanna nua seo. Áirítear na seanscoileanna a lean den teagasc trí mheán na Gaeilge ina measc.

Diaidh ar ndiaidh a d'fhás na gaelscoileanna i dtosach. Bunaíodh Scoil na nÓg sa bhliain 1958 i nGleann Maghair i gCorcaigh. I mBaile Átha Cliath bunaíodh Scoil Lorcáin i 1959 agus Scoil Neasáin deich mbliana ina dhiaidh sin. Bunscoileanna is ea iad sin. Le forbairt na gaelscolaíochta agus le feabhas na dtorthaí a baineadh amach mhéadaigh ar an éileamh ar na gaelscoileanna. Ón tús níor ghá gur chainteoirí Gaeilge tromlach na dtuismitheoirí ná na ndaltaí, ach daoine a raibh luachanna agus tuiscintí ar leith acu. Fágann sin gur córas tumoideachais atá ar fáil sna gaelscoileanna agus gurb é an Béarla an chéad teanga atá ag an mhórchuid mhór de na daltaí. Bhailigh gluaiseacht na ngaelscoileanna neart ó na 1960dí i leith (féach Tábla 1 thíos). Ag an dara leibhéal bhí scoileanna lán-Ghaeilge ann a bunaíodh sular tháinig gluaiseacht na gaelscolaíochta ar an saol: i mBaile Átha Cliath bunaíodh Scoil Chaitríona i 1928 agus Coláiste Mhuire i 1931. Bunaíodh Coláiste Iognáid sa bhliain 1954 i gCathair na Gaillimhe agus Cnoc na Labhras i gCathair Luimnigh sa bhliain 1935. De réir mar a d'fhás líon na mbunscoileanna lán-Ghaeilge tháinig éileamh úr ar ghaelscoileanna ag an dara leibhéal.

Bunaíodh an eagraíocht Gaelscoileanna sa bhliain 1973 chun na hiarrachtaí éagsúla a chomhordú, chun idirbheartaíocht a dhéanamh leis an Roinn Oideachais, agus chun misneach, comhairle agus oiliúint a chur ar fáil do choistí bunaithe scoileanna agus do bhoird bhainistíochta agus do phríomhoidí. Ón mbliain 1978 i leith tá soláthar oifige agus deontas bliantúil ag an eagraíocht ó Bhord (anois Foras) na Gaeilge. Le forbairt líon na ngaelscoileanna ag an mbunleibhéal bhí ar an eagraíocht cabhrú maidir le pleanáil don dara leibhéal. Faoi láthair tá gaelscoileanna ar fáil ar fud na tíre, thuaidh agus theas.

Is Liatrom an t-aon chontae sa Phoblacht gan soláthar fós. A luaithe a chomhlíonann gaelscoil critéir na Roinne, déantar cuid den ghnáthchóras di. Ach coinnítear le fealsúnacht agus sainmheon ar leith a bunaitheoirí gur trí mheán na Gaeilge a dhéantar an teagasc uilig agus, de ghnáth, go mbíonn áit ar leith ag gnéithe

Fig. 1: An fás ar líon na bpáistí ag freastal ar scoileanna lán-Ghaeilge sa Ghalltacht 1990-2001

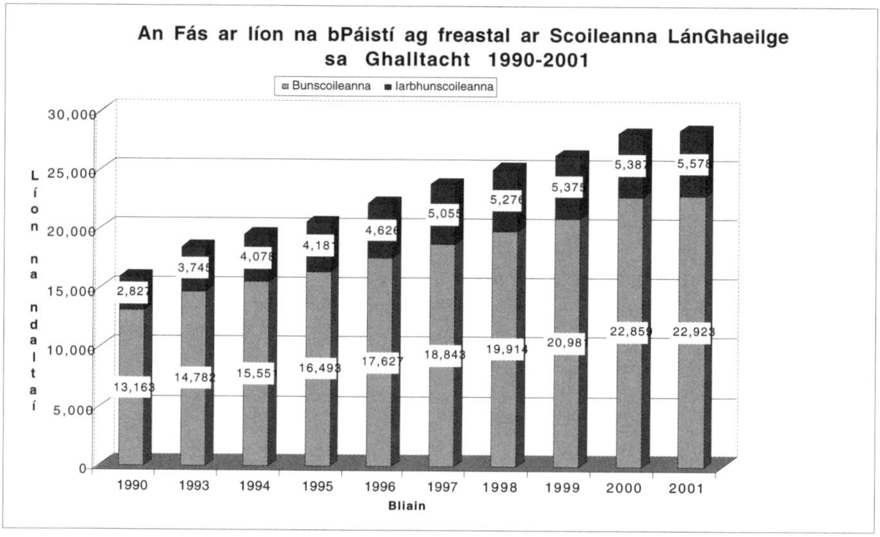

Tábla 1: Líon na ndaltaí bunscoile de réir ranga agus meán múinteoireachta

Líon na ndaltaí de réir ranga agus mean múinteoireachta				
Bunscoileanna	G	M	N	Iomlán
Naíonáin Shóisearacha	3,867	14,242	33,837	51,946
Naíonáin Shinsearacha	3,739	13,962	33,486	51,187
Rang a hAon	3,588	14,627	33,444	51,659
Rang a Dó	3,614	14,405	35,832	53,851
Rang a Trí	3,332	14,040	37,133	54,505
Rang a Ceathair	3,029	14,096	36,703	53,828
Rang a Cúig	3,031	14,098	36,919	54,048
Rang a Sé	3,013	15,014	38,620	56,647
Ranganna Eile	91	133	444	668
Iomlán na ndaltaí	27,304	114,617	286,418	428,339

G Gaeilge mar mheán: na hábhair uile ach amháin Béarla
M Gaeilge mar mheán: ábhar amháin ar a laghad lasmuigh den Ghaeilge (gan Béarla san áireamh)
N Gaeilge mar ábhar curaclaim amháin

Tábla 2: Líon na ndaltaí ag fáil oideachais trí Ghaeilge i scoileanna dara-leibhéal 2000–1

Líon na ndaltaí ag Fáil Oideachais trí Ghaeilge i Scoileanna Dara Leibhéal 2000–1				
Aicme scoile	**LánGhaelach: sa Ghaeltacht**	**LánGhaelach: Sa Ghalltacht**	**Sraith Ghaelach**	**Ábhar éigin trí Ghaeilge**
Meánscoileanna	1,208	2,304	72	171
Gairmscoileanna	1,264	1,636	687	93
Scoileanna Pobail	368	0	0	gan figiúr
Scoileanna Cuimsitheacha	489	0	0	gan figiúr
IOMLÁN	3,329	3,940	759	

d'oidhreacht agus de chultúr na Gaeilge ar churaclam na scoile. I gcoitinne, lasmuigh de sin, leantar an curaclam comónta atá leagtha síos go lárnach ag an Roinn Oideachais agus Eolaíochta. Bíonn sainriachtanais ag scoileanna dá leithéid agus bíonn éileamh leanúnach le déanamh ar an stát chun na sainriachtanais sin a shásamh.

1.3 Gaeilge mar ábhar teagaisc

Go teoiriciúil, agus go praiticiúil cuid mhaith, cuirtear clár Gaeilge ar fáil do gach dalta i scoileanna aitheanta ó aois iontrála sa naíoideachas ag aois a ceathair go dtí bliain fágála ag aois 15–18. Tá an earnáil "Gaeilge mar ábhar" 13 uair níos mó ná ha hearnálacha "Gaeltacht" agus "gaelscolaíocht" le chéile. Tá teagasc na Gaeilge mar ábhar mar bhun eilimint pholasaí an rialtais ar oideachas agus ar an teanga; cuireann an polasaí seo go mór le tuiscint an phobail ar an teanga go ginearálta; is foinse tábhachtach pearsanra don earnáil lán-Ghaeilge é chomh maith.

Tábla 3: Gaeilge mar ábhar 1999–2000

Gaeilge mar ábhar 1999–2000			
Bunscoileanna	Daltaí	Iar-bhunscoileanna	Daltaí
2,032	278,466	702 (circa)	317,103

Tá roinnt daltaí a bhfuil díolúine acu gan staidéar a dhéanamh ar an Ghaeilge. As Tuaisceart Éireann agus as tíortha thar lear an mhórchuid acu, agus tá roinnt eile a bhfuil deacrachtaí foghlama acu. Sa bhliain 1999–2000 bhí díolúine ag 3.53 faoin gcéad de na daltaí.

2. An soláthar reachtúil oideachais (ginearálta)

Is í an Roinn Oideachais agus Eolaíochta is mó atá freagrach as maoiniú agus as polasaithe oideachais. Tá ról an rialtais áitiúil teoranta do na Coistí

Gairmoideachais ar leo na gairmscoileanna agus na coláistí réigiúnacha teicneolaíochta. Tá ról substaintiúil ag na heaglaisí sa chóras oideachais: is le hoird eaglasta cuid mhór de na scoileanna graiméir Caitliceacha; agus is faoi na heaglaisí, ag leibhéal an pharóiste, a thagann formhór mór na scoileanna bunleibhéil. Ar an mhionlach nach dtagann faoi na heaglaisí tá líon áirithe scoileanna príobháideacha, agus ilchreidmheacha/ idirchreidmheacha.

2.1 Aois iontrála

Tá an scolaíocht éigeantach don aoisghrúpa 6-15 ach freastalaíonn os cionn 50 faoin gcéad den chohórt in aois a ceathair agus geall le gach páiste sa chohórt in aois cúig ar na ranganna naí-oideachais .i. naíonáin shóisearacha agus shinsearacha, dream atá ina ndlúthchuid den soláthar bunscolaíochta. Chun tosú ar an dara leibhéal, ní mór don dalta a bheith 12 bliain d'aois. Leantar clár cúig nó sé bliana (bíonn idirbhliain ann idir sóisir agus sinsir), rud a fhágann go dtosaítear ar an tríú-leibhéal in aois 17 nó 18.

2.2 Reachtaíocht agus struchtúir bainistíochta

Luíonn bunfhreagracht an tsoláthair i gcoitinne go lárnach ar an Roinn Oideachais agus Eolaíochta go háirithe don bhunoideachas faoi Airteagal 42 de Bhunreacht na hÉireann. Chuir an tAcht Oideachais 1998 bonn reachtúil leis an bhfreagracht seo agus rianaigh go soiléir na freagrachtaí ar leibhéil eile e.g. pátrún scoile (ní féidir do bhunscoil feidhmiú gan phátrún) agus boird bhainistíochta. Is é an stát, tríd an Roinn, a mhaoiníonn formhór mór an chaiteachais ar an oideachas.

Lasmuigh de líon beag scoileanna nár ghlac leis an scéim, is saoroideachas atá sa chóras dara-leibhéil ón mbliain 1967 i leith. Tá an raon scoileanna níos éagsúla ag an leibhéal seo. Tá suas lena thrian de na scoileanna dara leibhéal faoi Choistí Gairmoideachais (VECs). Ta na Coistí Gairmoideachais á maoiniú tríd an Roinn agus trí rátaí áitiúla. Tá líon áirithe pobalscoileanna agus scoileanna cuimsitheacha ag an dara leibhéal chomh maith a bhunaigh an Roinn féin. Tá an dá thrian eile go príomha i seilbh *ord rialta* nó faoi stiúir sainchreidimh éigin, cé gur tuataigh formhór na múinteoirí agus na bpríomhoidí iontu sin anois. Mar sin de is scoileanna *príobháideacha* formhór scoileanna an chórais .i. gur i seilbh phríobháideach atá siad, cé gurb é an Stát a íocann formhór na gcostas caipitiúil agus reatha, an chuid is mó de thuarastal na múinteoirí san áireamh. Is go lárnach a cheaptar polasaí agus a riartar cúrsaí curaclaim agus scrúduithe. Mar sin ní hionann ar fad maoiniú agus seilbh, ná cumhacht agus bainistiú.

2.3 Gaelscolaíocht: an Foras Pátrúnachta

Bunaíodh Foras Pátrúnachta na Scoileanna Lán-Ghaeilge sa bhliain 1993 chun feidhmiú feasta mar phátrún ar ghaelscoileanna nár roghnaigh an t-easpag áitiúil mar phátrún. Corpraíodh an Foras Pátrúnachta mar chuideachta theoranta sa bhliain 1996. Faoi láthair is bunscoileanna amháin a thagann faoin bhForas. Is iad na scoileanna comhaltaí cuideachta an Fhorais. Ar stiúrthóirí na cuideachta tá cathaoirleach, ionadaí amháin ó na trí chineál scoile atá i gceist, Uachtarán agus Leas-Uachtarán Ghaelscoileanna *ex officio*, agus cúigear eile tofa ag na comhaltaí.

Táillí na scoileanna agus deontas ón Roinn a mhaoiníonn an Foras. I Meán Fómhair 2001, bhí 38 mbunscoil faoi phátrúnacht an Fhorais. Tá 28 gaelscoil shainchreidmheach chaitliceach, sé gaelscoil idirchreidmheach, agus ceithre gaelscoil ilchreidmheach ann. Baineann freagrachtaí an phátrúin mar atá san Acht Oideachais, 1998 leis an bhForas.

2.4 Struchtúr maoinithe

Meánscoileanna (deonacha)

Thoiligh 95 faoin gcéad díobh seo dul sa chóras saoroideachais. Tugtar scoileanna deonacha orthu sin. Faigheann siad dá réir deontas caipitíochta agus liúntais éagsúla eile ón stát agus íocann an Roinn 95 faoin gcéad de thuarastail líon áirithe múinteoirí (laistigh de chéatadáin i leith líon na ndaltaí). Is le hoird rialta nó le daoine príobháideacha na scoileanna seo, agus bíonn go leor gníomhaíochtaí ar bun chun breis airgid a bhailiú.

Gairmscoileanna agus pobalcholáistí

Soláthraíonn an stát timpeall ar 93 faoin gcéad den chostas iomlán mar bhlocdheontas do na Coistí Gairmoideachais (a bhfuil breisoideachas mar chúram orthu chomh maith). Is ó rátaí áitiúla a thagann an sciar eile. Ní bhíonn deontas caipitíochta an dalta i gceist ach bíonn liúntais áirithe eile.

Scoileanna cuimsitheacha agus pobalscoileanna

Is í an Roinn a mhaoiníonn na scoileanna seo go hiomlán.

Difríochtaí

Tá difríochtaí i bhfeidhmiú an chórais maoinithe. Le dul i ngleic leis seo d'eisigh an tAire Oideachais scéim nua maoinithe, mí na Nollag, 2001, chun na meánscoileanna deonacha atá sa chóras saoroideachais a thabhairt go leibhéal na scoileanna eile maidir le seirbhísí tacaíochta e.g. rúnaíocht, faire, glanadh agus árachas. Beidh na híocaíochtaí iardhátaithe go dtí Eanáir 2001. Fanann difríochtaí eile fós agus gá dá réir le scéimeanna bailiú airgid. Is do dhaltaí lae go príomha na socruithe maoinithe atá rianaithe thuas. I gcás scoileanna dara leibhéal faoi bhainistíocht Phrotastúnach, daltaí lae agus cónaithe, chomh maith le cás scoile na nIúdach (daltaí lae amháin), is trí ghníomhaireacht lárnach ionadaíoch ar an dá shainchreideamh a íoctar na deontais stáit, ní go díreach leis na scoileanna féin.

Tábla 4: Scoileanna iarbhunoideachas 1999–2000

Scoileanna iarbhunoideachais 1999–2000				
Státmhaoinithe				Gan
Meánscoil	Gairmscoil	Pobalscoil	Scoil Chuimsitheach	
424 (56.38%)	245 (32.58%)	67 (8.96%)	16 (2.13%)	13

2.5 Réamhoideachas reachtúil

Níl soláthar seo ar fáil ar fud na tíre. Is i gceantair chathrach go príomha ar son páistí faoi bhun aois a ceathair atá faoi mhíbhuntáiste nó a bhfuil riachtanais oideachasúla ar leith ag baint leo a chuirtear i bhfeidhm é. Is é an stát go príomha a íocann na costais.

2.6 Oideachas tríú leibhéal

Ag an tríú leibhéal tá catagóirí éagsúla institiúidí ann, féach Tábla 5. Tá siad go léir faoi fhéinrialú trí údarás rialacháin agus faoi réir ag achtanna éagsúla (lasmuigh de na Coláistí Oideachais). Tagann sciar substainteach dá maoiniú ón stát tríd an bhforas stáit, an tÚdarás um Ard-Oideachas. Ritheadh Acht na gCáilíochtaí (Oideachas agus Oiliúint), 1999 chun féachaint le struchtúr riaracháin níos comhaontaithe a chur ar bun don earnáil breisoideachais agus oiliúna. Bunaíodh Údarás Náisiúnta Cáilíochtaí na hÉireann dá thoradh, údarás a bhfuil leagan Gaeilge de cháipéis díospóireachta díreach eisithe aige *I dTreo Creat Oibre Cáilíochtaí Náisiúnta* (an dara leibhéal agus na hollscoileanna san áireamh), agus próiseas comhchomhairle tionscanta ina leith. Tá an t-údarás seo chun caighdeáin fhoriomlána a leagan síos do cháilíochtaí oiliúna, ardoideachais agus breisoideachais, seachas na hollscoileanna.

2.7 Coláistí oideachais

Tá ceithre choláiste Chaitliceacha agus ceann amháin faoi Eaglais na hÉireann ann. Faoi oird rialta atá na coláistí caitliceacha agus a mbainistiú dá réir. Tá Coláiste Eaglais na hÉireann faoina údarás rialúcháin féin. Tá ceangal acu uile le hollscoil maidir le bronnadh a gcéimeanna ach go háirithe.

Tábla 5: Coláistí oideachais

Coláistí oideachais	Ollscoil a bhfuil ceangal leo
Coláiste Phádraig (Baile Átha Cliath)	Ollscoil Chathair Bhaile Átha Cliath
Institiúid Marino Coláiste Froebel Coláiste Oideachais Eaglais na hÉireann (Baile Átha Cliath)	Coláiste na Tríonóide
Coláiste Mhuire gan Smál (Luimneach)	Ollscoil Luimnigh

Maoiniú

Maoinítear Coláistí Marino agus Froebel ar bhonn caipitíochta do mhic léinn nach bhfuil ró-ard agus a íoctar tríd an Roinn Oideachais agus Eolaíochta. Tríd an Údarás um Ard-Oideachas a mhaoinítear Coláiste Phádraig agus Coláiste Mhuire gan Smál ar bhonn táille ar gach mac léinn, chomh maith le tuarastal na foirne. Sa bhreis tugtar maoiniú caipitiúil do choláistí áirithe. Ceaptar go gcothromófar cúrsaí eatarthu amach anseo. Táthar ag fanacht le foilsiú tuarascála a d'ullmhaigh grúpa a bhunaigh an tAire Oideachais agus Eolaíochta. Tá d'athrú ar chostais reatha na gcoláistí beaga ach go háirithe nach ann a thuilleadh do bhaill na n-ord chun feidhmiú mar fhoireann gan tuarastal.

2.8 Seirbhísí oideachasúla

Ionaid oideachais agus inseirbhís

Tá 30 ionad oideachais ann le Stiúrthóir agus Bord Bainistíochta chun freastal ar riachtanais múinteoirí i gcoitinne, go háirithe trí chúrsaí inseirbhíse. Tarlaíonn gur bunmhúinteoirí is mó a bhaineann leas astu. Freastalaíonn siad ar an nGaeilge, mar ábhar agus mar mheán, go pointe, ach de ghnáth de thoradh éilimh agus comhoibrithe ó na saineagraíochtaí, Comhar na Múinteoirí Gaeilge agus Gaelscoileanna. Eagraíonn an dá eagraíocht seo a gcuid cúrsaí féin chomh maith le maoiniú ó Aonad Forbartha Ionghairme na Roinne, nó i gcomhar leis na Ceardchumainn. Cuireann an Roinn cúrsaí náisiúnta ar fáil má tharlaíonn athruithe siollabais ach níl freastal córasach scoilbhunaithe ar fáil mar atá á éileamh. Tá córas comhairleoirí ócáidiúla á riaradh ag Comhar na Múinteoirí Gaeilge don Ghaeilge mar ábhar (ochtar don dara leibhéal, duine amháin don bhunleibhéal) le maoiniú ón Aonad Forbartha Ionghairme. Maoiníonn Údarás na Gaeltachta Comhairleoir amháin Gaeltachta. Tá ionad oideachais ar leith á thógáil i gceantar Gaeltachta, Baile Bhuirne i gContae Chorcaí, a mbeidh cúram na Gaeilge air idir ábhar agus mheán teagaisc.

Riachtanais speisialta

Tá cúram nua á dhéanamh den réimse tearcmhaoinithe seo le blianta beaga anuas, agus de thoradh brú ó thuismitheoirí tá córas á thógáil agus caiteachas na Roinne ardaithe ó £7m go dtí £70m ó 1998 i leith. Níl soláthar iomlán ann fós don mhúinteoireacht feabhais, go háirithe don Ghaeilge, ná don oideachas trí mheán na Gaeilge. Ina theannta sin, tá struchtúr nua státmhaoinithe ann ó mhí na Nollag, 2001 chun tabhairt faoin mhíbhuntáiste i gcoitinne i gcúrsaí oideachais. Is gnó do gach scoil ar leith, nó don chomhlacht nua faoi alt 31 den Acht Oideachais, 1998 cabhair a bhaint astu seo go léir chun leas na Gaeilge.

3. An tOideachas lán-Ghaeilge: soláthar

3.1 Cúrsaí reachtaíochta agus bainistíochta

Le halt 31 den Acht Oideachais, 1998 leagtar amach struchtúr soláthair le haghaidh seirbhísí oideachasúla don earnáil lán-Ghaeilge agus do mhúineadh na Gaeilge chomh maith. Don tríú leibhéal, rinneadh soláthar airgid le haghaidh teagaisc trí mheán na Gaeilge in acht dar teideal Acht Choláiste Phríomh-Scoile na Gaillimhe, 1929.

Tagann an t-oideachas lán-Ghaeilge faoi réir gach a mbaineann leis an oideachas go ginearálta. Ina theannta sin, tá tagairtí ginearálta tríd an Acht Oideachais, 1998 ina luaitear go sonrach an Ghaeilge agus an Ghaeltacht. In Airteagal 8 de Bhunreacht na hÉireann leagtar amach stádas na Gaeilge, airteagal ar bhain an Giúistís Laffoy an bhrí seo a leanas as i mbreithiúnas a thug sí 16 Aibreán, 1999.

> ... an obligation to provide for the education of the children of the State at their first stage of formal teaching and instruction must involve an obligation to provide for education in the constitutionally recognised first official language of the State. It follows that the requirement of the rules that teachers teaching in recognised primary schools should have proficiency in Irish is a valid provision under the Constitution ... also a valid requirement under European Community law ... it is neither disproportionate nor discriminatory

Ba i gcúis a bhain le múineadh na Gaeilge mar ábhar seachas úsáid na Gaeilge mar mheán a tugadh an breithiúnas seo.

3.2 Maoiniú

Sa mhéid is gur cuid dhílis den chóras oideachais i gcoitinne scoileanna lánGhaeilge ag an gcéad agus ag an dara leibhéal, tagann siad i gcoitinne faoi na rúibricí a míníodh thuas faoi mhír 2, maidir le tuarastal múinteoirí, deontas caipitíochta agus liúntais éagsúla. Ní bhíonn maoiniú ar fáil ach d'institiúidí aitheanta .i. institiúidí a chomhlíonann critéir na Roinne. Tá breis speisialta Ghaeilge (BSG)/deontas Gaeltachta (agus Oileáin chomh maith) ar fáil do mhúinteoirí don mhúineadh trí Ghaeilge in aon scoil ina ndéantar sin. Sa bhliain 1999-2000, is 216 múinteoir a bhí i dteideal na mbreiseanna seo.

Bunscoileanna

Braitheann maoiniú ar stádas aitheantais gaelscoile. Baineann na critéir aitheantais seo le líon daltaí, cúrsaí cóiríochta, pátrún a bheith ainmnithe, an curaclam atá leagtha síos ag an Roinn a bheith á theagasc; go sonrach ailt 10(2) agus 12(3) den Acht Oideachais 1998.

Tugtar aitheantas sealadach do bhunscoileanna ar na critéir seo:

- tá an scoil bheartaithe ag freastal ar riachtanas nach féidir freastal air leis an soláthar reatha;
- téitear i gcomhairle leis an bpobal áitiúil roimh ré;
- tá an pátrún cláraithe mar phátrún leis an Roinn Oideachais agus Eolaíochta;
- ceapfar bord bainistíochta de réir riachtanais na Roinne Oideachais agus Eolaíochta;
- déanfar rialacha na scoileanna náisiúnta a chomhlíonadh;
- tá rollachán tosaigh íosta 17 naíonán sóisearach (nach raibh ar scoil cheana) ag an scoil bheartaithe agus rollachán íosta réamh-mheasta 51 dalta le haghaidh an tríú bliain oibríochta;
- tá gach dalta ceithre bliana d'aois, ar a laghad, an 30 Meán Fómhair den bhliain a bhfuil an scoil le hoscailt lena linn;
- de réir alt 10 (2) den Acht Oideachais, 1998, tá an chóiríocht eatramhach bheartaithe de réir na nAchtanna Rialtais Áitiúil (Pleanáil agus Forbairt), 1963 go 1996, na Rialachán Foirgníochta, 1991–7 (ar a n-áirítear na Rialacháin Rialaithe Foirgníochta), an Achta Sláinte, Sábháilteachta agus Leasa, 1989, agus pé modhnuithe, ionstraimí reachtúla nó orduithe arna ndéanamh de réir na nAchtanna sin;
- leanfaidh an scoil Curaclam Bunscoile na Roinne Oideachais agus Eolaíochta;
- fostóidh an scoil múinteoirí aitheanta bunscoile.

Is gá a thaispeáint go bhfuil éileamh ar an scoil sa cheantar agus go mbeidh éileamh uirthi sa todhchaí. Más í seo an dara nó an tríú gaelscoil sa cheantar, is gá a chruthú nach féidir leis na scoileanna eile freastal ar an éileamh atá ar an scoil nua. Ina theannta sin, ní mór cóiríocht oiriúnach a bheith ag an scoil ar chíos réasúnta. Ní mór an chóiríocht seo a bheith ar fáil ar feadh tréimhse ceithre bliana ar a laghad.

Ar an mbonn sin, íocann an Roinn 75 faoin gcéad den chíos, 90 faoin gcéad de throscánú an ionaid agus tugtar deontas cóirithe aonuaire €6,200. Molann Gaelscoileanna do choistí bunaithe scoile gan tosú go dtí go mbeidh na bunchritéir seo comhlíonta mar gur trom an t-ualach maoinithe a bheidh orthu, agus baol láidir ann go gcaillfear misneach agus baill dá thoradh. Tá lánaitheantas spleách ar thodhchaí chinnte a bheith ag an scoil. Áirítear an staid sin a bheith sroichte nuair a bhíonn an tinreamh ag 51 dalta. Le haitheantas buan agus aistriú go suíomh agus go dtí foirgneamh buan, íocann an Roinn 100 faoin gcéad den chostas caipitiúil agus is leis an Roinn é. Íocfar 90 faoin gcéad den troscánú arís. Nuair atáthar ag feitheamh le tógáil na scoile, íoctar 95 faoin gcéad den chíos. Maidir le costas reatha, íocann an Roinn tuarastal múinteoirí agus is féidir leas a bhaint as scéimeanna tacaíochta ar bhonn caipitíochta in aghaidh gach dalta. Le haghaidh aon ní breise eile nó chun an difríocht a dhéanamh suas titeann an t-ualach ar thuismitheoirí. Bhíodh ranníocaíocht le díol go háitiúil (ag leibhéal an pharóiste) i gcás gach dalta. Tá sé sin laghdaithe anois go timpeall ar €2.50 an dalta agus é ag imeacht de réir a chéile. Mar thoradh, tá an stát ag glacadh chuige na gcostas uile, geall leis, anois agus tá cothromú á shroichint anois maidir le maoiniú agus coinníollacha na gcineálacha éagsúla bunscoile. Ní chun tairbhe na ngaelscoileanna é seo go léir go háirithe maidir le cúrsaí foirne. Bíonn cás le déanamh anois do mhúinteoir breise i gcóimheas le líon na ndaltaí. D'éirigh le Gaelscoileanna an bhreis a fháil do cheithre scoil déag sa bhliain 2001. Ach ní ar bhonn aitheantais do shaothar teanga na scoile é. Is aitheantas sealadach go fóill atá ag cuid de na bunscoileanna ar liostaí Ghaelscoileanna. Bíonn a leithéid i gceist go háirithe i gcás na scoileanna is nua-bhunaithe. Tá Scéim Cúntóirí Teanga sna bunscoileanna Gaeltachta, scéim atá á maoiniú ag an Roinn Gnóthaí Pobail, Tuaithe agus Gaeltachta.

Scoileanna dara leibhéal

Mar a míníodh thuas, tá aicmí éagsúla scoileanna ann ag an dara leibhéal. Braitheann a maoiniú ar a n-aicme (Féach 2.4 thuas). Tá scoileanna dara leibhéal lán-Ghaeilge (Gaeltacht agus gaelscoileanna) le fáil sna haicmí éagsúla agus go ginearálta maoinítear iad dá réir. Maoinítear múinteoir sa bhreis sa ghaelscoil. Beidh liúntas sa bhreis ag múinteoirí a mhúineann ábhair trí mheán na Gaeilge.

Aonaid agus sruth

De réir Gaelscoileanna tá 11 aonad agus sruth amháin sa Phoblacht. Tagann na haonaid faoi scáth Coistí Gairmoideachais (VECs) agus riartar iad mar aonaid lán-Ghaeilge laistigh de scoil eile ach tá siad neamhspleách uirthi. Níl aitheantas oifigiúil tugtha fós do dhá cheann de na haonaid seo, ach íoctar na múinteoirí toisc go mbaineann siad go príomha leis an máthairscoil. (Déanfar plé thíos ar na fadhbanna a bhíonn ag aonad maidir le cúrsaí leanúnachais). Bíonn *múinteoir i bhfeighil* mar cheann ar aonad, ach is ag an máthairscoil a bhíonn an príomhoide agus coiste bainistíochta. Is gnách gur ar fhochoiste a bhíonn cúram an aonaid ach ní bhíonn na feidhmeanna céanna acu is a bhíonn ag Coiste Bainistíochta. Níor ghá, mar shampla, go mbeadh ball den fhochoiste ar phainéal agallaimh chun múinteoirí a roghnú a mbeadh baint acu leis an aonad. Is de réir rogha an Choiste Gairmoideachais agus Phríomhoifigeach Feidhmiúcháin an Choiste Gairmoideachais a bhíonn formhór na socruithe a mbíonn impleachtaí airgid leo maidir le feidhmiú an aonaid. Tagann ceisteanna cóiríochta sa treis go minic e.g. seomra ealaíon nó seomra eolaíochta. Ar an mbonn sin, bunaíodh coiste ar leith le déanaí idir Gaelscoileanna agus Eagraíocht na gCoistí Gairmoideachais (IVEA) chun féachaint le scaoileadh na bhfadhbanna éagsúla a bhíonn ag Aonaid. Tá iarratas dá réir á dhéanamh ar an gCoimisiún um Chóiríocht Scoileanna. Is i meánscoil atá an sruth ag feidhmiú ó 1969 mar ghnáthchuid den scoil ach go bhfuil an teagasc sna ranganna áirithe sin trí mheán na Gaeilge.

An tríú leibhéal

In Acht an Údaráis um Ard-Oideachas, 1971 agus in Acht na nOllscoileanna, 1997 tá forálacha ginearálta maidir le cur chun cinn na Gaeilge. Faoi láthair, cé nach bhfuil ollscoil lán-Ghaeilge neamhspleách ann, tá cúrsaí éagsúla nó modúil iontu, á dtairiscint trí Ghaeilge thar na hinstitiúidí éagsúla atá faoi choimirce an Údaráis. Sa bhliain acadúil 2000-2001, bhí 1,978 fochéimí ag gabháil do na cúrsaí sin. Tá buiséad (teoranta) ar leith ag an Údarás do thograí i leith na Gaeilge maidir le: cur chun cinn na teanga go ginearálta sna hinstitiúidí; cabhrú cúrsaí a chur ar fáil trí Ghaeilge; athchló ar théacsleabhair don Ghaeilge mar ábhar. De thoradh an mhaoinithe sin, tá oifigeach Gaeilge i bhformhór na n-institiúidí anois agus pleananna forbartha curtha ar aghaidh ag cuid díobh a mbeadh cuid mhaith maoinithe chaipitiúil de dhíth chucu.

3.3 Staitisticí

Réamhoideachas

Sa Phoblacht cuimsíonn an téarma luathoideachas pé soláthar a dhéantar roimh aois a ceathair (aois ar féidir do pháiste tosú ar rang na naíonán sóisearach sa bhunscoil), móide an dá rang naíonán idir a ceathair agus a sé a dtugann an Roinn Oideachais agus Eolaíochta naíscolaíocht orthu. Ní thagann ach cuid áirithe don soláthar reachtúil réamhoideachais faoin Roinn Oideachais agus Eolaíochta (Féach 2.5). Tagann an chuid eile faoin bPlean Forbartha Náisiúnta nó faoi sholáthar príobháideach atá á rialú de réir coinníollacha na Roinne Sláinte agus Leanaí. Is san earnáil sin atá an soláthar lán-Ghaeilge, na naíonraí atá ag baint leas don Ghaeilge faoi láthair as na heilimintí éagsúla den Straitéis Náisiúnta um Chúram Leanaí faoin bPlean Forbartha Náisiúnta a bhfuil an Roinn Dlí agus Cirt, Comhionannais agus Athchóirithe Dlí freagrach as. Chomh maith le naíonraí, mar atá i dTábla 6 thíos, tá roinnt grúpaí ann do thuismitheoirí agus grúpaí iarscoile chomh maith le imeachtaí. Bíonn dhá sheisiún sa lá ag naíonraí áirithe.

Tábla 6: Líon na naíonraí sa Phoblacht 2001–2

Líon na naíonraí sa Phoblacht 2001–2	
Gaeltacht	72 (838)
Galltacht	179 (2,584)
Iomlán	**251 (3,422)**

Maoiniú

Is é an Comhchoiste Réamhscolaíochta an eagraíocht dheonach a dhíríonn ar leas na naíonraí. Bunaíodh é mar chomhchoiste idir an eagraíocht dheonach, na Naíonraí Gaelacha agus an maoinitheoir Bord na Gaeilge (Foras na Gaeilge anois), sa bhliain 1978. Tá an ionadaíocht sin leathnaithe chuig comhlachtaí ar an dá thaobh den teorainn. Forbairt Naíonraí Teo. an t-ainm nua atá i gceist. Mar eagraíocht, faightear bundeontas agus deontas i leith tograí ó Fhoras na Gaeilge. Tá scéimeanna fóirdheontas éagsúil ar fáil do na naíonraí féin chomh maith ón gComhchoiste, ó Údarás na Gaeltachta, trí scéim aonuaire ó Fhoras na Gaeilge agus go háirithe tríd an Roinn Dlí agus Cirt, Comhionannais agus Athchóirithe Dlí. Maoinítear foireann 15 Comhairleoir trí scéim na Roinne chomh maith.

3.4 Eagraíochtaí deonacha agus an earnáil lán-Ghaeilge

Bhí riamh ról thar a bheith tábhachtach ag eagraíochtaí deonacha san oideachas lán-Ghaeilge. Is féidir gnéithe éagsúla an róil sin a áireamh mar a leanas:

- guth eagraithe a thabhairt do dhaoine aonair nó do ghrúpaí ag a bhfuil luachanna ar leith atá ag lorg seirbhíse ón stát, seirbhís a chuireann na luachanna sin in iúl, seirbhís nach bhfuil á soláthar dóibh;
- córas eagraithe a bhunú chun tabhairt faoin bhfadhb;
- polasaithe a fhorbairt don réimse;
- brúghrúpa a chothú chun dul i bhfeidhm ar pholasaithe an stáit le teann argóintí maithe;
- seirbhísí eolais, comhairle agus tacaíochta a chur ar fáil do bhaill;
- Tabhairt faoin tseirbhís a sholáthar, ar bhonn *ad hoc*, más gá, go dtí go gcuircann an stát ar fáil í;
- maoiniú a lorg chuige sin ó aon fhoinse is féidir;
- tacaíocht mhorálta agus eile a lorg ó eagraíochtaí agus ó fhorais a bhfuil na luachanna/tuiscintí céanna acu;
- comhtháthú le heilimintí eile den ghluaiseacht choiteann chéanna ach gan saoirse ná féinriail a chailliúint.

Sa chéill seo, is eagraíochtaí seirbhísí agus gníomhaireachtaí forbartha i dteannta a chéile iad na heagraíochtaí a fhreastalaíonn ar an oideachas lán-Ghaeilge. B'fhéidir iad a áireamh freisin mar chuid thábhachtach d'fheidhmiú pholasaí an stáit ar thaobh amháin agus de ghluaiseacht teanga ar an taobh eile, coibhneas síorathraitheach agus lán de theannas.

Eagraíocht na scoileanna Gaeltachta

Bunaíodh an eagraíocht seo sa bhliain 1986 agus leathadh í ar bhonn réigiúnach dhá bhliain ina dhiaidh sin chun fóirithint ar thuismitheoirí, ar mhúinteoirí agus ar dhaltaí i scoileanna Gaeltachta. Ceann de na buanna a bhaineadar amach is ea córas Cúntóirí Teanga i mbunscoileanna Gaeltachta le maoiniú ón Roinn Gnóthaí Pobail, Tuaithe agus Gaeltachta. Tá oifigigh ag an eagraíocht sna Gaeltachtaí móra atá á maoiniú ag an Roinn chéanna. Feictear dá réir go mbítear ag brath ar an Roinn *Teanga* seachas ar an Roinn *Oideachais* cé go mbíonn an dá Roinn ag comhoibriú sa scéal.

Gaelscoileanna

Mar a míníodh thuas, bunaíodh an eagraíocht seo sa bhliain 1973 chun féachaint le faillí an stáit i leith an oideachais trí mheán na Gaeilge a leigheas. Is léir ón gcuntas a tugadh gur éirigh go rí-mhaith léi dul i bhfeidhm ar pholasaithe agus an earnáil lán-Ghaeilge a shníomh go soiléir isteach sa chóras oideachais stáit. Tá an eagraíocht agus an earnáil lán-aitheanta anois mar chomhpháirtí ag an Roinn Oideachais agus Eolaíochta tríd an ionadaíocht a thugtar don eagraíocht ar raon leathan coistí agus grúpaí oibre sa Roinn e.g. An Coimisiún um Chóiríocht Scoileanna, an Coiste um Chomhairle Múinteoireachta, chomh maith le comhlachtaí státmhaoinithe, Comhairle na dTuismitheoirí, mar shampla. Don chuid is mó is gníomhaireacht bunaithe agus forbartha scoileanna atá i gceist le Gaelscoileanna, chomh maith le bheith ina sholáthróir seirbhísí don obair phraiticiúil atá le déanamh ag príomhoidí agus ag boird bhainistíochta nua. Tuigeadh riamh go raibh gá le níos mó maidir le seirbhísí oideachasúla agus tacaíochta do mhúinteoirí agus do dhaltaí. Baineadh sin amach ar deireadh trí chomhlacht nua stáit faoi alt 31 den Acht Oideachais, 1998 a bhfuil ionadaíocht thar a bheith láidir uirthi ag baill Ghaelscoileanna. Ar ndóigh, is cuid den dílárú agus den daonlathú atá ar siúl go leanúnach é seo, faoi mar atá ionadaíocht bronnta ar thuismitheoirí agus ar bhaill foirne ar na Coistí Gairmoideachais. Bíonn coibhneas nach féidir a thuiscint i gcónaí idir Eagraíocht na Scoileanna Gaeltachta (a fhónann don bhunscolaíocht go príomha faoi láthair) agus Gaelscoileanna. Tá roinnt iar-bhunscoileanna Gaeltachta mar bhaill de Ghaelscoileanna agus ba í Gaelscoileanna a mhaoinigh bunú iar-bhunscoile nua (neamhaitheanta go fóill) le déanaí in Inis Oírr Árann. Ag an am céanna, ní hionann in aon chor an comhthéacs teanga don scoil Ghaeltachta agus don scoil lán-Ghaeilge sa Ghalltacht, ní mó ná mar is ionann na dúshláin a bhíonn i gceist le bunscoil agus iar-bhunscoil. Tá go leor de na fadhbanna coiteann don dá earnáil, áfach, maidir le soláthar áiseanna foghlama agus oiliúint pearsanra. Ar an mbonn sin, is buntáiste seachas a mhalairt go gcaithfidh an Chomhairle um Oideachas Gaeltachta agus Gaelscolaíochta plé leis an iomlán agus go bhfuil ionadaíocht uirthi chomh maith ag Eagraíocht na Scoileanna Gaeltachta. Ba bhua an-mhór de thoradh brú leanúnaigh, le cabhair ón ngluaiseacht teanga i gcoitinne, go háirithe trí Chomhdháil Náisiúnta na Gaeilge, alt 31 den Acht Oideachais, 1998 a bhaint amach. Rinne Eagraíocht na Scoileanna Gaeltachta agus Gaelscoileanna lánchomhoibriú chuige.

An Chomhairle um Oideachas Gaeltachta agus Gaelscolaíochta

Is Comhairle atá tugtha mar theideal don chomhlacht nua faoi alt 31. Tá na baill tofa agus ainmnithe. Beidh foireann agus buiséad ar leith ag an gComhairle nua, agus sa bhforbairt polasaí beifear ag tarraingt as aon bhuiséad cuí poiblí eile e.g. *Schools IT*, Riachtanais Speisialta, a bhfuil buiséad an-mhór leo anois. Tá feidhmeanna na Comhairle rianaithe an-soiléir san Acht; áiseanna agus seirbhísí taighde, polasaí, pleanáil, comhoibriú leis an gComhairle Náisiúnta Curaclaim agus Measúnachta.

An Foras Pátrúnachta

Is é an Foras Pátrúnachta an tríú gníomhaireacht tacaíochta don oideachas reachtúil lán-Ghaeilge. Tá feidhmeanna comhlántacha acu triúr. Is í an Chomhairle an comhlacht reachtúil stáit, áfach. Sa lámhleabhar oifigiúil ón Roinn, *Boird Bainistíochta na Scoileanna Náisiúnta: Comhdhéanamh na mBord agus Na Rialacha Imeachta* (1997), luaitear an fhreagracht atá ar na pátrúin éiteas sainiúil a chur chun cinn agus a chothabháil ina gcuid scoileanna. Is ceist an-tábhachtach a leithéid. Ní deacair a shamhlú go bhféadfadh bord bainistíochta éiteas teanga a athrú chun feabhais nó chun donais, sa ghaelscoil, sa Ghaeltacht, nó sa Ghalltacht. D'fhéadfadh athrú teanga cruinnithe tarlú freisin, nó d'fhéadfadh brú a bheith ann chuige nach rachadh chun leas na scoile. Tá cúram feidhmiú cúrsaí creidimh chomh maith le héiteas teanga, ar an bhForas mar phátrún trí na boird bainistíochta faoi. Sa chéad chatagóir, *scoileanna sainchreidmheacha* (caitliceach amháin faoi láthair) múintear clár leathuair a'chloig sa lá atá leagtha síos ag an easpag agus bíonn uair a'chloig sa mhí le haghaidh cleachtaithe. Sa dara catagóir, *scoileanna idirchreidmheacha,* bíonn an teagasc bunaithe ar chlár sonrach an dá chreideamh atá luaite. Sa tríú catagóir, *scoileanna ilchreidmheacha,* is clár creidimh comónta daonnachtúil atá i gceist, gan a bheith sainchreidmheach, ach ag tabhairt eolais agus tuiscint ar luachanna daonnachtúla. Sa tríú cás seo, le tacaíocht ón mBord Bainistíochta, bíonn freagracht pé sainchreidimh atá i gceist ar mhúinteoirí lasmuigh d'am scoile. I bhfocail Stiúrthóir an Fhorais, Dónall Ó Conaill, tá ceithre eilimint le haithint sna cláracha seo: múineadh agus múnlú; cleachtadh agus ceiliúradh. Is ionann do chreideamh agus do theanga, b'fhéidir a rá.

Ceisteanna

Tá maoiniú stáit nó poiblí ag na heagraíochtaí deonacha. Anois agus comhlacht reachtúil ann, mar a lorgaíodh, caithfear a chinntiú ar thaobh amháin go gcoimeádfar na feidhmeanna an-dealaithe óna chéile, rud nach furasta nuair is ionann na pearsana. Ar an taobh eile, caithfear a chinntiú gurb iad ábhair imní na hearnála deonaí a choimeádfar chun tosaigh agus nach í tuiscint an stáit amháin orthu a gheobhaidh forlámhas ar pholasaí. Faoi láthair, tá baol an-mhór amháin ag éirí soiléir. Tá de chuma air go bhfuil éirithe an-mhaith le hearnáil na gaelscolaíochta cluas na Roinne Oideachais agus Eolaíochta a fháil, agus torthaí dá réir. Tá de chuma ar an scéal chomh maith go n-oireann sé don stát taobhú, maidir le polasaí Gaeilge do shaoránaigh na tíre ar fad, le hearnáil nach bhfuil ionadaíoch ach ar ocht faoin gcéad de scoileanna agus de dhaltaí na tíre faoi láthair. Níl slánú na Gaeilge ná na gaelscolaíochta le teacht as a leithéid de pholasaí cúng.

An Comhchoiste Réamhscolaíochta

Rianaíodh thuas torthaí obair an Chomhchoiste agus na Naíonraí Gaelacha i dtaca le líon na naíonraí, acmhainní stáit agus ionadaíocht ar thionscnaimh nua stáit um chúram leanaí faoin bPlean Forbartha Náisiúnta. Is gléas an-tábhachtach an naíonra, ní hamháin chun Gaeilge a chinntiú nó a bhuanú do pháistí réamhscoile, ach chun an gréasán níos mó de theaghlaigh agus de phobal a dhéanamh feasach ar chúrsaí teanga, agus an talamh a dhéanamh réidh, dá réir, d'fhorbairtí reachtúla san oideachas.

Comhar na Múinteoirí Gaeilge

Ar mhodhanna éagsúla, trí chúrsaí inseirbhíse agus trí sheirbhísí comhairleoirí, bíonn Comhar na Múinteoirí Gaeilge ag cabhrú le múineadh na Gaeilge sa Ghaeltacht agus sna gaelscoileanna. Tríd an ionad atá ag an eagraíocht ar choistí curaclaim agus eile, is féidir lena gcuid ionadaithe cás earnálacha éagsúla a chur chun tosaigh. Eagraíocht oideachasúil agus ghairmiúil go príomha atá i gceist. Níor ghá go mba mhisinéir teanga gach múinteoir Gaeilge a dteastaíonn uaidh/uaithi go mbeidh toradh fónta ar a chuid/cuid oibre, áfach.

3.6 Leanúnachas in earnáil na Gaelscolaíochta

Tá le sonrú ar na staitisticí go bhfuil laghdú i gceist de réir mar a théitear suas trí na leibhéil oideachais. Tugtar líon na ndaltaí idir lúibíní i dTábla 7.

Tábla 7: Oideachas lán-Ghaeilge sa Phoblacht

Oideachas lán-Ghaeilge sa Phoblacht			
	Neamhreachtúil	Reachtúil	
	Naíonraí 2001–2002	Bunscoileanna 1999 – 2000	Iar-bhunscoileanna 2001 – 2002*
Galltacht	179 (2584)	112 (19,491)	23 (4,699)
Gaeltacht	72 (838)	108 (7,507	20 (3,329)
Iomlán	251 (3,422)	220 (26,998)	43 (8,028)

* Aonaid agus Sruthanna san áireamh

Níl aon amhras ach go spreagann naíonra fonn chun bunscoil (gaelscoil) a bhunú agus go gcothaíonn naíonraí in aon cheantar an tinreamh ar bhunscoil (gaelscoil nó scoil Ghaeltachta) áitiúil. Tá go leor samplaí ann de scoileanna aonair a chinntíonn an leanúnachas seo trí naíonra dá gcuid féin a bheith sa scoil nó sa cheantar, nó a choimeádann coibhneas ar bun le pé soláthar naíonraíochta atá sa cheantar. In ainneoin na tuisceana seo, áfach, agus in ainneoin an dea-chaidrimh ag leibhéal na n-eagraíochtaí éagsúla is beag iarracht chomhordaithe polasaí atá ann an leanúnachas a chinntiú ó réamhoideachas go bunoideachas, cé gur fearr sa Ghaeltacht é b'fhéidir mar gheall ar chúinsí éagsúla. Toisc eagraíocht amháin, Gaelscoileanna, a bheith i gceist ag an gcéad agus ag an dara leibhéal is fearr an iarracht chun leanúnachas a dheimhniú. Is céim an-mhór í, áfach, tabhairt faoi iar-bhunscoil a bhunú agus bíonn dearcadh níos fuarchúisí ag tuismitheoirí ina leith.

Pobalcholáistí pobail lán-Ghaeilge

De thairbhe na n-athruithe sa gcóras is lú de sheans gur in earnáil an mheánoideachais deonach a bheidh gaelscoileanna dara leibhéal feasta. Is in earnáil na bpobalcholáistí faoi Choistí Gairmoideachais atá formhór na scoileanna nua dara leibhéal lán-Ghaeilge ag forbairt, de ghnáth mar shraith nó mar aonad. Tagann go leor fadhbanna chun cinn dá réir sin. Ar dtús, ar ndóigh, tá an fhadhb teanga: conas éiteas lán-Ghaeilge a choimeád ar champas lán-Bhéarla go bunúsach. Tá seans níos fearr ar shlí ag aonad a d'fhéadfadh críochnú go hiomlán neamhspleách. Ar an taobh eile, cé nach dtagann sé le bunfhealsúnacht an tum oideachais, tá seans caol ann go mbeidh dea-éifeacht ag an éiteas teanga sa tsraith lán-Ghaeilge ar éiteas teanga na scoile eile agus go dtarlóidh cineál éigin cur chuige dátheangach sa scoil sin dá thoradh. Gan taighde ní féidir ach a bheith ag tuairimíocht faoin mbealach a rachadh éifeacht aon taoibh acu. Is cinnte gur cúiseanna airgid seachas cúiseanna teanga atá laistiar de pholasaí seo na Roinne, faoi mar atá i gceist leis an moladh is déanaí go dtógfar campais uileghabhálacha feasta ar féidir do scoileanna le fealsúnachtaí éagsúla iad a roinnt. Faoi mar atá faoi láthair, tá go leor cúinsí eile ag oibriú in aghaidh na gaelscolaíochta dara leibhéal sna Pobalcholaistí seo. I gcás coláistí nuathosaithe, tarlaíonn i dtús ama gur múinteoirí páirtaimseartha is mó a chaithfidh a bheith i gceist. Is deacair dá réir foireann sheasta a bhuanú nó éiteas leanúnach teanga.

Tá gá le polasaí níos soiléire don stát ar fad, seachas forbairtí *ad hoc,* agus tá gá le leanúnachas soláthair sa pholasaí sin: gnó don Chomhairle nua is dócha. Rinne seanChomhairle na Gaeilge iarracht ar a leithéid sna 1970s. Tá seans go gcaithfear treisiú feasta lena bhfuil ann den ghaelscolaíocht nó gaelú a dhéanamh ar ghnáthscoileanna sheanbhunaithe mar cothóidh an titim sa daonra scolaíochta fadhbanna nach beag i gceantair áirithe ina bhfuil scoil sheanbhunaithe.

3.7 Cúrsaí curaclaim, measúnachta, scrúduithe agus cigireachta

Is í an Chomhairle Náisiúnta Curaclaim agus Measúnachta, le cabhair ó choistí ábhair agus ó oifigigh oideachais, a chuireann comhairle ar an Aire i leith na nithe a bhaineann le curaclam agus measúnú. Is é an tAire a dhéanann an cinneadh agus is í an Roinn, tríd an gcigireacht go príomha, a fheidhmíonn an cinneadh sin. Don dara leibhéal, faoi láthair, is ionann an siollabas, an modh measúnaithe, agus an scrúdú, do gach ábhar, an Ghaeilge san áireamh, don scoil Ghaeltachta, don ghaelscoil, don ghnáthscoil, gan de dhifríocht ach an meán teagaisc agus teanga na scrúdpháipéar. Cur chuige lárnach ar fad atá i gceist ach tá na heisceachtaí seo ann: marcanna breise (de réir torthaí) don té a fhreagraíonn scrúdpháipéar i nGaeilge; scoláireachtaí dírithe ar iarrthóirí a fhreagraíonn scrúdpháipéar na hArdteistiméireachta trí Ghaeilge. Ar chúiseanna éagsúla (laghad a líon agus neamhfhonn múinteoirí na hearnála san áireamh), tá de mhíbhuntáiste ar iarrthóirí ó scoileanna Gaeltachta agus lán-Ghaeilge go mbíonn an-ghanntanas ann d'fheitheoirí scrúduithe agus de scrúdaitheoirí cúnta (ceartaitheoirí) atá láninniúil ar an nGaeilge. Ar ndóigh, tá d'argóint ag na gnáthscoileanna go bhfuil siad i gcoimhlint le scoileanna a bhfuil an Ghaeilge mar mheán iontu, maidir le torthaí san ábhar Gaeilge. Ag leibhéal na bunscolaíochta, aithníodh den chéad uair an fhadhb a bhaineann le curaclam lárnach don Ghaeilge sa Churaclam Athbhreithnithe (2000) agus rinneadh idirdhealú sa churaclam Gaeilge do na cineálacha éagsúla scoile, chomh maith le treoir a thabhairt don bhunscoil Bhéarla i ndáil le conas an Ghaeilge a chomhtháthú le hábhair eile ar an gcuraclam. Maidir leis an gCuraclam Athbhreithnithe céanna, bhí múinteoirí na Gaeltachta ach go háirithe, agus múinteoirí gaelscoileanna chomh maith, oibrithe faoi dhá rud: easpa ábhair tacaíochta i nGaeilge agus easpa trialacha caighdeánaithe ar phobal na scoileanna. Dá bharr sin, scaoil an Roinn saor comhordaitheoir agus foireann bunmhúinteoirí chun ábhar a réiteach don Ghaeilge mar ábhar sna scoileanna seo. Tá an t-ábhar le haghaidh naíonán sóisearach le foilsiú, Meán Fómhair 2003. Déantar cigireacht ar na scoileanna Gaeltachta agus lán-Ghaeilge sa ghnáthshlí.

Níor ghá i gcónaí, áfach, gurb ionann na teoiricí oideachais ag gach éinne maidir le tús na litearthachta mar shampla i mbunscoil tumoideachais Ghaeilge arb í Béarla máthairtheanga na ndaltaí. Ag an dara leibhéal, bíonn an chigireacht an-ghafa le scrúduithe. Chomh maith leis sin níl go leor cigirí ann. Tá feidhmeanna na Cigireachta leagtha amach ina n-iomláine in alt 13 den Acht Oideachais 1998. Tagraítear go sonrach i bhfo-alt 13(f) don Ghaeilge. (Is féidir athlódáil a dhéanamh ar an Act Oideachais 1998 ó www.education.ie)

4. Cúrsaí oiliúna agus cáilíochtaí

4.1 Earnálacha na Gaeltachta agus na Gaelscolaíochta

Is féidir a rá mar thús nach bhfuil aon difríocht sna *cáilíochtaí* ag múinteoirí sna hearnálacha faoi chaibidil agus san earnáil lánBhéarla. Tá difríochtaí áirithe, áfach, san *oiliúint* a fhaightear. Ina theannta sin, tá athruithe áirithe á mbeartú ina thaobh seo mar go dtuigtear go bhfuil fadhb ann.

Bunoideachas

Níl aon chúrsa in aon cheann de na coláistí oideachais atá dírithe go sonrach ar na dúshláin modheolaíochta a bhaineann le rang daltaí dátheangacha ná le rang tumoideachais go háirithe i gcomhthéacs ina bhfuil meán teagaisc na scoile sáraithe ag teanga eile nó ag cailliúint nirt ina haghaidh. Ní réiteach, cé gur cabhair áirithe é, ábhair áirithe a bheith á dteagasc d'ábhair oidí trí mheán na Gaeilge, mar a dhéantar i gColáiste Mhuire, Marino, Baile Átha Cliath. Tá pleananna á mbeartú faoi láthair ag coláistí áirithe maidir le hionaid Ghaeltachta, cúrsa ar leith ar an tumoideachas, tréimhsí breise sa Ghaeltacht d'ábhair oidí agus cúrsa níos dírithe. Tá Dioplóma i mBainistíocht an Oideachais á riaradh ag Coláiste na Tríonóide, Baile Átha Cliath agus á theagasc in ionaid oideachais faoin tír. Ní mór a thiteann amach san inseirbhís, is cuma cé a eagraíonn é, cé go bhfuil oiliúnóirí ar leith ag cur an Churaclaim Athbhreithnithe i láthair. Tá de thoradh ar an easpa oiliúna cuí seo gur deacair do ghaelscoileanna ag aon leibhéal múinteoirí oiriúnacha a earcú. Chomh maith leis sin, tarlaíonn ró-mhinic go ndéantar príomhoide ar ghaelscoil nuabhunaithe as céimí díreach as an gcoláiste.

Oideachas dara leibhéal

Is cúrsa seicheamhach de gnáth a leanann formhór na múinteoirí iar-bhunoideachais; céim a bhaint amach in ábhar ar dtús agus dioplóma san oideachas ina dhiaidh. In Ollscoil Luimnigh (a ndearna Coláiste Thuamhumhan cónascadh leis tamall de bhlianta siar), leanann múinteoirí corpoideachais, miotalóireachta agus adhmadóireachta, cúrsa comhreathach san ábhar agus san oideachas, agus i modheolaíocht san ábhar freisin. Arís, níl ach seans áirithe go mbeidh an t-ábhar (nó codanna de) agus/nó an cúrsa oideachais (nó codanna de) á ndéanamh trí mheán na Gaeilge. Le bliain nó dhó, tá dioplóma san oideachas go hiomlán trí Ghaeilge ar fáil in Ollscoil na hÉireann, Gaillimh. Is gá an cheist a chur ar leor, ar thaobh amháin, eolas ar ábhar a ndearnadh staidéar air trí Bhéarla móide cumas i nGaeilge chun tabhairt faoin ábhar sin a mhúineadh trí Ghaeilge? Ar an taobh eile, an leor teoiricí an oideachais a dhéanamh trí Ghaeilge chun modheolaíocht a chleachtadh atá oiriúnach do chúinsí teanga ar leith? Níl de chuma ar an scéal go bhfuil oiliúint shásúil ar fáil faoi láthair; oiliúint a bhfuil na heilimintí inti comhordaithe agus an mhodheolaíocht cabhraitheach, nach ionann é agus soláthar téarmaíochta amháin. Don ghaelscolaíocht, don rang tumoideachais do Bhéarlóirí, tá gá le hábhartheagasc ar mhodheolaíocht dara teanga go bunúsach.

Réamhoideachas

Ceann de na gníomhartha atá á riaradh ag an gComhchoiste Réamhscolaíochta le maoiniú tríd an gClár Comhdheiseanna do Chúram Leanaí 2000–6, faoin Roinn Dlí agus Cirt, Comhionannais agus Athchóirithe Dlí, is ea forbairt modúl trí Ghaeilge mar chúrsa oiliúna ag trí leibhéal do lucht cúraim leanaí. Tá na cúrsaí seo agus na leibhéil seo aitheanta ag Comhairle Náisiúnta na gCáilíochtaí Gairmoideachais (FETAC anois). Maoinítear dianchúrsaí (gan cáilíocht aitheanta) ar fud na tíre leis an Chlár Comhdheiseanna seo freisin.

5. Acmhainní: soláthar agus forbairt

Easnaimh

Tá easnaimh mhóra sa réimse seo. Toisc laghad an mhargaidh ní spéis leis na soláthróirí tráchtála é. Ba é an Gúm (mar chuid den Roinn Oideachais) is mó a bhíodh ag soláthar don earnáil Ghaeltachta agus lán-Ghaeilge. Aistríodh é, i dteannta an Choiste Téarmaíochta, go dtí Foras na Gaeilge. Is faoin gComhairle nua atá an cúram anois agus beidh an Gúm ag comhoibriú sa tsaothar. Tá roinnt scoileanna ann a chuir a gcuid ábhar féin ar fáil dóibh féin ach níl sin ar fáil go forleathan. Táthar ag tarraingt, áfach, ar thorthaí an Áisaonaid i mBéal Feirste. B'fhéidir féachaint ar acmhainní ar mhodh níos uileghabhálaí; a bhfuil le fáil (fiú anois) ar an idirlíon; coláistí samhraidh; clubanna óige (go háirithe d'iarchúram daltaí na ngaelscoileanna). Ba ghá comhordú pleanáilte a dhéanamh idir iad agus an Plean Scoile (alt 21 den Acht Oideachais 1998), gléas a bhféadfadh an-éifeacht a bheith aige. Chomh maith le hacmhainní foghlama agus teagaisc, tá gá le trialacha caighdeánaithe agus gléasra diagnóiseach agus prognóiseach.

Dúshlán

Is é ceann de chroí-dhúshláin ghaelscoileanna ná an líon paistí nach Béarla a máthairtheanga. Ina theannta sin, tá tacaíocht bhreise ó phaistí ó theaghlaigh teifeach nach bhfuil Béarla nó Gaeilge acu. Tá idirbheartaíocht ar bun leis an Roinn faoin maidir leis an ceisteanna seo a réiteach. Deirtear go bhfuil an t-iolrachas i réim in Éirinn anois. Ciallaíonn sin iolrachas teangacha agus cultúr. Níl sé soiléir, afách, cé acu treisiú nó baint as faoi a bheidh i gceist maidir leis an Ghaeilge i bPoblacht na hÉireann san fhad-téarma.

6. Taighde

Beifear ag súil le clár comhordaithe taighde ón gComhairle um Oideachas Gaeltachta agus Gaelscolaíochta toisc a laghad taighde dáiríre atá ar fáil ar an nGaeilge mar ábhar nó mar mheán.

Aguisín 1

Tábla 8: Cúlra teanga páistí naíonra agus a dtuismitheoirí 2000–1

Cúlra teanga páistí naíonra agus a dtuismitheoirí 2000–1					
Gaeltacht					
	Cainteoir Dúchais	Maith	Roinnt	Tuiscint	Gan
Páiste	16%	3%	20%	18%	42%
Máthair	28%	14%	29%	15%	15%
Athair	32%	16%	23%	14%	16%
Gaeltacht agus Galltacht					
	Cainteoir Dúchais	Maith	Roinnt	Tuiscint	Gan
Páiste	4%	2%	14%	18%	62%
Máthair	8%	12%	37%	24%	19%
Athair	9%	11%	30%	27%	24%

Tábla 9: Naíonraí Gaeltachta agus Galltachta: Teanga an teaghlaigh 2000–1

Naíonraí Gaeltachta agus Galltachta: Teanga an teaghlaigh 2000–1		
	Gaeltacht	Gaeltacht agus Galltacht
Gaeilge	21%	6%
Béarla	54%	83%
Gaeilge agus Béarla	25%	11%

Fig. 2: Fás na Gaelscolaíochta i bPoblacht na hÉireann 1972–2002

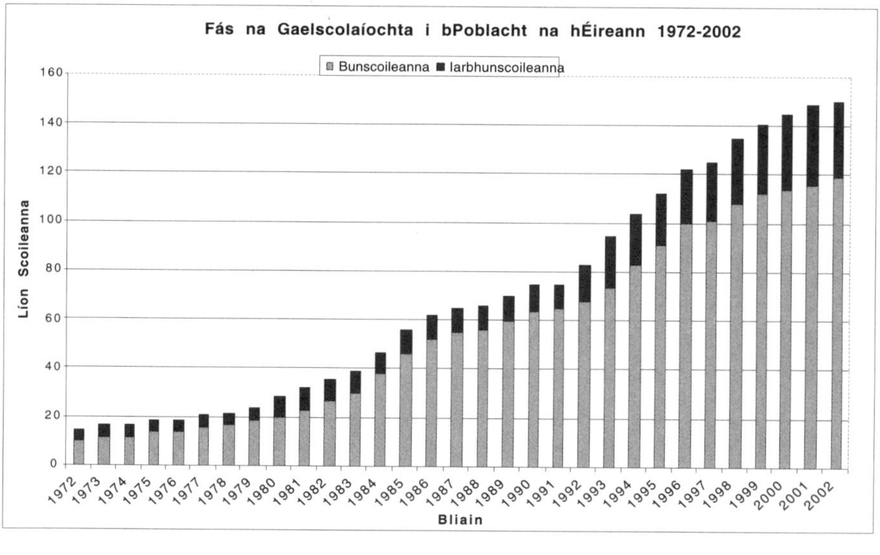

Gaelic-medium Education in the Republic of Ireland

Helen Ó Murchú

1. Introduction

1.1 Status

Although the Irish language is a minority language in the Republic, it has a constitutional status not usually enjoyed by a minority language. According to the Constitution of Ireland, the Irish language is the "first official language". It has a substantial role as both a subject and a medium in the educational policy of the Republic of Ireland.

Outside the Gaeltacht, education through the medium of Irish is primarily immersion education, and pupils with Irish as the language of the home are a minority. In the school year 2001–2, more than 26,000 pupils outside the Gaeltacht received education through Irish in schools providing immersion education.

The Gaeltacht is the officially designated area in which the Irish language is the customary language of the community. It is expected that pupils coming to school in those areas will be Irish speakers. Over the years, many changes have taken place within the official Gaeltacht, and teachers and schools must serve a large number of children with no Irish at all when starting school as well as those whose first language is Irish.

The Irish language is the normal language of instruction in every school considered to be a Gaeltacht school. However, education through the medium of Irish is not available to every pupil in the Gaeltacht. Second level schools serve districts that are wider than those of primary schools, and some secondary schools serve both Gaeltacht and non-Gaeltacht districts. In those circumstances the school does not function solely through the medium of Irish.

Essentially, the same Irish language curriculum as the rest of the state is used in the Gaeltacht even though large numbers of children are raised as Irish-speakers. No substantial system of services exists to meet the specific educational needs of Gaeltacht, although there are some special schemes. There is an extra allowance for teaching through the medium of Irish in the Gaeltacht which acts as an incentive for teachers. Údarás na Gaeltachta (The Gaeltacht Authority) supports naíonraí (Irish-medium preschool groups) for children under school age, and the provision of assistants in classrooms for children whose Irish is weak.

1.2 Background

When the Irish Free State, Saorstát Éireann, was established in 1922 the new Government attempted to implement radical policies by which Irish-medium education would be made widely available. Resources were scarce and many of the pre-independence structures were retained. On the other hand, the Government was building on more than 20 years of language revival and on years of voluntary language campaigning.

In 1831, the British Government established a system of "National schools" which would serve the whole country. English was the sole language of instruction, despite the fact that Irish was spoken by over half the population of the country. In the last quarter of the nineteenth century, campaigns began to try to reinstate Irish in the education system. The Society for the Preservation of the Irish Language, established in 1873, began this process and, in 1879, permission was granted to teach Irish outside normal school hours. The same year, Irish was permitted on the examinations programme for intermediate education (under the title "Celtic").

From 1899 onwards, campaigns for Irish expanded to a range of levels in the education system. Conradh na Gaeilge (The Gaelic League), established in 1893, played a major role in those campaigns. They received support from the Irish National Teachers Organisation (INTO), from county councillors, other politicians and from many of the Catholic clergy. A bilingual programme for Gaeltacht schools was begun in the school year 1906–07. By this time Conradh na Gaeilge had established summer colleges which provided training for teachers wishing to teach the language. The colleges received a small subsidy from the British Government.

Outside the Gaeltacht, the first venture in Irish-medium teaching began in 1908 when Patrick Pearse established Scoil Éanna in Dublin. Scoil Éanna was a bilingual school organised by Pearse on the principles he had seen in operation in Belgium. The first all-Irish primary school, Scoil Bhríde, was established in Dublin in 1917 and is still in operation.

In 1913, the Conradh na Gaeilge campaigns peaked when Irish became an obligatory subject on the programme for matriculation examinations in the National University of Ireland.

With the establishment of Saorstát Éireann, the provisional Government immediately set about promoting Irish in the educational system. From 17 March 1922, Irish was to be taught as a subject, or be used as a medium, one hour a day, in every primary school in which the staff were qualified, or competent to do so. Later the same year, the Government accepted the recommendations of a Convention organised by the Irish National Teachers' Organisation. They recommended that Irish should be a compulsory subject from then on, and that it should be used as a medium of instruction in infant classes and in the subjects, history and geography, singing and physical education. A system of immersion education was being established for infants and a proposal for an educational system that would function through the medium of Irish or bilingually was put forward. The policy to expand the use of Irish as a medium in primary schools was continued. It was easier to implement in schools which were directly under the control of the Department of Education such as the Model schools (the former training schools). The system of immersion education reached its peak in the 1940s, when it was established in 11 per cent of primary schools.

Irish-medium education was also being promoted at second level. Three categories of second level schools were recognised in the school year 1924–5; "A" schools, in which every subject was taught through the medium of Irish, "B" schools in which half the subjects were bilingua,l and "B2" schools in which two subjects, or two classes, were through the medium of Irish.

Preparatory colleges established in 1926 were boarding colleges for students from the Gaeltacht who would go on to training colleges to become teachers. This scheme added significantly to the supply of teachers whose Irish was fluent.

The University College Galway Act 1929 was the last great measure in Irish-medium education. Under that Act special funding was granted to University

College Galway to begin courses though the medium of Irish and recruit staff for that purpose.

Education policy on the Irish language began to weaken from the 1950s on particularly outside the Gaeltacht. Recruitment for the Catholic training colleges ended in 1960. Some of the Christian Brother schools, and a small number of the "A" schools and Model schools, continued teaching through the medium of Irish but, by the end of the 1970s, only fragments of the overall state policy on the language remained. There are still all-Irish Model schools (primary schools) under the direct control of the Department of Education and Science in Dublin, Limerick and Cork – remnants of the old 19th century teacher training system. There are a few primary and post-primary schools in which at least one subject is taught through the medium of Irish.

Irish-medium education did not have to rely solely on state policy as a new generation of schools were established by parents. The new schools are called *gaelscoileanna*. The older schools which continued to teach through the medium of Irish are also included.

The initial growth of gaelscoileanna was gradual. In 1958, Scoil na nÓg was established in Glanmire in Cork. In Dublin in 1958, Scoil Lorcáin was founded, and Scoil Neasáin followed ten years later. They are all primary schools. As gaelscolaíocht developed and excellent results were achieved, the demand for gaelscoileanna grew. At first, the majority of parents or pupils were not necessarily Irish speakers but people who possessed particular values and ideals. As a result, gaelscoileanna provide a system of immersion education, and English is the first language of the vast majority of its pupils. The Irish-medium education movement has gone from strength to strength since the 1960s, as Table 1 illustrates. At secondary level, Irish-medium schools existed prior to the establishment of the gaelscolaíocht movement. Schools in Dublin such as Scoil Chaitríona were founded in 1928, and Coláiste Mhuire opened its doors in 1931. Coláiste Iognáid was founded in 1954 in Galway City, and Cnoc Labhras was established in Limerick City in 1935. As the number of all-Irish primary schools increased a new demand emerged for gaelscoileanna at second level.

The organisation Gaelscoileanna was established in 1973 to co-ordinate efforts, negotiate with the Department of Education and provide encouragement, advice and training for founding committees as well as for boards of management, and principals. Since 1978, Bord na Gaeilge (now Foras na Gaeilge) has provided the organisation with office accommodation and an annual grant. As a result of the increase of gaelscoileanna at primary level, the organisation had to assist with planning for secondary level. At present, gaelscoileanna are available all over the country, north and south.

Fig. 1: Growth in numbers of children attending Irish-medium schools outside the Gaeltacht 1990-2001

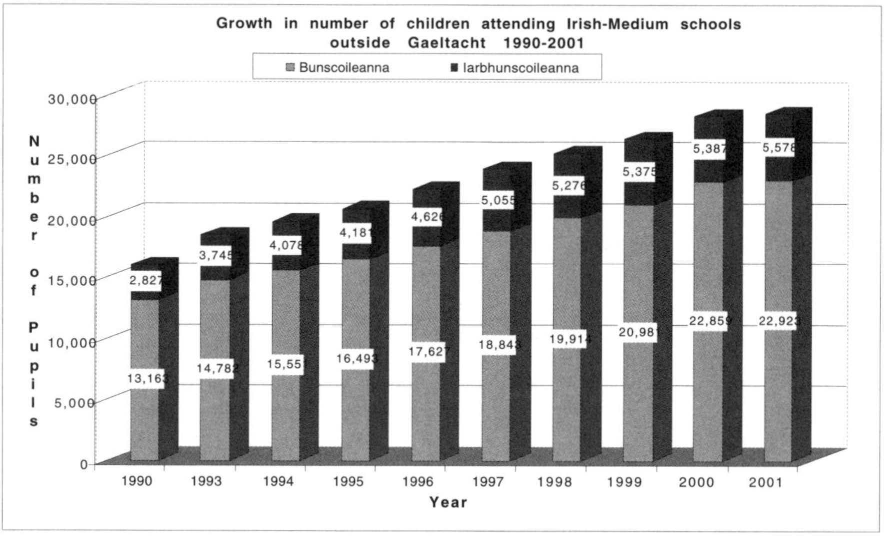

Table 1: Number of primary school pupils according to class and medium of instruction

Number of pupils according to class and medium of instruction				
Primary schools	**G**	**M**	**N**	**Total**
Junior Infants	3,867	14,242	33,837	51,946
Senior Infants	3,739	13,962	33,486	51,187
First Class	3,588	14,627	33,444	51,659
Second Class	3,614	14,405	35,832	53,851
Third Class	3,332	14,040	37,133	54,505
Fourth Class	3,029	14,096	36,703	53,828
Fifth Class	3,031	14,098	36,919	54,048
Sixth Class	3,013	15,014	38,620	56,647
Other Classes	91	133	444	668
Total Pupils	27,304	114,617	286,418	428,339

G Irish as medium: all subjects except English
M Irish as medium: at least one subject apart from Irish (English not included)
N Irish as curriculum subject only

Table 2: Number of pupils receiving education through Irish in second level-schools 2000–1

Number of pupils receiving education through Irish in second level schools 2000–1				
Class of School	**Irish-medium in the *Gaeltacht***	**Irish-medium outside the *Gaeltacht***	**Irish Stream**	**A subject through Irish**
Secondary Schools	1,208	2,304	72	171
Vocational Schools	1,264	1,636	687	93
Community Schools	368	0	0	no figures
Comprehensive Schools	489	0	0	no figures
TOTAL	3,329	3,940	759	

Leitrim is the only county in the Republic without provision. A gaelscoil becomes part of the normal system as soon as it satisfies the Department's criteria. However, it retains the philosophy and ethos of its founders that instruction is through the medium of Irish, and that aspects of the heritage and culture of the Irish language normally hold a special place on the school curriculum. Ordinarily, excepting the former, the common curriculum laid down centrally by the Department of Education and Science is followed. Such schools have particular needs, and a case has to be made constantly to the state to meet them.

1.3 Irish as a teaching subject

Theoretically, and practically to a large extent, an Irish language programme is provided to every student in recognised schools from entry age in infant education at four to leaving year at 15–18. The "Irish as a subject" sector is 13 times greater than the combination of the "Gaeltacht and Irish-medium schools" sectors. The teaching of Irish as a subject is a fundamental element of Government policy on education and the Irish language. It contributes greatly to awareness of Irish in the broader community and is also a key source of personnel for the Irish-medium sector.

Table 3: Irish as a subject 1999–2000

Irish as a subject 1999–2000			
Primary schools	Pupils	Post-primary schools	Pupils
2,032	278,466	702 (circa)	317,103

A number of pupils are exempt from studying Irish. The majority are from Northern Ireland and abroad, and there are a small number who have learning difficulties. In the year 1999–2000, 3.53 per cent of pupils had an exemption.

2. The statutory education provision (general)

The Department of Education and Science has primary responsibility for funding and educational policy. The role of local government is confined to the Vocational Education Committees (VECs) which own the second level vocational schools and the regional technical colleges. The churches play a significant role in the education system. Many of the Catholic grammar schools are owned by religious orders, and most of the primary schools come under the churches at parish level. The minority which do not come under the control of the churches include a number of private and multi-denominational/inter-denominational schools.

2.1 Entry age

Schooling is compulsory for the age group 6–15 but over 50 per cent of the age four cohort and almost every child in the age five cohort attend infant education classes i.e. junior and senior infants, a group which is a fixed part of primary provision. A pupil must be 12 years of age to begin second-level education. A five or six-year programme is pursued (with an interim year between juniors and seniors) which means that third level education begins at 17 or 18.

2.2 Management and funding structures

Responsibility for provision in general rests centrally with the Department of Education and Science, particularly for primary education under Article 42 of the Irish Constitution. The Education Act 1998 provided a legislative basis for that responsibility and clearly outlined duties at other levels, e.g. for school patrons (a primary school may not function without a patron) and boards of management. The state, through the Department, funds the vast bulk of expenditure on education.

Since 1967, the second level education system has essentially been free apart from a small number of schools which opted out. The range of schools is more varied at that level. The VECs control almost one-third of the second level schools. The VECs are funded through the Department and by means of local rates. The Department has also established a number of community and comprehensive schools at secondary level. The other two thirds are mainly in the possession of religious orders or under the direction of a particular denomination, although most of the teachers and principals in these schools are now lay people. Therefore, most schools in the system are private, although the state pays most of the capital and running costs including the bulk of teacher salaries. Policy and curriculum and examinational issues are determined and managed centrally. Therefore funding and control, and power and management do not necessarily equate.

2.3 Irish-medium education: An Foras Pátrúnachta

Foras Pátrúnachta na Scoileanna Lán-Ghaeilge was established in 1993 to act as patron for gaelscoileanna that did not choose the local bishop as patron. An Foras Pátrúnachta was incorporated as a limited company in 1996. Only primary schools come under the aegis of An Foras at present. The schools are the company members of An Foras. The directors of the company include a chairman, one representative from the three types of school involved, the president and vice-president of Gaelscoileanna *ex officio* and five others elected by the members. An Foras is funded by the fees from the schools and a grant from the Department. In September 2002 there were 38 primary schools under the patronage of An Foras. It is patron to 28 Catholic denominational gaelscoileanna, six interdenominational gaelscoileanna and four multidenominational gaelscoileanna. The responsibilities of the patron as contained in the Education Act 1998 apply to An Foras.

2.4 Funding structure

Secondary schools (voluntary schools)

Ninety-five per cent of these schools chose to go with the free-education system. They are called voluntary schools. They receive a capitation grant and various allowances from the state, and the Department of Education and Science pays 95 per cent of the salaries of a certain number of teachers (within percentages *vis-à-vis* the number of pupils). The schools are owned by religious orders or private individuals, and many activities are undertaken to collect extra money.

Vocational schools and community colleges

The state provides approximately 93 per cent of the total cost as a block grant to the VECs (who also have responsibility for further education). The remainder comes from local rates. The pupil's capitation fee is not included, but there are certain other allowances.

Comprehensive schools and community schools

These schools are fully funded by the Department.

Differences

Differences are evident in the operation of the funding system. The Minister for Education published a new funding scheme in December 2001 to address this issue and to bring the voluntary second level schools in the free education system

Table 4: Post-primary schools 1999–2000

Post-primary schools 1999–2000				
State-funded				None
Secondary School	Vocational School	Community School	Comprehensive School	
424 (56.38%)	245 (32.58%)	67(8.96%)	16(2.13%)	13

up to the level of the other schools with regard to support services e.g. secretarial, security, cleaning and insurance. Payments are to be backdated to January 2001. Other differences will remain as it is still necessary to have fund raising schemes. The funding arrangements outlined above are primarily for day pupils. In the case of second-level schools under Protestant management (day and boarding pupils) and for Jewish schools (day pupils only) state grants are paid through a central agency which is representative of both denominations rather than directly to the schools.

2.5 Statutory preschool education

Provision in this area is not countrywide. It is largely delivered in urban areas for children under four who are disadvantaged or who have particular educational requirements. The state covers most of the costs.

2.6 Third level education

At third level, there is a range of institutions, as shown in Table 5. They are all self-governed (apart from the colleges of education) by means of a governing authority and in accordance with various Acts. A substantial proportion of their funding comes from the state through the Higher Education Authority. The Qualifications (Education and Training) Act 1999 was passed in order to establish a more integrated administrative structure for the further education and training sector. As a result, the National Qualifications Authority of Ireland was established. It produced an Irish-language version of a discussion document *Towards a National Qualifications Working Framework* (including second level and the universities) and initiated a consultation process in that regard. NQAI intends to set overall standards for training, higher education and further education qualifications, excepting universities.

2.7 Colleges of education

There are four Catholic colleges and one Church of Ireland college. The Catholic colleges are under the control of the religious orders and are managed accordingly. The Church of Ireland College has its own autonomous authority. They are all linked with a university, particularly with regard to the awarding of degrees.

Table 5: Colleges of education

Colleges of educations	Associated university
St. Patrick's College (Dublin)	Dublin City University
Marino Institute Froebel College Church of Ireland College of Education (Dublin)	Trinity College, Dublin
Mary Immaculate College (Limerick)	University of Limerick

Funding

Marino and Froebel Colleges are funded on the basis of capitation for students which is paid through the Department and is not particularly high. St. Patrick's College and Mary Immaculate College are funded through the Higher Education Authority on the basis of a fee for each student as well as staff salaries. In addition, capital funding is also given to certain colleges. It is expected that funding to colleges will be standardised in the future. A group established by the

Minister for Education and Science has prepared a report on the issue. One factor influencing running costs for smaller colleges in particular is the loss of members of the religious orders as unsalaried staff.

2.8 Educational services

Education centres and in-service

There are 30 education centres, with a director and board of management each, to address the needs of teachers in general but particularly with regard to in-service training. Primary teachers use these facilities most. The centres serve the requirements of the Irish language as subject and medium to a point, but that is usually as a result of demand from and cooperation with specialist organisations such as Comhar na Múinteoirí Gaeilge (The Irish Language Teachers Group) and Gaelscoileanna. Both organisations also organise their own courses with funding from the In-career Development Unit of the Department or in conjunction with the trade unions. The Department provides national courses if syllabus changes take place, but there is no systematic school-based service available as demanded. Comhar na Múinteoirí Gaeilge operates a system of occasional advisers for Irish as a subject (eight for second level, one for primary level) with funding from the In-career Development Unit. Údarás na Gaeltachta funds one Gaeltacht adviser. A special education centre is being built at present in a Gaeltacht area, Baile Bhuirne in County Cork, which will have responsibility for the Irish language both as subject and medium of instruction.

Special requirements

This poorly funded area has received renewed attention in recent years and, as a result of pressure from parents, a system is being developed. Since 1998, Departmental expenditure has been increased from £7m to £70 million. Full provision is not yet available for remedial teaching, particularly for the Irish language, nor for education through the medium of Irish. A new state-funded structure was established in December 2001 to address general issues of educational disadvantage. It is a matter for each individual school, or for the new body under Section 31 of the Education Act 1998, to utilise all those resources to the benefit of the Irish language.

3. Irish-medium education: provision

3.1 Legislative and management issues

Section 31 of the Education Act 1998 sets out the structure for the provision of educational services for the Irish-medium sector and also for the teaching of Irish. For third level, financial provision was made for teaching through Irish in an Act entitled the University College Galway Act 1929.

All the issues relating to education in general apply to Irish-medium education also. There are also general references throughout the Education Act 1998 in which specific mention is made to the Irish language and the Gaeltacht. The status of the Irish language is set out in Article 8 of the Irish Constitution, and Justice

Laffoy gleaned the following meaning from it in a judgement given by her in April 1999:

> ... an obligation to provide for the education of the children of the State at their first stage of formal teaching and instruction must involve an obligation to provide for education in the constitutionally recognised first official language of the State. It follows that the requirement of the rules that teachers teaching in recognised primary schools should have proficiency in Irish is a valid provision under the Constitution ... also a valid requirement under European Community law ... it is neither disproportionate nor discriminatory.

This judgement was given in a case relating to the teaching of Irish as a subject rather than the use of the Irish language as a medium.

3.2 Funding

Insofar as Irish-medium schools are an intrinsic part of the education system in general at first and second levels, they come under the rules and regulations outlined in section 2 above with regard to teachers' salaries, capitation fees and various allowances. Only recognised institutions receive funding, i.e. institutions which fulfil Departmental criteria. An extra Irish language payment (BSG)/Gaeltacht grant (for islands also) is available for teachers who teach through the medium of Irish in any school in which this occurs. In 1999-2000, 216 teachers were entitled to such extra payments.

Primary schools

Funding depends on the 'recognition status' held by a gaelscoil. Recognition criteria relate to pupil numbers, accommodation arrangements, a patron having been nominated and the teaching of the curriculum as laid down by the Department: specifically Sections 10(2) and 12(3) of the Education Act 1998.

Temporary recognition is given to a gaelscoil based on the following criteria:

- the proposed school meets a need that cannot reasonably be met within the existing provision;
- the local community is consulted in advance;
- the patron has been registered as such by the Department of Education and Science;
- a board of management will be appointed in accordance with the requirements of Department of Education and Science;
- the rules for national schools will be complied with;
- the proposed school has a minimum initial enrolment of least 17 junior infants (who have not attended school already) and a minimum projected enrolment of 51 pupils for the third year of operation;
- all pupils are at least four years of age on 30 September of the year in which the school is due to commence operation;
- in accordance with Section 10(2) of the Education Act 1998, the proposed interim accommodation complies with the Local Government (Planning and Development) Acts 1963 to 1996, the Building Regulations, 1991–7 (including the Building Control Regulations), the Health, Safety and Welfare Act 1989, and any modifications, statutory instruments or orders made in accordance with those Acts;

- the school will follow the primary school curriculum of the Department of Education and Science;
- the school will employ recognised primary school teachers.

It is necessary to show that there is a demand for the school in the area, and that it will continue in the future. If it is the second or third gaelscoil in the area, it is necessary to show that the demand is such that the other schools cannot cater for it. In addition, the school must have suitable accommodation at a reasonable rent. That accommodation must be available for a period of at least four years.

On that basis, the Department pays 75 per cent of the rent, 90 per cent of the furnishing of the accommodation and a one-off conversion grant of €6,200. Gaelscoileanna recommends that committees wishing to establish schools do not set up until the basic criteria have been fulfilled, as the funding responsibility is onerous, and there is a real risk of losing motivation and members as a result. Full recognition depends on the school having a certain future. That status is attained when attendance has reached 51 pupils. With permanent recognition and a transfer to a permanent site and building, the Department pays 100 per cent of the capital costs, and the Department is the owner. Again, 90 per cent of the furnishing cost is paid. While awaiting the building of a school, 95 per cent of the rent is paid. With regard to running costs, the Department pays teachers' salaries, and support schemes can be utilised on a per pupil capitation basis. The responsibility for any extra support or to make up the difference lies with the parents. A local (parish level) contribution used to be paid in the case of every pupil. That has been reduced to approximately €2.50 per pupil and is being phased out. The state is now taking almost all the costs upon itself and a balance is now being achieved with regard to funding and conditions for the various kinds of primary schools. That is not wholly to the benefit of the gaelscoileanna particularly with respect to staffing. Unlike in the past, a case must be now be made for an extra teacher in the context of the number of pupils. Gaelscoileanna succeeded in obtaining the extra payment for 14 schools in 2001. That was not in recognition of the *linguistic work* of the school. Some of the schools on the Gaelscoileanna list still only have temporary recognition. That is the case particularly amongst the most recently established schools. A language support scheme operating in Gaeltacht primary schools is funded by the Department of Community, Rural and Gaeltacht Affairs.

Second-level schools

As explained above, there are a range of school categories at second level and funding depends on the school category (See section 2.4). There are second-level Irish-medium schools (Gaeltacht and gaelscoileanna) in the various categories, and they are generally funded accordingly. An extra teacher is funded in the gaelscoil. Teachers who teach subjects through the medium of Irish receive an extra allowance.

Units and a stream

According to Gaelscoileanna, there are 11 units and one stream in the Republic. The units come under the control of the VECs and are administered as Irish-medium units within another school but are autonomous. Two such units still await recognition but the teachers are paid because they are employed by the parent school. (The difficulties encountered by units with regard to continuity will be discussed below). A teacher in charge is head of the unit but the principal and the management committee belong to the parent school. The unit is usually in the hands of a subcommittee, but that does not generally have the same functions as the management committee. It is not a requirement, for example, that a member of the subcommittee serve on the interview panel to choose teachers who may work in the unit. Most of the arrangements that have implications for the functioning of the unit are at the discretion of the local VEC and the VEC's principal executive officer. Accommodation issues are regularly to the fore, e.g. an arts room or a science room. On that basis, Gaelscoileanna and the Irish Vocational Education Association (IVEA) have established a special committee to address some of the problems confronting units. An application addressing this issue is being made to the Commission on School Accommodation. The stream mentioned above has been functioning as a normal part of a secondary school since 1969, but all classes are taught through the medium of Irish.

Third level

The Higher Education Authority Act 1971 and the Universities Act 1997 make general provisions with regard to the promotion of the Irish language. At present, although no independent Irish-medium university exists, a variety of courses or modules are offered through Irish in the various institutes under the auspices of the authority. In the academic year 2000–1, 1,978 undergraduates attended such courses. The authority has a special, but limited, budget for proposals relating to the Irish language: the promotion of the language in general in the institutes; assisting with the availability of courses through Irish and the reprinting of textbooks for Irish as a subject. As a result, funding the majority of these institutes now have an Irish language officer, and some have put forward development plans that would demand significant capital funding.

3.3 Statistics

Preschool education

In the Republic, the term *early education* includes both the provision made prior to age four when a child begins junior infants class in primary school, and the two infant classes between four and six which are called *infant education* by the Department of Education and Science. Only a certain proportion of the statutory preschool provision comes under the Department of Education and Science. (See section 2.5) The rest comes under the National Development Plan, or under private provision which is regulated according to conditions set by the Department of Health and Children. This sector includes Irish-medium provision, or the naíonraí, which currently benefit from various elements of the National Childcare Strategy under the National Development Plan for which the Department of Justice, Equality and Law Reform is responsible. In addition to naíonraí shown in Table 6 below, there are a number of Irish-medium groups for parents and after-school groups as well as other activities. Some naíonraí have two sessions a day.

Table 6: Number of naíonraí in the Republic 2001–2

Number of naíonraí in the Republic 2001–2	
Outside *Gaeltacht*	179 (2,584)
Gaeltacht	72 (838)
Total	**251 (3,422)**

Funding

An Comhchoiste Réamhscolaíochta (The Preschool Joint Committee) is the voluntary organisation which focuses on the needs of naíonraí. It was established in 1978 as a joint committee between the voluntary organisation Na Naíonraí Gaelacha and Bord na Gaeilge (now Foras na Gaeilge), the state body which provides its funding. At present, representation is being widened to include bodies north and south. The organisation is now called Forbairt Naíonraí Teoranta. Foras na Gaeilge provides a core grant and project grants. Various subsidy schemes are available to naíonraí from An Comhchoiste, Údarás na Gaeltachta, through the one-off Foras na Gaeilge scheme and particularly from the Department of Justice, Equality and Law Reform. A staff of 15 advisers is also employed through the Department.

3.4 Voluntary organisations and the Irish-medium sector

Voluntary organisations have always played a particularly important role in Irish-medium education. Various aspects of their contribution are outlined below:

- providing an organised voice for the individual or for groups holding particular values who seek a service from the state, a service which conveys those values and which is not being provided to them;
- establishing an organised system to address the problem;
- developing policies for the area;
- establishing a pressure group to influence state policies, based on sound
- providing information, advisory and support services to members;
- provision of the service, on an *ad hoc* basis if necessary, until it is provided by the state;
- seeking funding from any source possible;
- seeking moral and other support from organisations and institutions which share those values/understandings;
- integration with other elements of the movement in general without losing freedom or autonomy.

In that sense, the organisations which serve Irish-medium education are both service organisations and development agencies. On the one hand, they could be viewed as an important part of functioning state policy, while on the other they belong to the language movement, a relationship which is both fluid and full of tensions.

Eagraíocht na scoileanna Gaeltachta (The Gaeltacht schools organisation)

This organisation was established in 1986 and extended on a regional basis two years later. It supports parents, teachers and pupils in Gaeltacht schools. One of the organisation's successes is a system of language assistants in Gaeltacht primary schools which is funded by of the Department of Community, Rural and Gaeltacht Affairs. The organisation has officers in the large Gaeltacht areas who are funded by the same Department. It is worth noting that the l*anguage* Department rather than the *Education* Department provides the funding, although the two co-operate on the issue.

Gaelscoileanna

As outlined above, this organisation was established in 1973 to attempt to address state negligence in the area of Irish-medium education. It is obvious from the account given that it has been particularly successful in influencing policies and in clearly establishing the Irish-medium education sector in the state education system. Both the organisation and sector have now been fully recognised as a partner of the Department of Education and Science by means of representation on a wide range of Department committees e.g. the Schools Accommodation Commission, the Teaching Advisory Committee, as well as state-funded bodies such as the Parents' Council. Gaelscoileanna is primarily a school establishment and development agency. It also assists with the practical work to be carried out by new principals and boards of management. The need for additional support services for teachers and pupils was always recognised. That was finally achieved by means of the new state body, under Section 31 of the 1998 Education Act, on which Gaelscoileanna has particularly strong representation. Of course, this is all part of the decentralisation and democratisation that is continually in train, a process also illustrated by the representation granted to parents and staff members on the VECs. The relationship between the Gaeltacht Schools Organisation (which at present serves mainly the primary school sector) and Gaelscoileanna is sometimes difficult to understand. A number of post-primary Gaeltacht schools are members of Gaelscoileanna, and Gaelscoileanna funded the recent establishment of the new post-primary school in Inis Oírr, in the Aran Islands. At the same time, the linguistic context for the Gaeltacht school and the Irish-medium school outside the Gaeltacht is as different as the challenge facing a primary and a post-primary school. However, many of the problems are common to both sectors, particularly those relating to the provision of teaching aids and staff training. It is appropriate, therefore, that the Council for Gaeltacht and Irish-Medium Education will deal with both organisations, and that the Gaeltacht Schools Organisation is represented. The inclusion of Section 31 of the Education Act 1998 was a major achievement and a result of persistent pressure from the language movement in general and particularly from Comhdháil Náisiúnta na Gaeilge. The Gaeltacht Schools Organisation and Gaelscoileanna cooperated fully towards this end.

An Chomhairle um Oideachas Gaeltachta agus Gaelscolaíochta

This new body is called the Council for Gaeltacht and Irish-Medium Education under Section 31 of the Act. Members are elected and nominated. The new Council will have its own staff and budget, and it will draw on any other appropriate public budget e.g. schools IT and special requirements which now have a substantial budget, in order to develop policy. The functions of the Council are very clearly defined in the Act: resources and services, research, policy, planning and co-operation with the National Curriculum and Assessment Council.

An Foras Pátrúnachta

An Foras is the third support agency for statutory Irish-medium education. All three have interconnected functions. However, the Council is the statutory state body. In the official Departmental handbook, *Boards of Management of National Schools: Composition of Boards and Rules of Procedure* (1997), the responsibility of patrons to maintain and promote a distinctive ethos in their schools is specifically mentioned. This is a very important issue. It is not difficult to imagine that a board of management could attempt to change, for better or for worse, the linguistic ethos of a school, be it a gaelscoil, a Gaeltacht school or any other school. The language used at meetings could be changed also, or there could be pressure for such a change which would not be to the benefit of an Irish-medium school. *An Foras* as patron is responsible through its boards of management for both religious and linguistic matters in its schools. In the first category, *denominational schools* (Catholic only at present) a programme which is laid down by the bishop is taught for half an hour each day and an hour a month is set aside for practice. In the second category, *interdenominational schools*, instruction is based on a specific programme relating to both specified faiths. In the third category, *multi-denominational schools*, the programme followed involves a humanistic common belief which is not denominational but provides information on, and an understanding of, humanistic values. In that instance teachers, with the support of the board of management, are responsible for religious instruction outside school hours. In the words of the Director of An Foras, Dónall Ó Conaill, there are four elements in those programmes: teaching and moulding, practice and celebration. The same might be said of language.

Issues

Voluntary organisations enjoy state or public funding. However, now that we have a statutory body, as demanded, we must ensure, on the one hand, that functions are kept strictly separate which is not an easy task when the personnel is the same. On the other hand, we must also ensure that the concerns of the voluntary sector are to the fore, and that it is not just the state's point of view that informs policy. It would appear that the gaelscolaíocht sector has been extremely successful in gaining influence with the Department of Education and Science and achieving results. It would also appear that it suits the state, in relation to an Irish-language policy for all its citizens, to fix its attention on a sector which at present only represents eight per cent of all schools and pupils. Such a reductive policy will not be the salvation of the Irish language or of Irish-medium education.

An Comhchoiste Réamhscolaíochta

The achievements of An Comhchoiste and Na Naíonraí Gaelacha with regard to the number of naíonraí, state resources and representation in new state initiatives on child care under the National Development Plan were outlined above. The naíonra is a very important vehicle, not only for establishing Irish in the life of the preschool child but also for informing a wider network of families and community about language issues, and for preparing the ground for statutory developments in education.

Comhar na Múinteoirí Gaeilge

In a variety of ways, through in-service courses and the services of advisers,

Comhar na Múinteoirí Gaeilge assists with the teaching of Irish in the Gaeltacht and in gaelscoileanna. Its representatives can promote the cause of different sectors through the organisation's position on curriculum and other committees. It is primarily an educational and professional organisation. It must be noted, however, that every Irish language teacher who desires to achieve results is not necessarily a language missionary.

3.6 Continuity in the Irish-medium sector

Statistics show that there is a decline as one moves up through the education levels. Pupil numbers are given in brackets in Table 7 below.

Table 7: Irish-medium education in the Republic

Irish-medium education in the Republic			
	Non-statutory	Statutory	
	Naíonraí 2001–2002	Primary schools 1999–2000	Post-Primary 2001–2002*
Outside the *Gaeltacht*	179 (2584)	112 (19,491)	23 (4,699)
Gaeltacht	72 (838)	108 (7,507	20 (3,329)
Total	**251 (3,422)**	**220 (26,998)**	**43 (8,028)**

* Units and a stream are included

There is little doubt that the existence of a naíonra promotes an interest in establishing a primary school (gaelscoil) and boosts attendance at the local primary school (gaelscoil or Gaeltacht school), if one exists. There are many examples of single schools which ensure continuity by having an Irish-medium preschool of their own in the school or in the area, or who maintain a connection with whatever naíonraíocht provision exists in the area. Despite that understanding, and the co-operation between the various organisations, there is little co-ordinated policy effort to ensure continuity from preschooling to primary education, although there is more success in the Gaeltacht for various reasons. Because a single organisation, Gaelscoileanna, is active at primary and secondary level, the effort to ensure continuity is more effective. The task of establishing a post-primary school can be daunting and parents tend to be more pragmatic at that level.

Irish-medium community colleges

Due to the changes in the system, it is unlikely that second level gaelscoileanna will be in the voluntary sector from now on. The majority of new second level Irish-medium schools are developing in the community college sector under the VECs, usually as a stream or a unit. This causes many problems. First, of course, there is the linguistic problem: basically how does one maintain an Irish-medium ethos on an English-medium campus? In a way, a unit has a better chance in that it could ultimately become totally independent. On the other hand, although not in keeping with the basic philosophy of immersion education, there is a slight chance that the linguistic ethos in the Irish-medium stream might impact positively on the linguistic ethos of the other school, and that something of a bilingual approach might develop in the host school as a result. Without research, one can only guess in which direction the dominant influence might be. There is no doubt that financial rather than linguistic considerations inform the Department's policy, as is the case with the latest suggestion that proposes the building of super-campuses to accommodate a range of schools with different philosophies. At present, there are many other factors militating against second-level Irish-medium education in such community colleges. In newly opened colleges, it is generally the case that part-time teachers must be used initially. It is, therefore, difficult to establish staff continuity or a consistent linguistic ethos.

A clearer policy rather than *ad hoc* developments is required throughout the state, and continuity of provision is required as part of that policy: a challenge for the new council perhaps. The old Comhairle na Gaeilge (Irish Language Council) tried to achieve that in the 1970s. It may be necessary from now on to consolidate what has been achieved in the Irish-medium sector or to convert existing ordinary schools to Irish-medium ones as the fall in the school population may cause major problems in certain areas where there is an established school.

3.7 Curriculum, assessment, examination and inspectorate

The National Curriculum and Assessment Council, with the assistance of subject committees and educational officers, advises the Minister on curriculum and assessment issues. The Minister makes the decisions, and the Department, primarily through the inspectorate, implements them. For second level, at present, the syllabus, assessment method and exam are the same for every subject, including Irish, for the Gaeltacht school, the gaelscoil, and the ordinary school. the only difference being the medium of instruction and the language of the exam paper. It is a totally centralised system, but there are exceptions: extra marks (according to results) for those who answer the exam paper in Irish; and scholarships aimed at candidates who answer the Leaving Certificate exam paper in Irish (with a special scholarship for Gaeltacht candidates). For various reasons, candidates from Gaeltacht and Irish-medium schools suffer the disadvantage of not having exam invigilators and assistant examiners (correctors) who are fully competent in Irish. Of course, the ordinary schools have the argument that they are in competition with Irish-medium schools with regard to results in the Irish language subject.

At primary level, there is finally recognition in the revised curriculum (2000) that there is a problem with the central curriculum for Irish, and a distinction has been made in the Irish language curriculum for the different types of schools as well as providing guidance to the English language primary schools on how to integrate Irish with other subjects on the curriculum. Two issues in the revised curriculum were of particular concern to Gaeltacht and gaelscoileanna teachers: the lack of support material in Irish and of standardised tests for the schools involved. As a result, the Department released a co-ordinator and a team of primary teachers to prepare material for Irish as a subject in those schools. The material for junior infants is expected to be published in September 2003. Gaeltacht and Irish-medium schools are inspected in the normal manner. However, everyone's interpretation of educational theories may not be the same, particularly in relation to issues such as literacy in Irish language immersion education where English is the mother tongue of the pupils. At second level, the inspectorate concentrates primarily on examinations. There is also a shortage of inspectors. The functions of the inspectorate are set out in their entirety in Section 13 of the Education Act 1998. Subsection 13(f) refers specifically to the Irish language (the Education Act 1998 may be downloaded from www.education.ie).

4. Training and qualifications

4.1 The Gaeltacht and Irish-medium sectors

First, it can be said that there is no difference between the qualifications of teachers in the sectors under discussion here and those of the English-medium sector. However, differences exist in the training received. Changes are being proposed now that it has been recognised that a problem exists.

Basic education
None of the colleges of education offers a course which is specifically focused on the methodological challenges of teaching a class of bilingual pupils, or an immersion class particularly in a context in which the medium of instruction of the school is being challenged and weakened by another language. Having certain subjects taught to trainee teachers through the medium of Irish, as is the case in Coláiste Mhuire, Marino, Dublin, is not the solution although it helps to some extent. Some colleges are preparing plans at present with regard to a centre for the Gaeltacht with special courses on immersion education, extra time in the Gaeltacht for trainee teachers, and a more focused course. Trinity College Dublin administers a Diploma in Education Management, which is being taught in education centres around the state. There is very little available in the area of in-service training, regardless of who organises it, although special trainers are presenting the revised curriculum at present. As a result of this lack of suitable training, gaelscoileanna find it difficult to recruit suitable teachers at any level. In addition, it has become frequent practice to appoint a graduate straight out of college as principal of a newly established gaelscoil.

Second-level education
Most post-primary teachers follow a sequential course, obtaining a degree in a subject first followed by a diploma in education. In the University of Limerick (which amalgamated with Thomond College a number of years ago), physical education, metalwork and woodwork teachers follow a concurrent course in the subject and in education, and also in the subject methodology. There is only a slim chance that the subject (or sections thereof) and/or an education course (or sections thereof) will be through the medium of Irish. A Diploma in Education has been available entirely through the medium of Irish in the National University of Ireland, Galway for the past two year. One must ask if knowledge of a subject studied through the medium of English, as well as an ability in Irish, is sufficient to teach that subject through the medium of Irish. On the other hand, does the study of educational theory through the medium of Irish enable one to practise a methodology that is suitable for a particular linguistic situation? It is evident that

satisfactory training is not available at present: training in which the basic elements are co-ordinated and the methodology is conducive and involves more than the provision of terminology. Resources on the methodology of teaching a second language are required for Irish-medium education and for the immersion class of English speakers.

Preschool education
With funding from the Equal opportunities child care programme 2000–6 of the Department of Justice, Equality and Law Reform, An Comhchoiste Réamhscolaíochta is developing a three-level Irish-medium training model for the childcare sector. These courses and levels are recognised by the National Council for Vocational Education Qualifications (now FETAC). This Joint Opportunities Programme also funds intensive courses (without a recognised qualification) throughout the state.

5. Resources: provision and development

Deficiencies
There are major deficiencies in this area. The commercial providers are not interested because the market is so small. An Gúm (as part of the Department of Education) has been the main provider for the Gaeltacht and Irish-medium sectors. It was transferred, along with An Coiste Téarmaíochta (the Terminology Committee) to Foras na Gaeilge. The responsibility now lies with the newly established Council, and An Gúm is co-operating with the project. A number of schools provide their own material but it is not widely available. The work of the resource facility, An tÁisaonad in Belfast is also being drawn upon. Resources could be viewed much more comprehensively: resources available on the Internet; summer colleges; youth clubs (particularly for after-school care for gaelscoileanna pupils). It would be necessary to coordinate those resources in a planned manner with the school plan (section 21 of the Education Act, 1998) which could prove to be very effective. In addition to the learning and teaching resources, standardised tests are required, as is a diagnostic and prognostic tool.

Challenges
One of the main challenges facing Irish-medium education remains that of children whose first language is not Irish. In addition, children from refugee families attending gaelscoileanna need support in both Irish and English. Discussions are taking place with the Department of Education and Science in an effort to address those issues. It is claimed that Ireland is now a pluralist country. This means linguistic and cultural pluralism. However, it is not clear whether this will enhance or detract from the position of the Irish language in the Republic of Ireland in the long term.

6. Research

One hopes that the Council for Gaeltacht and Irish-Medium Education will produce a co-ordinated programme of research, as there is little serious work on the Irish language as a subject or a medium.

Appendix 1

Table 8: Linguistic background of pre-school children and their parents 2000–1

Linguistic background of pre-school children and their parents 2000–1					
Gaeltacht					
	Native Speaker	Good	Some	Understands	None
Child	16%	3%	20%	18%	42%
Mother	28%	14%	29%	15%	15%
Father	32%	16%	23%	14%	16%
Gaeltacht and outside Gaeltacht					
	Native Speaker	Good	Some	Understands	None
Child	4%	2%	14%	18%	62%
Mother	8%	12%	37%	24%	19%
Father	9%	11%	30%	27%	24%

Table 9: Irish-medium preschools in the Gaeltacht and outside: Language of family 2000–1

Irish-medium preschools in the Gaeltacht and outside: Language of family 2000–1		
	Gaeltacht	Gaeltacht and outside Gaeltacht
Irish	21%	6%
English	54%	83%
Irish and English	25%	11%

Fig 2: The growth of Irish-medium education in the Republic of Ireland 1972–2002

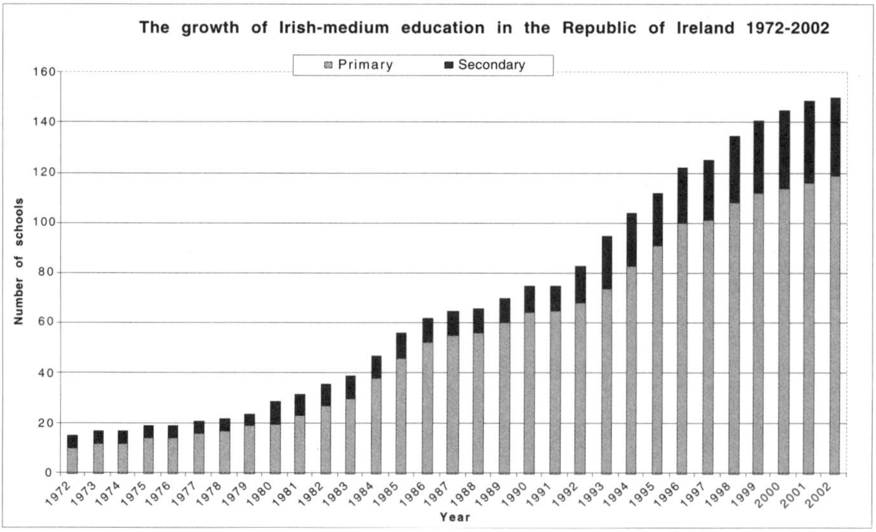

Ábhar léitheoireachta / Relevant publications

Cummins, J. (1988). Review of Ó Riagáin, P. ed. *Language Planning in Ireland*, in *Language, Culture and Curriculum*, 1, 303-308.

Cummins, J. (1988). "Foreword", in Ó Murchú, M.W. and Ó Murchú, H. eds. *Aspects of bilingual education: The Italian and Irish experience*. Dublin. Bord na Gaeilge.

Cummins, J. (1978). "Immersion programmes: The Irish experience", *International Review of Education*, 24, 273-282.

Cummins, J. (1978). "Metalinguistic development of children in bilingual education programs: Data from Irish and Canadian (Ukrainian-English) programs", in Paradis, M. ed. *Aspects of Bilingualism* Dublin: Educational Co. of Ireland, 128-134. Reprinted in *Oideas*, 1982, 26, 21-26.

Cummins, J. (1977)."Immersion education in Ireland: A critical review of MacNamara's findings". *Working papers on Bilingualism*, 13, 121-129

Greaney, V. ed. (1997) *Studies in Reading*. Dublin: Educational Company of Ireland.

Harris, J. (1984) *An Ghaeilge Labhartha sa Bhunscoil* [Spoken Irish in Primary School]. Dublin: Institiúid Teangeolaíochta Éireann.

Harris, J and Murtagh, L. (1999) *Teaching and Learning Irish in Primary School*. Dublin: Institiúid Teangeolaíochta Éireann.

Hickey, T. (1999) *An Luath-Thumadh in Éirinn: Na Naíonraí / Early Immersion Education in Ireland*. Leagan dátheangach/Bilingual edition. Dublin: Institiúid Teangeolaíochta Éireann.

Irish National Teachers' Organisation (1985) *The Irish Language in Primary Education*. Dublin: INTO.

Mac Aogáin, E. (1990) *Teaching Irish in the schools: towards a policy for 1992. Dublin*: Institiúid Teangeolaíochta Éireann.

Mac Gréil, M. (1990) *The State and Status of Irish*. Maigh Nuad, An tAonad Suirbhé
agus Taighde.

Mac Gréil, M. (1996) *Prejudice in Ireland Revisited*. Maigh Nuad, An tAonad Suirbhé agus Taighde.

Ní Ghallachair, A. (2002) "An bhfuil an Córas Oideachais ag Loiceadh ar Phobal na Gaeilge?", in Ó hUiginn, R. ed. *Curaclam na Gaeilge, LCC XXXII*. Magh Nuad: An Sagart. 19-27.

Baoill, D. (1996) *Lárchanúint don Ghaeilge: Tuarascáil Taighde*. [A central Dialect for Irish: Research Report]. Dublin: Institiúid Teangeolaíochta Éireann.

Baoill, D. (2002) "Curaclam, Pleanáil, Sochtheangeolaíocht agus Réimeanna Teanga", in Ó hUiginn, R. ed. *Curaclam na Gaeilge, LCC XXXII*. Maigh Nuad: An Sagart. 7-18.

Fathaigh, M. (1990) *Learning Irish in Second-Level Schools*. Dublin. Comhar na Múinteoirí Gaeilge.

Gliasáin, M. (1990) *Language Shift among schoolchildren in Gaeltacht Areas 1974-84*. Dublin: Institiúid Teangeolaíochta Éireann.

Gliasáin, M. (1996) *Ceist na Teanga sa Daonáireamh/The Language Question in the Census of Population*. Leagan dátheangach/Bilingual edition. Dublin: Institiúid Teangeolaíochta Éireann.

Gliasáin, M. and Ó Riagáin P. (1979) *All-Irish Primary Schools in the Dublin area.*
Dublin: Institiúid Teangeolaíochta Éireann.
Laoire, M. (2002) "An Ghaeilge sa Chóras Oideachais: Polasaí, Pleanáil agus Teagasc", in Ó hUiginn, R. ed. *Curaclam na Gaeilge*, LCC XXXII. Maigh Nuad: An Sagart
Laoire, M. and Ó Murchú H eds. (2003) *Teagasc na Gaeilge*, Imleabhar 8, Feabhra. Baile Átha Cliath: Comhar na Múinteoirí Gaeilge
Riagáin P. (1986) *Public and Teacher Attitudes Towards Irish in the Schools: a Review of Recent Surveys*. Dublin: Institiúid Teangeolaíochta Éireann.
Riagáin P. (1992) *Language Maintenance and Language Shift as Strategies of Social Reproduction: Irish in the Corca Dhuibhne Gaeltacht 1926-86*. Dublin: Institiúid Teangeolaíochta Éireann.
Riagáin P. and Ó Gliasáin, M. (1984) *The Irish Language in the Republic of Ireland, 1983: Preliminary Report of a National Survey*. Dublin: Institiúid Teangeolaíochta Éireann.
Riagáin P. and Ó Gliasáin, M. (1994) *National Survey on Languages: Preliminary Report*. Dublin: Institiúid Teangeolaíochta Éireann.
Planning Advisory Committee (Bord na Gaeilge) (1986) *Irish and the Education System: an Analysis of Examination Results*. Dublin: Bord na Gaeilge.
Tuathaigh, M. A. G. (1990) *The Development of the Gaeltacht as a bilingual entity*. Páipéar ócáide 8 / Occasional Paper 8. Dublin: Institiúid Teangeolaíochta Éireann.

Teagmhálacha / Contacts

An Comhchoiste Réamhscolaíochta
7 Cearnóg Mhuirfean
Baile Átha Cliath 2
Tel +353 (0)1 639 8400
Fax (00 353)1 639 8401

Gaelscoileanna
7 Cearnóg Mhuirfean
Baile Átha Cliath 2
Tel +353 (0)1 639 8431
Fax +353 (0)1 639 8401
Email oifig@gaelscoileanna.iol.ie
http://www.iol.ie/gaelscoileanna

Comhar na Múinteoirí Gaeilge
7 Cearnóg Mhuirfean
Baile Átha Cliath 2
Tel +353 (0)1 639 8400
fax +353 (0)1 639 8401
Email cnmg@indigo.ie
http://www.comhar.net

Comhluadar
19 Bóthar na Faiche
An Charraig Dhubh
Co. Bhaile Átha Cliath
Fax +353 (0)1 288 5894
http://homepage.tinet.ie/~comhluadar

Foras na Gaeilge
7 Cearnóg Mhuirfean
Baile Átha Cliath 2
Tel +353 (0)1 639 8400
Fax +353 (0)1 639 8401
Email eolas@forasnagaeilge.ie
http://www.forasnagaeilge.ie

An Gúm
27 Sráid Fhreidric Thuaidh
Baile Átha Cliath 1
Tel +353 (0)1 889 2800
Fax +353 (0)1 873 1140
Email angum@forasnagaeilge.ie

An Roinn Oideachais agus Eolaíochta
Sráid Maoilbhríde
Baile Átha Cliath 2
Tel +353 (0)1 889 2388
Fax +353 (0)1 878 6712
http://www.education.ie

An Roinn Gnóthaí Pobail, Tuaithe, agus Gaeltachta
Dún Aimhirgin
43-49 Bóthar Mespil
Baile Átha Cliath 4
Tel +353 (0)1 647 3000
Fax +353 (0)1 647 3051
http://www.pobail.ie

Institiúid Teangeolaíochta Éireann
31 Plás Mhic Liam
Baile Átha Cliath 2
Tel +353 (0)1 676 5489
Fax +353 (0)1 661 0004
Email ite@ite.ie
http://www.ite.ie

Foras Pátrúnachta na Scoileanna LánGhaeilge
39 Bóthar Seannaigh
Ráth Eanaigh
Baile Átha Cliath 5
Tel +353 (0)1 831 4487
Email eolas@foras.ie
http://www.foras.ie

Foghlam tro mheadhan na Gàidhlig ann an Alba

Wilson McLeod

1. Bun-fhiosrachadh

Tha foghlam tro mheadhan na Gàidhlig air fàs gu mòr thairis air na fichead bliadhna a dh'fhalbh. Tha faisg air 2,000 bun-sgoilearan a' faighinn foghlam tro mheadhan na Gàidhlig, ann an 59 aonadan no sgoiltean Gàidhlig air feadh Alba, agus mu 375 àrd-sgoilearan aig 18 àrd-sgoiltean. A dh'aindeoin an adhartais ionmholta seo, tha tòrr dhuilgheadasan air nochdadh: chan eil an àireamh de sgoilearan a' fàs mar a bha, tha an gainnead leantainneach de luchd-teagaisg a' cur cuid de na h-aonadan Gàidhlig ann an cunnart, agus chan eil solarachadh na Gàidhlig do dh'àrd-sgoilearan agus do dh'inbhich a' leudachadh mar a bha cuid an dùil 's an dòchas.

Thòisich foghlam tro mheadhan na Gàidhlig anns na 1970an, an dèidh cruthachadh Comhairle nan Eilean mar ùghdarras ionadail nan Eilean Siar, an sgìre far a bheil a' Ghàidhlig as treasa. Ro 1974 bha aon de na h-eileanan ga ruith bho Inbhir Pheofharain mar phàirt de Shiorrachd Rois agus bha an còrr gan ruith bho Inbhir Nis mar phàirt de Shiorrachd Inbhir Nis, agus bha steidheachadh comhairle ionadail airson nan eileanan a-mhàin na cheum eachdraidheil. Bha pròiseact dà-chànanach a' ruith ann an sgoiltean nan eilean bho 1975 air adhart, ach cho-dhùin luchd-stiùiridh a' phròiseict nach robh na sgoilearan a' togail a' chànain mar bu chòir, agus gu robh feum aca air bogadh na bu doimhne. An dèidh co-chomhairle eadar oifigearan foghlaim agus muinntir nan eilean, is e foghlam tro mheadhan na Gàidhlig, stèidhte air cleachdaidhean agus eòlas dhùthchannan eile leithid Canada, a chaidh a thaghadh agus a leasachadh.

Chaidh a' chiad dà aonad Gàidhlig fhosgladh ann an 1985, ann an Glaschu agus ann an Inbhir Nis, agus dh'fhàs an siostam bho bhliadhna gu bliadhna anns na 1990an. Ann an 2002–3 bha 1,925 bun-sgoilearan a' faighinn foghlam tro mheadhan na Gàidhlig: dà thrian dhiubh anns na h-Eileanan an Iar agus ann an sgìre Comhairle na Gaidhealtachd, agus an còrr ann an 12 sgìre ùghdarrais ionadail eile. Tha a' mhòr-mhòrchuid de na sgoilearan seo rim faighinn ann an aonadan Gàidhlig taobh a-staigh sgoiltean far a bheil aonad Beurla a' dol cuideachd; ach dh'fhosgail a' chiad sgoil làn-Ghàidhlig ann an 1999 ann an Glaschu, agus tha 5 bun-sgoiltean anns na h-Eileanan Siar air an ainmeachadh mar sgoiltean Gàidhlig a-nis.

Chan eil foghlam tro mheadhan na Gàidhlig aig ìre bunsgoile a' fàs mar a bha beagan bhliadhnaichean air ais, ged a chunnacas àrdachadh eadar 2001–2 agus 2002–3, bho 1,859 bun-sgoilearan gu 1,925, an àireamh as motha a bha ann riamh. Tha gainnead luchd-teagaisg a' cur bacadh cumhachdach air fàs an t-siostaim.
Chan eil foghlam tro mheadhan na Gàidhlig aig ìre àrd-sgoile idir cho leasaichte. Ann an 2002–3 tha 375 sgoilearan aig 18 sgoiltean a' faighinn cuid de na cuspairean aca tro mheadhan na Gàidhlig (m.e. Cruinn-eòlas, Eachdraidh, Matamataig agus Oideachadh Pearsanta agus Sòisealta, a bharrachd air a' Ghàidhlig fhèin).

A bharrachd air sin, tha foghlam tro mheadhan na Gàidhlig ri fhaighinn ann am foghlam àrd-ìre agus ann am foghlam adhartach a-nis. Tha Sabhal Mòr Ostaig, a' cholaiste Ghàidhlig anns an Eilean Sgitheanach, agus Colaiste Chaisteil

Leòdhais ann an Steòrnabhagh a' tabhann Dhioplòman Nàiseanta Àrd-ìre (HND), Theisteanasan Nàiseanta Àrd-ìre (HNC), agus dà cheum BA a tha gan teagaisg tro mheadhan na Gàidhlig. Tha pàirt den teagaisg anns na roinntean Ceilteach ann an oilthighean Dhùn Èideann, Ghlaschu agus Obar Dheathain ga dèanamh tro mheadhan na Gàidhlig cuideachd, ged nach eil na cùrsaichean aca làn-Ghàidhlig.

A bharrachd air foghlam tro mheadhan na Gàidhlig, thathas a' tabhann Gàidhlig mar chuspair do dh'fhileantaich agus do luchd-ionnsachaidh ann an cuid de sgoiltean air a' Ghaidhealtachd agus ann am bailtean mòra na Galldachd. Gu ìre mhòir is ann tro mheadhan na Gàidhlig a thathas a' teagaisg Gàidhlig do na fileantaich. Ann an 2002–3 bha 68 àrd-sgoil a' tabhann Gàidhlig mar chuspair, agus bha 997 fileantaich agus 2,370 neach-ionnsachaidh an sàs anns an teagaisg seo. Tha e cudromach a thuigsinn, ged-tà, nach eil Gàidhlig ri faighinn idir anns a' mhòr-mhòrchuid de dh'àrd-sgoiltean; am measg nan 32 ùghdarras foghlaim ionadail ann an Alba, tha 21 nach eil a' tabhann Gàidhlig (mar mheadhan-teagaisg no mar chuspair) ann an gin de na h-àrd-sgoiltean aca.

Ann an 2000, chuir Comhairle Earra Ghàidheal is Bhòid pròiseact pìolatach ris an cainte "An Cànan Gàidhlig anns a' Bhun-sgoil" ("Gaelic Language in the Primary School", no "GLPS") an gnìomh, agus ann an 2001 chuir Comhairle na Gaidhealtachd ann aon phròiseact air bhonn. Fon phròiseact seo, gheibh tidsearan a bha a' teagaisg tro mheadhan na Beurla 20 latha de thrèanadh cànanach agus cultarach gus Gàidhlig a theagaisg do sgoilearan a tha a' faighinn an cuid foghlaim tro mheadhan na Beurla. Bidh na tidsearan a fhuair an trèanadh seo, an co-bhoinn ris na sgioban stiùiridh aca, a' dèanamh cho-dhùnaidhean mu fhòcas nan sgoiltean aca a thaobh chànan. Is e roghainn na mòrchuid de sgoiltean a bhith a' tabhann Gàidhlig anns an dà bhliadhna mu dheireadh den bhunsgoil. Tha cuid eile de sgoiltean a' teagaisg Gàidhlig do sgoilearan nas òige anns a' chiad dol-a-mach, agus tha na tidsearan a tha a' teagaisg nan clasaichean nas àirde gan cur air liostachan-feitheimh gus am faigh iad an trèanadh seo anns an àm ri teachd; is e amas fad-ùine nan sgoiltean seo a bhith a' solarachadh Gàidhlig tron sgoil air fad. Tha an sgeama seo co-cheangailte ri sgeama Riaghaltas na h-Alba ris an cainte "Cànain Nodha anns a' Bhun-sgoil" ("Modern Languages in the Primary School" no "MLPS"): 's e prìomh-amas na sgeama MLPS, a chuireadh air bhonn ann an 1994, a bhith ag ullachadh bhun-sgoilearan airson ionnsachadh anns an Fhraingis, a' Ghearmailtis, an Spàinntis agus an Eadailtis aig ìre àrd-sgoile. Gu mì-fhortanach, anns an t-Samhainn, 2001, cho-dhùin Riaghaltas na h-Alba a chur às den sgeama MLPS. Bho seo a-mach, bheir an Riaghaltas airgead seachad do chomhairlean airson iomairtean co-cheangailte ri leasachadh foghlaim chànanaich ann am bun-sgoiltean nan ùghdarrasan ionadail, agus 's ann a rèir toil nan ùghdarrasan ionadail cò na cànain a gheibh buannachd às an airgead seo. Tha Comhairle Earra Ghàidheal agus Bhòid fhathast a' toirt prìomhachas don Ghàidhlig agus bidh i a' sireadh taic-airgid bhon tobar maoineachais seo airson leasachaidhean a bharrachd.

2. Solarachadh reachdail a thaobh foghlaim ann an Alba (anns an fharsaingeachd)

Is i an Education (Scotland) Act 1980 (1980 ch. 44), mar a chaidh a leasachadh bho àm gu àm bun-stèidh siostam foghlaim na h-Alba. Tha an achd seo a' cur an cèill na h-uallaich agus na dleastanasan laghail a tha a' laighe air na h-ùghdarrasan foghlaim: am prionnsapal farsaing is e gum feum na h-ùghdarrasan "solarachadh freagarrach agus èifeachdach" ("adequate and efficient provision") a lìbhrigeadh (s. 1(1)). Tha an achd cuideachd a' toirt cumhachd do dh'ùghdarrasan foghlaim foghlam ro-sgoile a sholarachadh: a' cur uallach air clann a bhith a' frithealadh na sgoile eadar aois 5 agus aois 16, agus a' cur uallach air pàrantan an cuid cloinne a chur don sgoil eadar na bliadhnaichean seo; agus a' toirt còir laghail don chloinn air foghlam a tha freagarrach do na comasan agus do na feuman aca.

Tha an Standards in Scotland's Schools etc. Act 2000 (2000 asp 6) a' cur uallach air na h-ùghdarrasan planaichean airson leasachadh an fhoghlaim a dhealbhadh agus a sgrùdadh. Feumar cuideachd aithrisean foirmeil a dhèanamh gach bliadhna.

Tha foghlam ro-sgoile, a tha a' tòiseachadh aig aois 4, roghainneil; tha foghlam sgoile riatanach eadar aois 5 agus aois 16. Tha foghlam bun-sgoile a' tòiseachadh aig aois 5 agus a' leantainn fad seachd bliadhna gu ruige aois 11. Tha foghlam àrd-sgoile a' tòiseachadh aig aois 12 agus a' leantainn gu ruige aois 16, deireadh an fhoghlaim riatanaich, agus an sin tha cothrom ann aon no dà bhliadhna a bharrachd a dhèanamh an dèidh aois 16. Tha foghlam adhartach agus àrd-ìre ri fhaighinn an dèidh sin: tha measgachadh de chùrsaichean ann, eadar 1–4 bliadhna de dh'fhad. Ann an oilthighean "àrsaidh" na h-Alba (Cill Rìmhinn, Dùn Èideann, Glaschu, Obar Dheathain) is e MA a' chiad cheum a thathas a' tabhann (MA Bunaiteach an dèidh 3 bliadhna, MA le Urram an dèidh 4 bliadhna). Anns na h-oilthighean nas ùire gheibhear BA Bunaiteach an dèidh 3 bliadhna agus BA le Urram an dèidh 4 bliadhna.

Tha àite air leth cudromach aig na 32 ùghdarras foghlaim ionadail ann an siostam foghlaim na h-Alba. Is ann acasan a tha an cothrom agus an cumhachd co-dhùnaidhean a dhèanamh a thaobh solarachadh an fhoghlaim (co-dhùnaidhean a thaobh solarachadh foghlaim tro mheadhan na Gàidhlig nam measg) agus a thaobh coilionadh nam poileasaidhean agus amasan nàiseanta a thaobh foghlaim. Tha comataidh foghlaim aig gach ùghdarras ionadail; tha am ballrachd na measgachadh de chomhairlichean agus riochdairean nan tidsearan agus nan eaglaisean.

Structaran Riaghaltais a thaobh Foghlaim

Riaghaltas na h-Alba
(Roinn Foghlaim)

Tabhartas bunaiteach ⇓

Tabhartasan sònraichte do dh'fhoghlam Gàidhlig ⇓

Ùghdarrasan Foghlaim Ionadail (32)

⇑
Cìsean comhairle
Reataichean gnothachais

Tha a' mhòrchuid de mhaoineachadh nan ùghdarrasan foghlaim ionadail a' tighinn bhon Riaghaltas ach tha earrann a' tighinn bho chìsean comhairle agus reataichean gnothachais cuideachd.

Tha na h-ùghdarrasan foghlaim ionadail a' toirt taic-airgid don a h-uile sgoil anns an roinn phoballaich ann an Alba: 95% den iomlan. Tha mu 17% de na sgoilearan anns an roinn phoballaich a' frithealadh sgoiltean a tha ceangailte ri eaglais air choireigin. Tha na sgoiltean eaglaiseil seo fhathast fo sgèith nan ùghdarrasan ionadail; chan e siostam fa leth a tha ann. Tha grunn sgoiltean tabhartais-cuideachaidh ann an Alba cuideachd. Tha na sgoiltean seo gam maoineachadh leis na h-ùghdarrasan foghlaim ionadail agus tha a' mhòrchuid a' frithealadh clann le feuman sònraichte foghlaim. Tha trèanadh in-sheirbheis nan tidsearan am measg dleastanasan nan ùghdarrasan foghlaim ionadail.

3. Solarachadh a thaobh foghlaim Ghàidhlig

3.1 Solarachadh reachdail a thaobh foghlaim Ghàidhlig

Chan eil an solarachadh reachdail a thaobh foghlaim Ghàidhlig glè leasaichte: chan eil uallach farsaing air na h-ùghdarrasan foghlaim a bhith a' tabhann foghlam tro mheadhan na Gàidhlig, agus chan eil còir laghail aig pàrantan no aig clann a bhith a' faighinn foghlam tro mheadhan na Gàidhlig.

A rèir an Education (Scotland) Act 1980, tha uallach air na h-ùghdarrasan foghlaim ionadail "teagasg Gàidhlig" ("the teaching of Gaelic") a thabhann ann an "sgìrean far a bheil a' Ghàidhlig ga bruidhinn" ("in Gaelic-speaking areas"). Tha an t-uallach seo a' ruigsinn an dà chuid foghlam sgoile (s. 1(5)(a)(iii)) agus foghlam adhartach (s. 1(5)(b)(iv)). Chaidh an t-uallach seo a chur an gnìomh an toiseach ann an 1918 (fon Education (Scotland) Act 1918), ach a dh'aindeoin sin cha d'fhuaras mìneachadh laghail air ciall nan abairtean "teagasg Gàidhlig" agus "sgìrean far a bheil a' Ghàidhlig ga bruidhinn" idir. Bhite an dùil gun gabhadh "sgìrean far a bheil a' Ghàidhlig ga bruidhinn" a-steach na coimhearsnachdan air Ghaidhealtachd agus anns na h-eileanan far a bheil luchd-labhairt na Gàidhlig anns a' mhòrchuid, ach chan eil e soilleir gun gabh na faclan seo a-steach sgìrean eile, leithid Baile Ghlaschu, Baile Dhùn Èideann agus Baile Inbhir Nis, far a bheil luchd-labhairt na Gàidhlig pailt, ged nach eil iad anns a' mhòrchuid. Agus, a chionn 's nach eil an reachd seo a' dèanamh diofar eadar teagaisg na Gàidhlig mar chuspair agus teagaisg tro mheadhan na Gàidhlig, is dòcha nach eil uallach air na h-ùghdarrasan foghlam tro mheadhan na Gàidhlig a thabhann idir, ann an sgìre sam bith ann an Alba, fiù 's anns na sgìrean far a bheil a' Ghàidhlig ga bruidhinn leis a' mhòrchuid mar chànan làitheil.

Chaidh sgeama "thabhartasan sònraichte" do dh'fhoghlam Gàidhlig a chur air bhonn leis na Grants for Gaelic Language Education (Scotland) Regulations 1986 (Statutory Instrument 1986 No. 410 (S. 35)). Tha na riaghailtean seo a' buntainn ri teagaisg tro mheadhan na Gàidhlig agus ri teagaisg a' chànain mar chuspair (s. 2). Chaidh an sgeama seo a chruthachadh an lùib leasachadh nan ciad aonadan Gàidhlig agus tha e air a bhith anabarrach cudromach ann an leudachadh an t-siostaim thairis air na bliadhnaichean. Fon sgeama seo faodaidh ùghdarrasan ionadail tagraidhean a chur a-steach do Bhuidheann na Turasachd, a' Chultair agus an Spòrs de Roinn Foghlaim Riaghaltas na h-Alba, a tha an urra ri roinneadh an airgid a tha ga chur mu choinneimh an sgeama. Pàighear suas ri 75% de na cosgaisean phròiseactan le Tabhartas Sònraichte.

Tha sgeama nan Tabhartasan Sònraichte air leth feumail ann a bhith a' brosnachadh agus a' cuideachadh chomhairlean ionadail a bhith a' cur aonadan Gàidhlig air bhonn; is ann a chum foghlam Gàidhlig a-mhàin a tha an taic-airgid seo ri fhaighinn agus mar sin chan eil pròiseactan Gàidhlig ann an co-fharpais le pròiseactan eile gus buannachdan fhaighinn às.

Tha earrann 4 den Standards in Scotland's Schools etc. Act 2000 (2000 asp 6) a' cruthachadh sgeama "phrìomhachasan nàiseanta ann am foghlam" ("national priorities in education"). A rèir earrann 5(4)(a) den Achd seo, tha na h-ùghdarrasan foghlaim ionadail fo dhleastanas amasan a shuidheachadh a thaobh nan "amasan nàiseanta ann am foghlam", agus a rèir earrann 5(6), feumaidh na h-ùghdarrasan cunntas bliadhnail a thoirt seachad air dè cho soirbheachail a bha iad ann a bhith a' coilionadh nan amasan a shuidhich iad. A rèir na h-ionnstramaid reachdail a tha buntainn ris an fhorail seo (Education (National Priorities) (Scotland) Order 2000 (2000 No. 443), s. 3(3)), tha prìomhachas aig co-ionnanachd agus feumar aire shònraichte a thoirt do Ghàidhlig agus do mhion-chànain eile. Leis mar a tha an ionnstramaid reachdail a' toirt iomradh air "Gàidhlig" a-mhàin, seach "foghlam tro mheadhan na Gàidhlig", agus leis mar a tha a' Ghàidhlig ga h-ainmeachadh an lùib mhion-chànan eile, chan eil e buileach soilleir a bheil leasachadh foghlam tro mheadhan na Gàidhlig, seach teagasg na Gàidhlig mar chuspair, na "amas nàiseanta". A rèir earrann eile den Achd (earrann 5(2)(c)), ged-tà, feumaidh na h-ùghdarrasan foghlaim ionadail aithris bhliadhnail a dhèanamh anns a bheil iad a' toirt cunntas air na tha iad a' solarachadh a thaobh foghlam tro mheadhan na Gàidhlig agus air na tha fa-near dhaibh a thaobh leasachadh na seirbhise seo. Ach, eu-coltach ris an sgeama airson amasan nàiseanta fo earrann 5(4)(a), chan eil an earrann seo a' cur dleastanas air na h-ùghdarrasan foghlaim ionadail a bhith a' suidheachadh amasan leasachaidh. Mar sin dheth, tha seo uile fada bho chòirichean laghail do phàrantan foghlam tro mheadhan na Ghàidhlig fhaighinn don cuid cloinne.

3.2 Maoineachadh foghlaim Ghàidhlig

Tha "tabhartasan sònraichte" (Grants for Gaelic Language Education (Scotland) Regulations 1986–air a mhìneachadh gu h-àrd) bhon Riaghaltas ann an Dùn Èideann a' pàigheadh suas ri 75% de chosgaisean foghlam tro mheadhan na Gàidhlig. Ann an 2001–2 agus ann an 2002–3 bha an Riaghaltas a' cur £2.8 millean a dh'ionnsaigh na sgeama seo, a tha ga ruith le Roinn Foghlaim Riaghaltas na h-Alba. Tha an còrr de na cosgaisean gam pàigheadh a-mach à sporan nan ùghdarrasan foghlaim ionadail: tha a' mhòrchuid de mhaoineachadh nan ùghdarrasan foghlaim ionadail a' tighinn bhon Riaghaltas ach tha earrann a' tighinn bho chìsean comhairle agus reataichean gnothachais cuideachd.

3.3 Àite nam buidhnean saor-thoileach ann am foghlam Gàidhlig

Tha àite glè chudromach aig grunn bhuidhnean saor-thoileach ann am foghlam Gàidhlig; gu dearbh, faodar a ràdh nach fhaicte foghlam tro mheadhan na Gàidhlig às aonais obair agus strì nam buidhnean seo thairis air na bliadhnaichean. Tha

Comhairle nan Sgoiltean Àraich (CNSA) air a bhith gu mòr an sàs ann an leasachadh foghlaim ro-sgoile bho thoiseach nan 1980an air adhart, leasachadh a tha air a bhith anabarrach cudromach ann a bhith a' brosnachadh iarrtas phàrantan airson foghlam tro mheadhan na Gàidhlig aig ìre bun-sgoile. Tha CNSA a' faighinn a chuid maoineachaidh bho grunn tobraichean, nam measg tabhartasan bhon Riaghaltas nàiseanta, tabhartasan bho chomhairlean ionadail agus cìsean-ballrachd agus tìodhlaicean bho bhuill na buidhne. Tha grunn phròiseactan na buidhne air taic fhaighinn bhon Chrannchur Nàiseanta cuideachd.

Tha Comann nam Pàrant (Nàiseanta) (CnamP(N)) a' toirt taic do na pàrantan aig a bheil clann a tha an sàs ann am foghlam Gàidhlig, agus a' brosnachadh agus a' dèanamh iomairtean airson leasachadh solarachaidh foghlaim Gàidhlig. Tha 32 bhuidheann ionadail, iad uile stèidhte ann an coimhearsnachdan far am faighear aonadan Gàidhlig. Tha a h-uile pàrant aig a bheil clann ann am foghlam tro mheadhan na Gàidhlig na bhall de bhuidheann ChnamP ionadail. Tha aon oifigear-phàrant aig CnamP(N) stèidhte ann an Inbhir Nis a tha a' toirt taic do bhuidhnean ionadail ChnamP agus do phàrantan fa leth.

Tha Comunn na Gàidhlig (CNAG), prìomh bhuidheann leasachaidh na Gàidhlig, a' cur cuideam trom air foghlam agus tha na h-oifigearan aige ag obair còmhla ri pàrantan, na h-ùghdarrasan ionadail agus an Riaghaltas gus foghlam Gàidhlig a leasachadh. Tha CNAG a' faighinn a phrìomh mhaoineachaidh bho Iomairt na Gaidhealtachd agus nan Eilean. Tha aon oifigear-foghlaim aig CNAG ann an Inbhir Nis a tha ag obair le pàrantan, buidhnean Gàidhlig eile, comhairlean agus eile gus taic a thoirt do dh'fhoghlam Gàidhlig air feadh na dùthcha. Tha dithis eile luchd-obrach aig CNAG a tha a' toirt taic do bhuidhnean "Sradagan", agus a tha an sàs ann an iomairtean eile a bhuineas do dh' fhoghlam Gàidhlig.

'S e "Sradagan" ainm nam buidhnean a chuireadh air cois le taic bho ChNAG agus ChnamP(N) gus cothroman a thoirt do chloinn ann am foghlam tro mheadhan na Gàidhlig an cuid Gàidhlig a chleachdadh air taobh a-muigh nan sgoiltean ann an cur-seachadan agus suidheachaidhean sòisealta. Tha 50 buidheann Sradagan rim faighinn, mar as trice ann an coimhearsnachdan far a bheil aonad Gàidhlig. Bidh na buidhnean Sradagan a' coinneachadh as dèidh an latha-sgoile agus air cinn-seachdain. Tha riochdairean bho na buidhnean Sradagan air bòrd-stiùiridh ChnamP(N).

Tha Riaghaltas na h-Alba a-nis a' stèidheachadh Bòrd na Gàidhlig mar Bhuidheann Phoblach Neo-roinneil. Thathas an dòchas gum bi am Bòrd ùr seo cudromach ann a bhith a' stiùireadh leasachadh na Gàidhlig anns na bliadhnaichean ri teachd, leasachadh an fhoghlaim Ghàidhlig na measg. Chan eil cumhachdan agus prìomh-amasan a' Bhùird buileach soilleir aig an ìre seo, ged a thathas an dùil gum bi e a' leantainn a' Phlana Ro-innleachdail a chaidh a chur an cèill anns an Aithisg le Buidheann Comhairleachaidh an Riaghaltais air Gàidhlig, a chaidh fhoillseachadh anns a' Chèitean 2002.

3.4 Foghlam ro-sgoile

Bho 1998–99, tha còir aig a h-uile leanabh de 4 bliadhna a dh'aois air àite saor is an asgaidh fhaighinn ann an sgoil-àraich. Chan eil foghlam aig ìre ro-sgoile air a riaghaladh le reachdan sònraichte, ged tha buaidh aig laghannan a bhuineas ri cùram cloinne anns an fharsaingeachd, leithid Children's Act 1999 agus Children

(Scotland) Act 1995, air an fhoghlam seo. Tha feum aig luchd-teagaisg ann an sgoiltean-àraich air barrantas ann an teagasg bun-sgoile, agus tha luchd-taice gam brosnachadh gus Teisteanasan Dreuchdail Albannach (Scottish Vocational Qualifications, no SVQs) ann an Cùram agus Foghlam Cloinne Òga (Early Child Care and Education) fhaighinn. Tha stuth-teagaisg agus stuth-ionnsachaidh ga ullachadh a rèir Frèam Clàr-teagaisg Cloinne (Curriculum Framework for Children) a chaidh fhoillseachadh le Comhairle Co-chomhairleachaidh Albannach air a' Chlàr-teagaisg (The Scottish Consultative Council on the Curriculum, no SCCC) ann an 1999.

Tha foghlam Gàidhlig ro-sgoile ga sholarachadh an dà chuid le aonadan a chuireadh air bhonn le ùghdarrasan foghlaim ionadail agus le buidhnean stèidhte le CNSA. Anns na h-Eileanan an Iar, tha CNSA agus an t-ùghdarras foghlaim ionadail–ùghdarras foghlaim Comhairle nan Eilean Siar – a' co-obrachadh ann a bhith a' solarachadh foghlam Gàidhlig ro-sgoile. A thaobh nan ùghdarrasan ionadail eile aig toiseach na bliadhna teagaisg 2002-03, bha 361 neach-cloinne ann an aonadan sgoil-àraich. Bha 18 dhiubh, le 166 neach-cloinne an làthair, stèidhte le Comhairle na Gaidhealtachd, agus bha na h-ionadan ann an Inbhir Nis, Inbhir Pheofharain agus anns a' Ghearastan gu math làidir. Bha 6 dhiubh le 48 duine-cloinne an làthair, stèidhte le Comhairle Earra Ghàidheal is Bhòid, le aonadan ann an sgìrean far a bheil a' Ghàidhlig fhathast ga bruidhinn mar chànan làitheil coimhearsnachd, leithid Thiriodh is Ìle. Tha 3 ionadan le 50 neach-cloinne an làthair rim faighinn ann an Glaschu.

A thaobh sgoiltean-àraich ChNSA, tha iad a' ruith 28 mar "aonadan clàraichte le Luchd-sgrùdaidh na Banrigh airson Foghlaim", 20 dhiubh ann an co-obrachadh le Comhairle nan Eilean Siar anns na h-Eileanan an Iar, 7 dhiubh air Ghaidhealtachd, agus 1 dhiubh ann an Cille Brìde an Ear. Tha mu 115 ionadan eile aig CNSA stèidhte air feadh na dùthcha, le eadar 1,600 agus 1,700 neach-cloinne anns na h-ionadan seo uile gu lèir.

3.5 Foghlam bun-sgoile

Tha 14 a-mach às na 32 ùghdarras foghlaim ionadail ann an Alba a' tabhann foghlam tro mheadhan na Gàidhlig aig ìre bun-sgoile: Comhairle Aonghais, Comhairle Dhùn Bhreatainn an Ear, Comhairle Dhùn Èideann, Comhairle Earra Ghàidheal is Bhòid, Comhairle Ghlaschu, Comhairle Inbhir Chluaidh, Comhairle na Gaidhealtachd, Comhairle nan Eilean Siar, Comhairle Obar Dheathain, Comhairle Pheairt is Cheann Rois, Comhairle Siorrachd Àir an Ear, Comhairle Siorrachd Lannraig a Deas, Comhairle Siorrachd Lannraig a Tuath, agus Comhairle Shruighlea.

Ann an 2002–3, cha robh ach 59 bun-sgoiltean a' tabhann foghlam tro mheadhan na Gàidhlig. (Ann an 2002-3, bha 2,258 bun-sgoiltean air am maoineachadh gu poblach ann an Alba uile gu lèir; le sin, tha nas lugha na 3% de bhun-sgoiltean Alba a' tabhann foghlam tro mheadhan na Gàidhlig). Tha dà bhun-sgoil Chaitligeach a' tabhann foghlam tro mheadhan na Gàidhlig (anns a' Ghearastan agus anns an Òban) ach mar a chaidh a mhìneachadh gu h-àrd, tha na sgoiltean eaglaiseil seo fhathast fo sgèith an ùghdarrais ionadail, agus leis mar gur ann dìreach aig na sgoiltean seo a gheibhear foghlam tro mheadhan na Gàidhlig anns na sgìrean sin tha measgachadh de chreideamhan aig na sgoilearan a tha gam frithealadh.

Cha robh ach 1,925 bun-sgoilearan ann am foghlam tro mheadhan na Gàidhlig ann an 2002–3, agus leis mar a bha 413,547 bun-sgoilearan ann an sgoiltean air maoineachadh gu poblach ann an Alba uile gu lèir, tha nas lugha na 0.5% dhiubh an sàs ann am foghlam tro mheadhan na Gàidhlig.

Tha a' mhòrchuid den fhoghlam seo a' tachairt ann an sgìrean far a bheil a' Ghàidhlig fhathast cuimseach làidir, no anns na sgìrean bailteil far a bheil deagh thomhas de luchd-labhairt na Gàidhlig. Bha 49 de na h-aonadan/sgoiltean rin lorg ann an sgìrean trì chomhairlean a-mhàin, Comhairle nan Eilean Siar (25), Comhairle na Gaidhealtachd (19) agus Comhairle Earra Ghàidheal is Bhòid (5), agus iad uile a' riochdachadh nan aon sgìrean far a bheil luchd-labhairt na Gàidhlig anns a' mhòrchuid no far a bheil iad nam mionchuid làidir. Bha 64.9% de na bun-sgoilearan anns na sgoiltean/aonadan Gàidhlig aig Comhairle na Gaidhealtachd (707, no 36.7%) agus Comhairle nan Eilean Siar (542, no 28.2%). A-rithist, 's iad seo na sgìrean far a bheil a' Ghàidhlig as treasa anns a' choimhearsnachd. Ach, fiù 's anns na sgìrean seo, chan eil foghlam tro mheadhan na Gàidhlig na dhòigh foghlaim àbhaisteach. Anns na h-Eileanan Siar, mar eisimpleir, bha 2,132 bun-sgoilear ann an 2002-3, agus le sin, cha bhiodh an 542 bun-sgoilear ann am foghlam tro mheadhan na Gàidhlig ann am bun-sgoiltean nan Eilean Siar ann an 2002-03 ach mu 25% de bhunsgoilear nan Eileanan Siar uile gu lèir. Ann an sgìre Comhairle na Gaidhealtachd, bha 17,837 bun-sgoilear ann ann an 2002-3, agus le sin, cha bhiodh an 707 bun-sgoilear ann am foghlam tro mheadhan na Gàidhlig ann am bun-sgoiltean sgìre Comhairle na Gaidhealtachd ach mu 4% de bhunsgoilearan sgìre Comhairle na Gaidhealtachd uile gu lèir.

Tha e cudromach, ged-tà, gu bheil aonadan Gàidhlig làidir ann am bailtean air tìr-mòr na Gaidhealtachd (leithid a' Ghearastain, Inbhir Nis agus Inbhir Pheofharain) far nach eil Gàidhlig idir cho làidir mar chànan coimhearsnachd. Tha e cudromach, cuideachd, gur ann an Glaschu a chuirte a' chiad bun-sgoil làn-Ghàidhlig air bhonn, bho chionn ceithir bliadhna. Ann an 2002–3, tha 142 bun-sgoilear a' frithealadh na sgoile seo. Ged is e baile air Ghalldachd a bha ann an Glaschu, feumar cuimhneachadh gun robh 5,900 luchd-labhairt na Gàidhlig a' fuireach anns a' bhaile aig àm a' chunntais-shluaigh mu dheireadh ann an 2001; còrr is 10% de luchd-labhairt na Gàidhlig anns an dùthaich uile gu lèir. Tha 5 bun-sgoiltean anns na h-Eileanan Siar gan comharrachadh mar sgoiltean Gàidhlig a-nis, ach chan cil iad làn-Ghàidhlig mar a tha Bunsgoil Ghàidhlig Ghlaschu.

Chan eil àireamhan cruaidh rim faighinn a dh'innseas cò mheud bun-sgoilear ann am foghlam tro mheadhan na Gàidhlig a thig bho dhachaighean anns a bheil a' Ghàidhlig ga bruidhinn mar chànan an teaghlaich. Is coltach, ged-tà, gu bheil measgachadh de chomasan cànanach anns a' Ghàidhlig aig na bun-sgoilearan nuair a ruigeas iad bun-sgoil Ghàidhlig, gu seach àraid anns na bun-sgoiltean bailteil agus air Ghalldachd, far am bite an dùil gur ann à teaghlaich anns nach eil a' Ghàidhlig ga bruidhinn a thigeadh a' mhòrchuid.

Chan eil ionnsachadh na Gàidhlig mar chuspair idir cho leasaichte aig ìre bun-sgoile. Ann an dòrlach sgìrean agus thar nam bliadhnaichean tha beagan Gàidhlig ga teagasg do bhunsgoilearan nach robh a' faighinn foghlam tro mheadhan na Gàidhlig le luchd-teagaisg siùbhlach. Mar a chaidh a mhìneachadh gu h-àrd, ged-tà, chuir Comhairle Earra Ghàidheal is Bhòid pròiseact piolatach ris a chanadh "An Cànan Gàidhlig anns a' Bhun-sgoil" ("Gaelic Language in the Primary School", no "GLPS") an gnìomh ann an 2000, agus ann an 2001 chuir Comhairle na Gaidhealtachd ann aon phròiseact air bhog. Fo na pròiseactan seo, fhuair luchd-teagaisg aig nach robh a' Ghàidhlig 20 latha de thrèanadh anns a' Ghàidhlig agus ann an cultar nan Gaidheal, los gun rachadh aca air na prìomh eileamaidean de na cuspairean seo ionnsachadh do bhunsgoilearan anns an dà bhliadhna mu dheireadh den bhunsgoil. Mar a chaidh a mhìneachadh gu h-àrd, thàinig na prògraman seo gu crìoch aig deireadh 2001, agus nan àite, faodaidh ùghdarrasan foghlaim ionadail taic-airgid a shireadh fo sgèith an sgeama de Thabhartasan Sònraichte Gàidhlig gus am pròiseact "An Cànan Gàidhlig anns a' Bhun-sgoil" a leasachadh. Ann an Earra Ghàidheal is Bhòid, mar eisimpleir, tha 6 tidsearan ann am Meadhan Earra Ghàidheal, 6 tidsearan anns an Oban, agus 8 a bharrachd, cuid dhiubh bho sgoiltean aig Comhairle Siorrachd Àir an Ear, Comhairle Shruighlea, Comhairle Siorrachd Lannraig a Tuath agus Comhairle Pheairt agus Cheann Rois, a' faighinn trèanadh ann an teagaisg na Gàidhlig agus teagaisg cultar nan Gàidheal. Aig an àm seo, gheibh bun-sgoilearan anns an dà bhliadhna mu dheireadh den bhunsgoil aig 13 bun-sgoiltean ann an sgìre Comhairle na Gaidhealtachd beagan ionnsachadh anns a' Ghàidhlig. Ann an Earra Ghàidheal is Bòid, tha 10 bun-sgoiltean ann an sgìre an Òbain agus 4 ann am Meadhan Earra Ghàidheal a' gabhail pàirt anns an sgeama "An Cànan Gàidhlig anns a' Bhun-sgoil".

3.6 Foghlam àrd-sgoile

Tha dìreach 7 a-mach às na 32 ùghdarras foghlaim ionadail ann an Alba a' tabhann foghlam tro mheadhan na Gàidhlig ann an cuid de chuspairean, leithid Cruinn-eòlas, Eachdraidh, Matamataig agus Oideachadh Pearsanta agus Sòisealta agus eile, a bharrachd air a' Ghàidhlig, aig ìre àrd-sgoile: Comhairle Aonghais, Comhairle Dhùn Bhreatainn an Ear, Comhairle Earra Ghàidheal is Bhòid, Comhairle Ghlaschu, Comhairle na Gaidhealtachd, Comhairle nan Eilean Siar, agus Comhairle Pheairt is Cheann Rois.

Ann an 2002–3, cha robh ach 18 àrd-sgoiltean (a-mach às na 386 àrd-sgoiltean a bha air am maoineachadh gu poblach ann an Alba uile gu lèir) a' tabhann chùrsaichean tro mheadhan na Gàidhlig, agus bha 8 dhiubh ann an àrd-sgoiltean Comhairle na Gaidhealtachd agus 4 ann an àrd-sgoiltean Comhairle nan Eilean Siar. Ged a tha 375 àrd-sgoilear a' gabhail nan cùrsaichean seo, bhite an dùil gu bheil cuid dhiubh seo a' gabhail barrachd air aon chùrsa tro mheadhan na Gàidhlig. Mar sin dheth, thathas an dùil gu bheil an àireamh de dh'àrd-sgoilearan a tha a' gabhail chùrsaichean tro mheadhan na Gàidhlig rud beag nas lugha. Leis mar a bha 316,897 àrd-sgoilear ann an àrd-sgoiltean air am maoineachadh gu poblach ann an Alba uile gu lèir, bha mu 0.1% a' gabhail chùrsaichean tro mheadhan na Gàidhlig. Bha 61.6% de na h-àrd-sgoilearan seo ann an sgoiltean Comhairle na Gaidhealtachd (231 sgoilearan), a' mhòrchuid dhiubh (138) ann an Àrd-sgoil Phort Rìgh anns an Eilean Sgitheanach, agus 21.6% a bharrachd ann an sgoiltean Comhairle nan Eilean Siar, a' mhòrchuid aca (47) aig Sgoil MhicNeacail ann an Steòrnabhagh.

A thaobh chùrsaichean anns a' Ghàidhlig fhèin, tha dà sheòrsa dhiubh ri fhaighinn, aon airson àrd-sgoilearan a tha fileanta anns a' chànan mar-thà, agus aon airson àrd-sgoilearan a tha nan luchd-ionnsachaidh. Ann an 2002-03, bha a' Ghàidhlig ga tabhann mar chuspair do dh' fhileantaich ann an 34 àrd-sgoil fo 10 ùghdarrasan foghlaim ionadail (a-mach à 32), agus bha 997 àrd-sgoilear a' gabhail nan cùrsaichean seo, no mu 0.3% de dh' àrd-sgoilear ann an àrd-sgoiltean

Albannach air am maoineachadh gu poblach uile gu lèir. Bha 11 àrd-sgoil Comhairle nan Eilean Siar a' toirt seachad nan cùrsaichean seo do 458 àrd-sgoilear (45.9% den iomlan nàiseanta), agus bha 12 àrd-sgoil Comhairle na Gaidhealtachd a' toirt seachad nan cùrsaichean seo do 346 àrd-sgoilear (34.7% den iomlan). A-rithist, ged-tà, cha bhiodh an 458 àrd-sgoilear ann am foghlam tro mheadhan na Gàidhlig ann an àrd-sgoiltean nan Eileanan Siar ann an 2002–3 ach nas lugha na 25% de dh' àrd-sgoilear nan Eileanan Siar uile gu lèir (1,930 ann an 2002–3). Ann an sgìre Comhairle na Gaidhealtachd, bha 14,394 àrd-sgoilear ann ann an 2002–3, agus le sin, cha bhiodh an 346 àrd-sgoilear ann am foghlam tro mheadhan na Gàidhlig ann an àrd-sgoiltean sgìre Comhairle na Gaidhealtachd ach mu 2.5% de dh' àrd-sgoilearan sgìre Comhairle na Gaidhealtachd uile gu lèir.

Ann an 2002–3 bha a' Ghàidhlig ga tabhann mar chuspair do luchd-ionnsachaidh ann an 34 àrd-sgoiltean fo 7 ùghdarrasan foghlaim ionadail (a-mach à 32), agus bha 2,370 àrd-sgoilear a' gabhail nan cùrsaichean seo. Bha 29 de na h-àrd-sgoiltean ann an 3 ùghdarrasan foghlaim ionadail a-mhàin (Comhairle na Gaidhealtachd (14), Comhairle nan Eilean Siar (11), agus Comhairle Earra Ghàidheal is Bhòid (4)), agus tha 92.7% de na h-àrd-sgoilearan anns na h-àrd-sgoiltean seo: Comhairle na Gaidhealtachd, le 955 àrd-sgoilear (40.3%), Comhairle nan Eilean Siar, le 804 àrd-sgoilearan (33.9%), agus Comhairle Earra Ghàidheal is Bhòid, le 439 àrd-sgoilearan (18.5%). Is iad Àrd-sgoil MhicNeacail, ann an Steòrnabhagh, le 395 àrd-sgoilear; Àrd-sgoil Phort Rìgh, anns an Eilean Sgitheanach, le 282; Àrd-sgoil an Òbain, le 188; Àrd-sgoil a' Phluic, ann an Sgìre Loch Àillse, air Ghaidhealtachd, le 168; Àrd-sgoil Ìle, le 139; Àrd-sgoil Lìonacleit, ann am Beinn na Faoghla, le 129; Àrd-sgoil Thobar Mhoire, le 96, agus 4 àrd-sgoiltean ann an Inbhir Nis, le 240 àrd-sgoilear eadarra, na h-àrd-sgoiltean as motha a thaobh chùrsaichean anns a' Ghàidhlig do luchd-ionnsachaidh. Gu h-annasach, chan robh ach 5 àrd-sgoilearan a' gabhail nan cùrsaichean seo ann an Dùn Èideann agus cha robh gin ann an Glaschu.

3.7 Leantainneachd bho ìre gu ìre

Mar a chaidh a mhìneachadh gu h-àrd, chan eil foghlam tro mheadhan na Gàidhlig idir cho leasaichte aig ìre àrd-sgoile 's a tha e ag ìre bun-sgoile. Chan eil e comasach foghlam tro mheadhan na Gàidhlig fhaighinn aig ìre àrd-sgoile ach ann am beagan chuspairean, leithid eachdraidh, cruinn-eòlais, agus eile. Mar sin tha dìth leantainneachd buailteach a bhith ann: air a' char as fheàrr, tha a h-uile sgoilear a' cur crìoch air am foghlam tro mheadhan na Gàidhlig airson na mòrchuid den fhoghlam aige/aice aig deireadh na bun-sgoile, agus a' tionndadh gu taobh na Beurla airson na mòrchuid de chuspairean aig toiseach na h-àrd-sgoile. Mar eisimpleir, ann an 2002–3, cha do lean ach 149 den 232 sgoilear a dh'fhàg aonadan Gàidhlig aig a' bhunsgoil orra gu foghlam tro mheadhan na Gàidhlig anns an àrdsgoil. Tha iomadach adhbhar ann airson na dìth leantainneachd a tha seo, ach tha dà adhbhar gu sònraichte cudromach. Tha foghlam aig ìre àrd-sgoile mòran nas spèisealaichte na foghlam aig ìre bun-sgoile, le neach-teagaisg sònraichte ann airson a h-uile cuspair. Tha feum air àireamh de sgoilearan a tha mòran nas motha gus foghlam aig ìre àrd-sgoile a thoirt seachad gu h-èifeachdach agus gu h-eaconomach. Gu mì-fhortanach, chan eil an àireamh de sgoilearan Gàidhlig a' tighinn bho bhunsgoiltean Gàidhlig gu àrd-sgoiltean àrd gu leòr ann an sgìre sam bith a cheadaicheadh foghlam farsaing tro mheadhan na Gàidhlig aig ìre àrd-sgoile. Dh'fheumte meudachadh bunasach ann an àireamhan de bhunsgoilearan Gàidhlig mus biodh e comasach foghlam farsaing tro mheadhan na Gàidhlig a thabhann ann an àrd-sgoil sam bith an Alba, agus chan eil a leithid de mheudachadh air fàire aig an àm seo.

Aig a' cheart àm, tha ìre de leantainneachd ann am foghlam tro mheadhan na Gàidhlig anns an t-seagh gu bheil e comasach cùrsa ann an Gàidhlig airson fhileantach mar chuspair fhaighinn aig ìre àrd-sgoile airson na mòr-mòrchuid dhen fheadhainn a tha a' tighinn bho fhoghlam tro mheadhan na Gàidhlig anns a' bhun-sgoil. Mar eisimpleir, ann an 2001–2, cheumnaich 232 bun-sgoilear ann am bun-sgoiltean Gàidhlig, agus ann an 2002–3, thoisich 230 ann an cùrsa ann an Gàidhlig airson fhileantach mar chuspair. Tha e soilleir gun do thòisich cuid anns na cùrsaichean seo aig an robh a' Ghàidhlig mar-thà agus nach robh ann am bun-sgoil Ghàidhlig, ach tha na h-àireamhan a' sealltainn gun do ghabh a' mhòr-mhòrchuid a bha ann am bun-sgoil Ghàidhlig cùrsa ann an Gàidhlig airson fhileantach anns na h-àrd-sgoiltean. Nochd barrachd dìth leantainneachd anns na cùrsaichean eile aig ìre àrd-sgoile a bha gan tabhann tro mheadhan na Gàidhlig, ach tha e soilleir gur e dìth chùrsaichean ann am mòran àrd-sgoiltean seach dìth ùidh aig na sgoilearan a bu choireach. Ann an sgìre Comhairle na Gaidhealtachd, mar eisimpleir, chaidh a' mhòrchuid de sgoilearan bho bhun-sgoiltean Gàidhlig gu àrd-sgoiltean far an robh e comasach cùrsaichean eile a ghabhail tro mheadhan na Gàidhlig, agus ann an 2002, dh'fhàg 81 sgoilear aonadan Gàidhlig anns a' bhun-sgoil agus thòisich 70 sgoilear A1 air cùrsaichean Gàidhlig as t-fhoghar. Anns na h-Eileanan an Iar, is coltach nach deach ach 46 de 86 sgoilearan an sàs anns na cùrsaichean seo. Mar sin dheth, tha e soilleir gur e dìth àireamhan, agus dìth co-chruinneachaidh sgoilearan a' tighinn bho fhoghlam tro mheadhan na Gàidhlig aig ìre bun-sgoile an dà chnap-starradh as bunasaiche ro leasachaidhean ann am foghlam tro mheadhan na Gàidhlig aig ìre àrd-sgoile ann an Alba.

Tha leantainneachd eadar foghlam aig darna ìre agus treas ìre oir tha foghlam tro mheadhan na Gàidhlig ri fhaighinn ann am foghlam àrd-ìre agus ann am foghlam adhartach a-nis. Tha Sabhal Mòr Ostaig, a' cholaiste Ghàidhlig anns an Eilean Sgitheanach, a' tabhann dà Theisteanas ann am Foghlam aig Àrd-ìre (Cert HE); Àrd Dhioplòma Nàiseanta (HND); Àrd Theisteanas Nàiseanta (HNC); Dioplòma ann am Foghlam aig Àrd-ìre (Dip HE); agus dà cheum BA (BA Cànan is Cultar na Gàidhlig agus BA Gàidhlig agus Iomall a' Chuain Siar) a tha gan teagaisg tro mheadhan na Gàidhlig. Cheumnaich a' chiad bhuidheann oileanach ann an 2000. Seo ceum trì bhliadhna (.i. BA Bunaiteach). A bharrachd air seo tha Cùrsa Inntrigidh aig Sabhal Mòr Ostaig a-nis, a tha a' toirt chothroman Gàidhlig ionnsachadh air astar.

Tha Colaiste Chaisteil Leòdhais ann an Steòrnabhagh a' tabhann an dà Theisteanas ann am Foghlam aig Àrd-ìre (Cert HE); a' Dhioplòma ann am Foghlam aig Àrd-ìre (Dip HE); agus an dà cheum BA cuideachd. Tha na ceumannan seo gan tabhann an co-bhoinn ris an Oilthigh Fhosgailte ach thathas ag obair a dh'ionnsaigh stèidheachadh Oilthigh na Gaidhealtachd is nan Eilean; aig an ìre seo is e ainm a' phròiseict seo Institiud UHI nam Mìle Bliadhna.

Tha pàirt den teagaisg anns na roinntean Ceilteach ann an oilthighean Dhùn Èideann, Ghlaschu agus Obar Dheathain ga dèanamh tro mheadhan na Gàidhlig cuideachd, ged nach eil na cùrsaichean aca làn-Ghàidhlig.

Tha CNAG agus CNSA air a bhith a' co-obrachadh le Colaistean Foghlaim Adhartaich (Further Education (FE) Colleges) gus cùrsaichean bogaidh ann an Gàidhlig do dh'inbhich a chur air bhonn. Tha na cùrsaichean seo a' ruith thairis air bliadhna acadamaigeach agus a' gabhail a-steach mu 24 uairean de dh'fhoghlam Gàidhlig gach seachdain. Tha 46 de na colaistean seo ann an Alba uile gu lèir, agus ann 2002–3 bha 7 dhiubh (Sabhal Mòr Ostaig, Colaiste Chaisteil Leòdhais, Colaiste Chille Mharnaig, Colaiste na h-Eaglaise Brice, Colaiste Earra Ghàidheal, Colaiste Inbhir Nis, Colaiste Stow) a' tabhann chùrsaichean làn-ùine no pàirt-ùine ann an Gàidhlig do dh'inbhich a tha nan luchd-ionnsachaidh. Tha cuid de na cùrsaichean seo nan cùrsaichean bogaidh agus cuid eile (cuid de na cùrsaichean aig Sabhal Mòr Ostaig nam measg) aig ìrean nas adhartaiche. Bha mu 150 oileanach a' frithealadh nan cùrsaichean seo uile gu lèir ann an 2002–3.

3.8 Clàr-teagaisg, deuchainnean, measaidhean, sgrùdaidhean

Chan ann reachdas foghlaim a' buntainn ri clàr-teagaisg nan sgoiltean Albannach idir. An àite sin, tha an clàr-teagaisg stèidhte air comharraidhean treòrachaidh nàiseanta a tha gan cruthachadh le buidhnean-obrach fa leth anns a bheil tidsearan, comhairlichean, luchd-rannsachaidh, luchd-rianachd agus luchd-sgrùdaidh an sàs. An àite a bhith a' sparradh structar rag air na sgoiltean, tha na comharran treòrachaidh seo a' cur an cèill builean coileanaidh airson ìrean fa leth agus cuimsean coileanaidh airson phrògraman foghlaim. A thaobh foghlaim tro mheadhan na Gàidhlig, tha Clàr-teagaisg agus Measadh an Albainn: Stiùireadh Nàiseanta airson Gàidhlig 5–14 a' toirt stiùireadh do na bun-sgoiltean.

Tha an luchd-teagaisg a' toirt Dheuchainnean Nàiseanta 5–14 ann an Gàidhlig agus ann am Beurla gus dearbhadh gun do ràinig na sgoilearan na h-ìrean coileanadh a tha iomchaidh thairis air bliadhnaichean na bun-sgoile.

Tha an clàr-teagaisg 5–14 a' gabhail a-steach bliadhnaichean 1–7 den bhunsgoil agus a' chiad dà bhliadhna den àrd-sgoil. Ann am bliadhnaichean 3 agus 4 den àrd-sgoil thathas a' leantainn Prògram Leasachaidh Ìre Choitchinn (Standard Grade Development Programme). Aig deireadh bliadhna 4 na h-àrd-sgoile tha sgoilearan a' dèanamh dheuchainnean Ìre Choitchinn. Tha leasachadh agus stiùireadh nan deuchainnean seo mar phàirt de dhleastanas Ùghdarras Teisteanasan na h-Alba (Scottish Qualifications Authority, no SQA). Aig deireadh bliadhna 5 na h-àrd-sgoile thathas a' dèanamh dheuchainnean Àrd-ìre agus aig deireadh bliadhna 6 thathas a' dèanamh dheuchainnean Àrd-ìre Adhartaich. Tha deuchainnean ann an Gàidhlig (do fhileantaich) agus ann an Gaelic (do luchd-ionnsachaidh) rim faighinn aig gach ìre; tha clàr-teagaisg fa leth an gnìomh airson an dà shreath seo. Tha ath-sgrùdadh bunaiteach de dh'fhoghlam an dèidh aois 16 a' dol air adhart a-nis.

Tha dleastanas aig Luchd-Sgrùdaidh na Banrigh airson Foghlaim (Luchd-Sgrùdaidh na Banrigh airson Sgoiltean ro 1 Giblean 2001) a bhith a' measadh agus a' sgrùdadh sgoiltean na h-Alba, agus tha seo a' gabhail a-steach nan sgoiltean a tha a' tabhann foghlam tro mheadhan na Gàidhlig. Tha uallach an Luchd-Sgrùdaidh a' ruigsinn colaistean àrd-ìre cuideachd. A bharrachd air obair Luchd-Sgrùdaidh na Banrigh aig ìre nàiseanta, tha na h-Aonadan Dearbhaidh Deagh-ghnè aig na h-ùghdarrasan foghlaim ionadail a' cumail sùil air feabhas nan sgoiltean aca.

4. Trèanadh agus barantasan

Tha seachd Aonadan Foghlaim Thidsearan ann an Alba a' tabhann chùrsaichean B Ed (Bachelor of Education, cùrsa fad ceithir bliadhna, mar chiad cheum) agus PGCE (Postgraduate Certificate in Education, cùrsa fad bliadhna don fheadhainn aig a bheil ceum mar-thà). Tha oileanaich a' taghadh spèisealachadh ann am PGCE (Primary) no PGCE (Secondary).

Tha trì de na h-Aonadan Foghlaim Thidsearan seo: Colaiste a' Chinn a Tuath, Obar Dheathain; Dàimh an Fhoghlaim, Oilthigh Ghlaschu (Colaiste Naomh Anndra mar a bha roimhe); agus Dàimh an Fhoghlaim, Oilthigh Shrath Chluaidh (Colaiste Chnoc Iòrdain mar a bha roimhe) a' trèanadh nan tidsearan a tha airson a dhol an sàs ann am foghlam tro mheadhan na Gàidhlig (agus ann an teagaisg na Gàidhlig mar chuspair), ach is ann dìreach aig Dàimh an Fhoghlaim, Oilthigh Shrath Chluaidh a tha luchd-obrach làn-ùine rim faighinn.

Is ann mar phàirt de chùrsaichean àbhaisteach airson treanadh nan tidsearan a tha an treanadh seo ri fhaighinn, seach ann cùrsaichean speisealaichte ann am foghlam tro mheadhan na Gàidhlig. Gu ruige seo, chan eil siostam sònraichte ann airson trèanadh nan tidsearan a tha gu bhith a' teagaisg tro mheadhan na Gàidhlig. Chan eil na h-oileanaich a' faighinn bogadh domhainn ann am foghlam Gàidhlig agus chan eil barantas Gàidhlig ri fhaighinn idir.

Tha tòrr dhaoine a tha an sàs ann am foghlam tro mheadhan na Gàidhlig an-fhoiseil mun dìth leasachaidh seo agus tha Comhairle Teagaisg Choitcheann airson Alba (General Teaching Council for Scotland) air moladh gum bu chòir siostam ùr a chur air bhonn gus trèanadh agus barantas spèisealaichte a thoirt seachad don fheadhainn a tha gu bhith an sàs ann am foghlam tro mheadhan na Gàidhlig. Thathas a' feitheamh fhathast ri freagairt do na molaidhean seo.

A thaobh foghlaim ro-sgoile, tha feum aig luchd-teagaisg ann an sgoiltean-àraich air barrantas ann an teagasg bun-sgoile, agus tha luchd-taice gam brosnachadh gus Teisteanasan Dreuchdail Albannach (Scottish Vocational Qualifications, no SVQs) ann an Cùram agus Foghlam Cloinne Òga (Early Child Care and Education) fhaighinn.

5. Goireasan

Tha gainnead ghoireasan foghlaim na dhuilgheadas fhathast ann am foghlam tro mheadhan na Gàidhlig, ach tha an suidheachadh fada nas fheàrr na bha e bho chionn grunn bhliadhnaichean. Chaidh Ùghdarras Eadar-roinneil airson Foghlaim Ghàidhlig (Inter-Authority Standing Group on Gaelic) a chur air bhonn ann am meadhan nan 1980an agus tha pròiseactan cudromach air tighinn a-mach aiste, leithid liostaichean fhaclan ùra airson teagaisg chuspairean fa leth agus leabhar gràmair airson nan àrd-sgoiltean. Tha co-obrachadh eadar na h-ùghdarrasan a tha a' tabhann foghlam tro mheadhan na Gàidhlig air a bhith glè fheumail ann a bhith a' toirt ghnothaichean air adhart.

Tha Stòrlann Nàiseanta na Gàidhlig, a chaidh a chur air bhonn ann an 1999, stèidhte ann an Eilean Leòdhais. Os cionn a h-uile rud tha a' bhuidheann nàiseanta Ionnsachadh agus Teagaisg Alba (Learning and Teaching Scotland), a tha a' frithealadh sgoiltean na h-Alba gu lèir tron a bhith a' toirt seachad comhairle agus agus a' cruthachadh ghoireasan teagaisg. Chaidh aon £300,000 a chosg air dealbhadh ghoireasan teagaisg ann an 2002–3.

Tha grunn ùghdarrasan foghlaim ionadail air pailteas stuthan teagaisg a chruthachadh agus a chruinneachadh, agus tha na goireasan seo gan sgaoileadh am measg nan ùghdarrasan eile a tha a' tabhann foghlam Gàidhlig. Tha am BBC a' cruthachadh nòtaichean agus stuthan airson sgoilearan an co-cheangal ris na prògraman aca.

6. Dealbhadh, planaigeadh agus co-ordanachadh ann am foghlam Gàidhlig

Tha dealbhadh agus planaigeadh ann am foghlam Gàidhlig ga chur air dòigh tro cho-obrachadh foirmeil agus neo-fhoirmeil eadar na h-ùghdarrasan foghlaim ionadail a tha a' tabhann foghlam Gàidhlig; meuran an Riaghaltais ann an Dùn Èideann leithid Luchd-sgrùdaidh na Banrigh airson Foghlaim agus an Roinn Foghlaim; na buidhnean saor-thoileach aig a bheil ùidh ann am foghlam, leithid CNSA agus CnamP(N); agus an caochladh bhuidhnean eile a tha an sàs ann am foghlam Gàidhlig leithid Stòrlann Nàiseanta na Gàidhlig agus Ùghdarras Teisteanasan na h-Alba. Tha leasachadh a' chlàir-theagaisg agus nan deuchainnean nàiseanta stèidhte air conaltradh eadar na buidhnean seo. Bho àm gu àm, thathas a' coimiseanadh rannsachadh air ceistean cudromach a tha a' buntainn ri foghlam Gàidhlig; is iad Lèirsinn, an t-ionad rannsachaidh aig Sabhal Mòr Ostaig, agus Scottish Centre for Information on Language Teaching and Research na buidhnean as cudromaiche an lùib na h-obrach seo. Cuideachd, thathas a' cur bhuidhnean obrach air bhonn bho àm gu àm gus sùil a thoirt air ceistean ro-innleachd agus poileasaidh, leithid na fo-chomataidh a thug molaidhean do Chomhairle Teagaisg Choitcheann airson Alba a thaobh trèanadh thidsearan Gàidhlig ann an 2000.

7. Na tha air fàire

Seo àm air leth cudromach do dh'fhoghlam tro mheadhan na Gàidhlig. An dèidh grunn bhliadhnaichean de dh'adhartas cunbhalach, tha e coltach gu bheil an t-adhartas a' tighinn gu stad. Tha gainnead an luchd-teagaisg a' cur iomagain air tòrr phàrantan, luchd-foghlaim agus oifigearan nan comhairlean ionadail.

Bidh sàr chothrom aig Bòrd na Gàidhlig, a chaidh a chur air chois anns an Fhaoilleach, 2003, buaidh mhòr a thoirt air a' chùis ma tha an Riaghaltas airson taic dha-rìribh a thoirt dha. Tha coimhearsnachd na Gàidhlig fhathast a' feitheamh ri freagairt shusbainteach bhon Riaghaltas, a thaobh leasachadh trèanadh nan tidsearan, leudachadh an fhoghlaim Ghàidhlig anns an àrd-sgoil, agus cruthachadh sgoiltean làn-Ghàidhlig an àite nan aonadan. Tha miann agus dùil na coimhearsnachd gu math soilleir.

Gaelic-medium Education in Scotland

Wilson McLeod

1. Introduction

Gaelic-medium education in Scotland has grown rapidly over the last twenty years. Almost 2,000 primary school children are being educated through the medium of Gaelic in 59 Gaelic units or schools throughout Scotland and some 375 secondary school students at 18 secondary schools. Yet, despite this inspiring progress, a number of difficulties have arisen: the number of children involved is not growing as it was, the ongoing shortage of Gaelic teachers is putting some Gaelic units at risk, and provision for secondary school pupils and for adults is not developing as some had hoped and expected.

Gaelic-medium education can be said to have begun in the 1970s, following the creation of Comhairle nan Eilean as the local authority for the Western Isles, the strongest Gaelic-speaking area in Scotland. Prior to 1974 one of the islands had been run from Dingwall as part of Ross and Cromarty and the rest from Inverness as part of Inverness-shire, and the establishment of a local authority for the islands alone was an historic step. A bilingual project ran in the islands' schools from 1975 onwards but project officers concluded that pupils were not acquiring the language effectively and that a more intensive approach was required. Following consultation between education officials and the islands community, Gaelic-medium education based on the knowledge and experience of countries such as Canada was chosen and developed to meet this need.

The first two Gaelic units were opened in 1985, in Glasgow and Inverness, and the system grew from year to year during the 1990s. In 2002–3, 1,925 primary school children were receiving Gaelic-medium education: two-thirds of them in the Western Isles and the Highland Council area and the rest in 12 other local authority areas. The overwhelming majority of these children were in Gaelic units within primary schools that also provide English-medium education: the first all-Gaelic school opened in Glasgow in 1999, and five schools in the Western Isles have now been designated as Gaelic schools.

The growth of Gaelic-medium primary education has slowed significantly in recent years, although there was a small increase from 2001–2 to 2002–3, from 1,859 to 1,925 (the highest level ever). The shortage of teachers acts as a powerful brake on the system's growth.

Gaelic-medium education at secondary level is nowhere near as developed In 2002–3 some 375 pupils at 18 schools took some of their subjects through the medium of Gaelic: Geography, History, Mathematics, Personal and Social Education, for example, as well as Gaelic language itself.

In addition, Gaelic-medium education is now available at further and higher education institutions. Sabhal Mòr Ostaig, the Gaelic college in the Isle of Skye, and Lews Castle College in Stornoway offer Higher National Diplomas (HNDs), Higher National Certificates (HNCs) and two BA degrees, all of them taught through the medium of Gaelic. Some of the teaching in the Celtic Departments of Aberdeen, Edinburgh and Glasgow Universities is delivered through the medium of Gaelic as well, although these courses are not all-Gaelic.

In addition to Gaelic-medium education, Gaelic is taught as a subject to fluent speakers and to learners in a number of schools, both in the Highlands and Islands and in some Lowland towns. To a great extent fluent speakers are taught through the medium of Gaelic. In 2002–3 some 68 secondary schools offer Gaelic as a subject, and 997 fluent speakers and 2,370 learners are receiving such education. It is important to emphasise, however, that Gaelic is not available at all in the great majority of Scottish secondary schools: indeed 21 of the 32 local educational authorities in Scotland offer neither Gaelic-medium education nor Gaelic as a subject in any of their secondary schools.

In 2000, Argyll and Bute Council launched a pilot project known as "Gaelic Language in the Primary School" (GLPS), and the Highland Council then started up the same project in 2001. Under this scheme, mainstream English speaking teachers were given 20 days' training in order to prepare them, linguistically and culturally, to deliver Gaelic to English-medium primary school pupils. The trained teachers, in collaboration with their management teams, decide where the language focus within their primary establishment will be. Most schools opt to offer Gaelic in the last two years of primary school. Others offer Gaelic to younger pupils and have upper stage teachers on the waiting list to access the GLPS training at a later stage in order that a whole school Gaelic coverage can be achieved. These two pilot projects mirror the Scottish Executive scheme "Modern Languages in the Primary School" (MPLS): the main objective of the MLPS scheme, which was established in 1994, is to prepare primary school pupils for instruction in French, German, Spanish, and Italian at secondary level. Unfortunately, in November 2001 the Executive terminated the MLPS scheme. From now on, the Executive will provide local authorities with funding for language education improvement initiatives in the authorities' schools, and the choice of languages involved will depend on the local authorities' decisions. Gaelic continues to be a council priority in Argyll and Bute, and the council will access funding for further developments from this improvement grant.

2. Statutory provision for education (General)

The Education (Scotland) Act 1980 (1980 ch. 44) – as amended from time to time – is the cornerstone of the Scottish education system. This Act establishes the legal duties and responsibilities that are placed on the educational authorities: the general principle is that the authorities must make "adequate and efficient provision" (s. 1(1)). The Act also: grants the education authorities the power to provide preschool education; imposes an obligation upon children to attend school between the ages of five and 16; imposes an obligation upon parents to send their children to the school during this period; and gives children a legal right to education suited to their abilities and needs.

The Standards in Scotland's Schools etc. Act 2000 (2000 asp 6) places a burden on the education authorities to develop and monitor plans for the development of education. Formal annual reports are required in this connection.

Preschool education which begins at four is optional: school education is compulsory between five and 16. Primary school begins at five and continues for seven years to age 11. Secondary school begins at age 12 and continues until age 16 when mandatory education ends; but there is then an opportunity to continue for either one or two more years. Further and higher education are available at that point; there are a range of courses from one to four years in duration. In Scotland's "ancient" universities, Aberdeen, Edinburgh, Glasgow, St. Andrews, the first degree is an MA (MA Ordinary after three years, MA Honours after four). In the newer universities the BA Ordinary is awarded after 3 years and the BA Honours after four.

The 32 local education authorities in Scotland play the key role in the provision of education in Scotland. They have the power and ability to make decisions concerning educational provision, including whether and how to establish Gaelic education, and concerning the implementation of national policies and objectives. Each local authority has an education committee: their membership consists of a mix of elected councillors and representatives of teachers and churches. The great majority of educational funding comes from a grant from the Executive, but a portion comes from council taxes and business rates as well.

The local education authorities provide financial support to every school in the public sector in Scotland; 95 per cent of the total. Some 17 per cent of pupils in the public sector attend denominational schools. These schools remain under the control of the local educational authorities, and do not constitute a separate system. There are also a number of grant-aided schools in Scotland. These schools are funded by the local education authorities and most of them serve children with special educational needs. In-service teacher training falls within the remit of the local education authorities.

Governmental structures regarding education

Scottish Executive
(Education Department)

Block grant ⇓   Special grants for Gaelic education ⇓

Local Education Authorities (32)

⇑
Council taxes
Business rates

3. Provision relating to Gaelic-medium education

3.1 Statutory provision relating to Gaelic education

Statutory provision relating to Gaelic education is not well developed: there is no general obligation placed on educational authorities to provide Gaelic-medium education and neither parents nor children have a legal right to Gaelic-medium education.

Under the Education (Scotland) Act 1980, local education authorities have an obligation to make arrangements for "the teaching of Gaelic in Gaelic-speaking areas". This obligation extends to both school education (s. 1(5)(a)(iii)) and further education (s. 1(5)(b)(iv)). This obligation was first put in place in 1918 (under the Education (Scotland) Act 1918), yet despite this there has never been any legal interpretation whatsoever of the phrases "the teaching of Gaelic" and "Gaelic-speaking areas". It seems likely that "Gaelic-speaking areas" would include areas in the Highlands and Islands where Gaelic is spoken by the majority, but it is less clear that this wording can extend to other areas such as Glasgow, Edinburgh and Inverness where absolute numbers of Gaelic speakers are large but the language is spoken only by a small minority of the community. Further, because this statute makes no distinction between teaching Gaelic as a subject and Gaelic-medium education, it is possible that there is no obligation for local education authorities to provide Gaelic-medium education at all, in any part of Scotland, even in the areas where Gaelic is spoken by the majority as a language of daily interaction.

A scheme of "Specific Grants" for Gaelic education was established by the Grants for Gaelic Language Education (Scotland) Regulations 1986 (Statutory Instrument 1986 No. 410 (S. 35)). These regulations relate to both Gaelic-medium education and the teaching of Gaelic as a subject (section 2). The scheme was set up in connection with the development of the first Gaelic units and it has been of the utmost importance in the development of the system over the years. Under this scheme local education authorities may apply to the Tourism, Culture and Sport Group of the Scottish Executive Education Department which administers the distribution of funds appropriated to this scheme. Up to 75 per cent of project costs may be paid by Specific Grant.

The Specific Grants scheme has been most useful in encouraging and assisting local authorities to establish Gaelic units. This financial support is ring-fenced for Gaelic education, and as such Gaelic education projects are not in competition for its benefits with other kinds of educational projects.

Section 4 of the Standards in Scotland's Schools etc. Act 2000 (2000 asp 6) establishes a system of "national priorities in education". According to section 5(4)(a) of this Act, local educational authorities are required to establish objectives with regard to the "national priorities in education", and according to section 5(6) the authorities must provide an annual account concerning their fulfilment of the objectives set. According to the statutory instrument connected to this provision (Education (National Priorities) (Scotland) Order 2000 (2000 No. 443), s. 3(3)), equality is designated as a priority and particular attention must be given to Gaelic and other minority languages. In that the statutory instrument speaks only of "Gaelic", rather than "Gaelic-medium education", and in that Gaelic is mentioned in connection with other minority languages, it is not entirely clear that the development of Gaelic-medium education, as opposed to the teaching of Gaelic as a subject, is indeed a "national priority". According to another section of the same Act (s. 5(2)(c)), however, local education authorities must make an annual report on their provision with regard to Gaelic-medium education and on their plans to develop this provision. However, unlike the national priorities scheme under s. 5(4)(a), this provision does not require local education authorities to establish development objectives. Taken together, the regime is very far from a system of legal rights for parents to receive Gaelic-medium education for their children.

3.2 Funding of Gaelic education

Specific Grants (Grants for Gaelic Language Education (Scotland) Regulations 1986 from the Executive in Edinburgh pay up to 75 per cent of the costs of Gaelic-medium education. In both 2001–2 and 2002–3, the Executive committed £2.8 million to this scheme, which is administered by the Scottish Executive Education Department. The balance of the costs is paid from the resources of the local education authorities: most of the funding of the local education authorities comes from the Executive but a portion comes from council taxes and business rates.

3.3 The role of voluntary groups in Gaelic education

A number of voluntary groups have played a key role in the development of Gaelic education; indeed, it can be said that Gaelic-medium education would not exist had it not been for the work and energy of these groups over the years. Comhairle nan Sgoiltean Àraich (CNSA, the Gaelic Play-groups Association) has been deeply involved in the development of preschool education from the early 1980s onwards, a development that has been critical in terms of generating parental demand for Gaelic-medium education in primary schools. CNSA is funded from a range of sources, including grants from central and local government and membership fees and member donations. In addition, several CNSA projects have recently received funding from the National Lottery.

Comann nam Pàrant (Nàiseanta) (CnamP(N)), the National Parents' Association) supports parents of children receiving Gaelic-medium education, and encourages and campaigns for the improvement of Gaelic educational provision. There are 32 local groups, all of them established in communities where Gaelic units have been set up. Every parent who has a child receiving Gaelic-medium education is a member of a local CnamP organisation. CnamP(N) has a parental support officer based in Inverness who provides assistance to local CnamP groups and to individual parents.

Comunn na Gàidhlig (CNAG), the main Gaelic development organisation, places great emphasis on education and its officers work with parents, local authorities and the Executive to improve Gaelic education. CNAG receives its principal funding from Highlands and Islands Enterprise. CNAG has an education officer in Inverness who works with parents, other Gaelic groups, councils and so on to provide support for Gaelic education throughout the country. Two other CNAG staff members support the "Sradagan" groups and are involved in other initiatives relating to Gaelic education.

"Sradagan" is the name of the groups that were established with support from CNAG and CnamP(N) to provide children involved in Gaelic-medium education with opportunities to use their Gaelic outside the school in leisure pursuits and social activities. There are 50 Sradagan groups, most of them found in places where a Gaelic unit has been set up. The Sradagan groups meet after the end of the school day or on weekends. Representatives from the Sradagan groups sit on the CnamP(N) board of directors.

In 2002, the Scottish Executive established Bòrd na Gàidhlig as a Non-Departmental Public Body. This new Board should play an important role in directing Gaelic development in coming years, including the development of Gaelic education The powers and priorities of the Board are not yet fully clear although it is expected that it will follow the Strategic Plan set out in the Report of the Ministerial Advisory Group on Gaelic, published in May 2002.

3.4 Preschool education

From 1998-99, every four-year-old has a right to a free place in a preschool establishment. Preschool education is not regulated by specific legislation although general legislation relating to the care of children, such as the Children's Act 1999 and the Children (Scotland) Act 1995, has a bearing on the matter. Teachers in preschools must be registered with the General Teaching Council (Scotland) and hold a relevant primary school teaching qualification. Preschool workers employed in preschool establishments are encouraged and supported to obtain a Scottish Vocational Qualification (SVQ) in Early Child Care and Education. Teaching and learning materials are prepared in accordance with the Curriculum Framework for Children published by the Scottish Consultative Council on the Curriculum (SCCC) in 1999.

Gaelic preschool education is provided by units established by local education authorities and by groups set up by CNSA. In the Western Isles, CNSA and the local education authority (Comhairle nan Eilean Siar education department) co-operate to provide preschool Gaelic education. With regard to the other education authorities that provide preschool Gaelic education, there were 361 children in preschools at the start of school year 2002-03, a decline of 42 children from school year 2001-02 Eighteen preschool units with 166 children in attendance were set up by the Highland Council. The units in Inverness, Dingwall, and Fort William are well established. Argyll and Bute Council has established 6 preschool units which cater for a total of 48 preschool children. These units include areas where Gaelic is still spoken as a daily community language, such as Tiree and Islay. There are three preschool units catering for 50 children in the city of Glasgow.

With regard to CNSA playgroups, there are some 28 run as "units registered with the Queen's Inspectorate of Education", 20 run in cooperation with Comhairle nan Eilean Siar in the Western Isles, seven in the Highlands, and one in East Kilbride. There are some 115 other CNSA units throughout the country, with between 1,600 and 1,700 children in attendance.

3.5 Primary education

Fourteen out of the 32 local education authorities in Scotland offer Gaelic-medium education at primary school level: Aberdeen City Council, Angus Council, Argyll and Bute Council, East Dunbartonshire Council, East Ayrshire Council, Edinburgh City Council, Glasgow City Council, Highland Council, Inverclyde Council, North Lanarkshire Council, Perth and Kinross Council, South Lanarkshire Council, Stirling Council and Western Isles Council.

In 2002–3, only 59 of the 2,258 publicly funded primary schools in Scotland offered Gaelic-medium education. As such, less than 3 per cent of Scottish primary schools offer Gaelic-medium education. Gaelic-medium education is offered at two Catholic primary schools (in Fort William and Oban) but as explained above, these denominational schools remain under local authority control and as the only providers of Gaelic-medium education in the areas in question they are attended by pupils of various religious backgrounds.

There were only 1,925 primary school children receiving Gaelic-medium education; given that there were a total of 413,547 primary school pupils in publicly funded Scottish primary schools in 2002–3, less than 0.5 per cent were involved in Gaelic-medium education.

Most Gaelic-medium education provision is established in areas where Gaelic remains reasonably strong or in urban areas where there is a substantial number of Gaelic speakers. 49 of the units/schools offering Gaelic-medium education are to be found in just three council areas: Western Isles Council (25), Highland Council (19) and Argyll and Bute Council (5), these being the only areas where Gaelic speakers are in the majority or represent a significant minority. 64.9 per cent of the primary schoolchildren are in schools or units run by the Highland Council (707, or 36.7 per cent) and Western Isles Council (542, or 28.2 per cent). Again, these are the areas where Gaelic is strongest at community level. But even in these areas, Gaelic-medium education is not the norm. In the Western Isles, for example, there were 2,132 primary schoolchildren in 2002–3 and, as such, the 542 children undergoing Gaelic-medium education in Western Isles primary schools are only about a quarter of the total. In the Highland Council area, there were 17,837 primary schoolchildren in 2002–3 and, as such, the 707 children undergoing Gaelic-medium education in Highland Council primary schools are only about 4 per cent of the total.

It is important, however, that Gaelic units are well established in mainland towns in the Highlands (such as Fort William, Inverness and Dingwall) where Gaelic is not strong as a community language. It is also important that the first all-Gaelic school was set up in Glasgow four years ago. In 2002–3, 142 children were attending this primary school. Although Glasgow is a Lowland city, it must be remembered that there were 5,900 Gaelic speakers living in the city at the time of the 2001 census; almost 10 per cent of the national total Five primary schools in the Western Isles have also now been designated as Gaelic schools but these are not all-Gaelic institutions in the same way as Glasgow Gaelic School.

No hard numbers are available to show what proportion of children in Gaelic-medium education come from homes in which Gaelic is the family language. It appears, however, that the children coming into Gaelic-medium education have a diverse mix of abilities in Gaelic, particularly in the urban primary schools and in the Lowlands, where one would expect that the majority would come from homes in which Gaelic was not spoken.

Teaching of Gaelic as a subject at primary school level is not anywhere near as well developed. Over the years a little Gaelic has been taught by peripatetic teachers to children not accessing Gaelic-medium education. However, in 2000, Argyll and Bute Council launched a pilot project known as "Gaelic Language in the Primary School" (GLPS), and Highland Council then started up the same project in 2001. Under these projects, non-Gaelic-speaking teachers receive 20 days of training in Gaelic language and culture so that they can teach core elements of these subjects to children in the last two years of primary school. While the Modern Languages in the Primary School (MLPS) programme has come to an end, local authorities can now access Gaelic Specific Grant funding to develop the GLPS initiative. In Argyll and Bute, for example, 6 teachers in Mid-Argyll, six teachers in Oban, and eight others, some from East Ayrshire Council, Stirling Council, North Lanarkshire Council, and Perth and Kinross Council, are receiving training to teach Gaelic language and culture. At the present time, children in the last two years of primary school at 13 primary schools in the Highland Council area will receive some instruction in Gaelic. Within Argyll and Bute a total of ten primary schools in the Oban area and a further four in Mid Argyll will benefit from participation in the GLPS training initiative.

3.6 Secondary education

Just seven out of the 32 local education authorities in Scotland offer Gaelic-medium education for particular subjects such as Geography, History, Mathematics, and Personal and Social Education, in addition to Gaelic, at secondary level. These councils are Angus Council, Argyll and Bute Council, East Dumbartonshire Council, Glasgow Council, Highland Council, Perth and Kinross Council, and Western Isles Council.

In 2002–3, only 18 schools (out of some 387 publicly funded secondary schools in Scotland) offered courses taught through the medium of Gaelic. Eight of those were in the Highland Council area and four were in the Western Isles. In 2002–3, although 375 secondary school pupils were receiving Gaelic-medium education, it is likely that most of them were undertaking more than one course through the medium of Gaelic, so that the total number of individual pupils is rather lower. In that there were 316,897 pupils in Scotland's publicly funded secondary schools in 2002–3, it appears that only some 0.1 per cent were taking courses through the medium of Gaelic. Of these secondary pupils, 61.6 per cent were in schools in the Highland Council area (231 pupils), the majority of them (138) in Portree High School in the Isle of Skye, and a further 21.6 per cent (81 pupils) in the Western Isles, the majority of them (47) at the Nicolson Institute in Stornoway.

With regard to courses in Gaelic as a subject, two options are available, one for secondary pupils who are already fluent in the language and one for learners. In 2002–3, Gaelic was offered as a subject to fluent speakers in 31 secondary schools run by 10 local education authorities (out of 32), and some 997 pupils were undertaking these courses, or approximately 0.3 per cent of the pupils in Scotland's publicly funded secondary schools. Eleven secondary schools in the

Western Isles delivered such courses to 458 pupils (45.9 per cent of the national total), and 12 secondary schools in the Highland Council area delivered these courses to 346 pupils (34.7 per cent of the total). Again, however, the figure of 458 pupils in the Western Isles' secondary schools in 2002–03 is less than 25 per cent of the total number of pupils (1,930 in 2002–3). There were 14,394 secondary pupils in the Highland Council's schools in 2002–3 and as such the 346 pupils undertaking Gaelic-medium education would represent only about 2.5 per cent of the total.

Gaelic is offered as a subject to learners in 34 secondary schools run by 7 local education authorities (out of 32) and 2,370 pupils were taking these courses in 2002–03. Twenty-nine of these secondary schools are run by just three local education authorities: Highland Council (14), Western Isles Council (11), and Argyll and Bute Council (4). 92.7 per cent of the pupils are in these schools: Highland Council, 955 pupils (40.3 per cent); Western Isles Council, 804 pupils (33.9 per cent); and Argyll and Bute Council, 439 pupils (18.5 per cent). The secondary schools with the largest numbers of pupils were the Nicolson Institute in Stornoway, 395 pupils; Portree High School in Skye, 282; Oban High School, 188; Plockton High School, in Lochalsh district in the Highlands, 168; Islay High School, 139; Àrdsgoil Lìonacleit in Benbecula, 129; Tobermory High School, 96; and four schools in Inverness with a total of 240. Significantly, only five pupils were taking these courses in Edinburgh and none in Glasgow.

3.7 Continuity in Gaelic-medium education

As explained above, Gaelic-medium education is nowhere near as developed at secondary school level as at primary school level. It is not possible to obtain Gaelic-medium education at secondary level except for a few subjects such as Geography, History etc. As such, lack of continuity is likely; at best pupils reach an end to their education through Gaelic at the conclusion of their primary schooling for most subjects and then switch to English-medium for most subjects at secondary level. For example, in 2002–3, only 149 of the 232 children who had left Gaelic-medium primary education proceeded to Gaelic-medium secondary education. There are many reasons for this lack of continuity, but two are particularly important. Secondary education is much more specialised than primary education, with specific teachers for each subject. A greater number of pupils are required at secondary level to deliver education in a meaningful and cost-effective manner. Unfortunately, the number of Gaelic pupils coming into secondary education from Gaelic-medium units/schools is not high enough in any area to allow broad-based education through the medium of Gaelic at secondary level. A dramatic increase in the number of children coming up from Gaelic-medium primary education would be needed before broad-based Gaelic-medium education could be offered at any secondary school in Scotland, and no such increase is in prospect at the present time.

Nevertheless, there is a degree of continuity in Gaelic-medium education in the sense that it is possible for most pupils transferring from Gaelic-medium primary education to take Gaelic courses for fluent speakers at secondary level. For example, 232 children left Gaelic-medium primary education at the end of school year 2001–02, and there were 230 pupils enrolled in Gaelic language courses for fluent speakers in autumn 2002. Some of the pupils undertaking these courses were fluent Gaelic speakers who had not received GME at primary level, but the numbers indicate that the great majority of those who had received Gaelic-medium primary schooling continued on to Gaelic courses for fluent speakers at secondary level. There was rather more discontinuity with regard to the other courses at secondary level that were offered through the medium of Gaelic, but it is apparent that the problem is the lack of courses offered at many secondary schools rather than a lack of interest among pupils. In the Highland Council area, for example, the majority of pupils transferring from Gaelic-medium primary schools/units went to secondary schools where it was possible to undertake courses taught through the medium of Gaelic; in 2002, 81 children left Gaelic-medium primary education and 70 S1 pupils enrolled in such courses in the autumn. In the Western Isles, only 46 out of 86 pupils transferring from Gaelic-medium primary schools/units enrolled in such courses. As such, it is clear that low numbers and a lack of recruitment of pupils transferring from Gaelic-medium primary schools/units are the two key stumbling blocks preventing improvements in the delivery of Gaelic-medium education at secondary level in Scotland.

There is also a degree of continuity between secondary and tertiary level in that Gaelic-medium education is now available in the further and higher education sectors. Sabhal Mòr Ostaig, the Gaelic college on the Isle of Skye, offers two Certificates of Higher Education (Cert HE); a Higher National Diploma (HND); a Higher National Certificate (HNC); a Diploma in Higher Education (Dip HE); and two BA degrees (BA Gaelic Language and Culture and BA Gaelic with North Atlantic Studies) that are taught through the medium of Gaelic. The first students graduated from these degree courses in 2000. These are three-year degrees (BA Ordinary). In addition, a new Access Course is now being offered at Sabhal Mòr teaching Gaelic on a distance-learning basis.

Lews Castle College in Stornoway also offers the same two CertHE courses, the Dip HE course, and the two BA degrees. These two degrees are offered in association with the Open University but work continues to advance towards the establishment of a University of the Highlands and Islands; at this point the organisation is known as the UHI Millennium Institute.

Part of the teaching in the Celtic Departments of Aberdeen, Edinburgh and Glasgow Universities is done through the medium of Gaelic, although their courses are not all-Gaelic.

CNAG and CNSA have co-operated with Further Education (FE) Colleges to set up immersion courses for adults. These courses run over the course of an academic year and generally involve some 24 hours of Gaelic teaching per week. There are 46 such colleges in Scotland and in 2002–3, seven of them (Sabhal Mòr Ostaig, Lews Castle College, Argyll College, Falkirk College, Inverness College, Kilmarnock College, Stow College) offered full-time or part-time Gaelic courses to adult learners. Some of these courses are immersion courses and others, including some of those at Sabhal Mòr Ostaig, are at a higher level. Some 150 students were attending these courses in 2002-3.

3.8 Curriculum, examination and assessment and inspection

The curriculum used in Scottish schools is not controlled by legislation. Rather, the curriculum is based on national guidelines developed by individual working groups in which teachers, local councillors, researchers, administrators and inspectors are represented. Instead of imposing a rigid structure upon schools, these guidelines set out benchmarks for attainment at particular levels and target parameters for programmes of study. With regard to Gaelic-medium education, the Curriculum and Assessment in Scotland National Guidelines, Gaelic 5–14 provide guidance to primary schools.

Teaching staff administer 5–14 National Tests in Gàidhlig and English to confirm that pupils have achieved appropriate attainment levels throughout their primary experience.

The 5–14 curriculum takes in years 1–7 of primary school and the first two years of secondary school. In years 3 and 4 of secondary school pupils follow the Standard Grade Development Programme. At the end of S4 pupils sit examinations at Standard Grade. The development and administration of these examinations is part of the remit of the Scottish Qualifications Authority (SQA). At the end of S5, pupils sit examinations at Higher Grade and, at the end of S6, pupils can sit Advanced Highers. There are examinations in Gàidhlig (for fluent speakers) and in Gaelic (for learners) at all levels: two distinct curricula are in place for the two pupil groups. A fundamental review of post-16 education is currently under way.

Her Majesty's Inspectorate of Education (Her Majesty's Inspectorate of Schools prior to 1 April 2001) has the responsibility for inspecting and assessing Scotland's schools, and this remit includes those schools offering Gaelic-medium education. HMI's remit now includes FE colleges as well. In addition to the work of HMI at the national level, each of the local educational authorities has a Quality Assurance Unit that deals with quality assurance in the authority's schools.

4. Training and qualifications

The seven Teacher Education Institutions in Scotland offer the B Ed (Bachelor of Education, a four-year course, as a first degree) and PGCE (Postgraduate Certificate in Education, a year-long course to those already in possession of a first degree). Students have a choice between PGCE (Primary) or PGCE (Secondary).

Three of these Teacher Education Institutions: Faculty of Education, Glasgow University (formerly St Andrew's College); Faculty of Education, Strathclyde University (formerly Jordanhill College); Northern College in Aberdeen) are involved in training teachers wishing to be involved in Gaelic-medium education, although only Strathclyde University has full-time Gaelic specialist staff.

However, the courses on offer are part of the general teacher training courses rather than dedicated courses for training Gaelic-medium teachers. Up to now there has been no specialised system in place to train teachers who wish to pursue a career in Gaelic-medium education. Students do not receive a deep immersion in Gaelic education and no specialist Gaelic qualification is available.

Many of those involved in Gaelic-medium education have been dissatisfied with this lack of provision and the General Teaching Council for Scotland has recommended the creation of a new system to provide specialist training and qualifications to those who are going to be involved in Gaelic-medium education. A formal response to these recommendations is still awaited.

5. Resources

Scarcity of educational resources remains an obstacle for Gaelic-medium education, although the situation is distinctly better than it was some years ago. An Inter-Authority Standing Group on Gaelic has been established since the mid-1980s and several important projects have been completed under its auspices, including lists of specialised vocabulary for teaching particular subjects and a grammar book for secondary schools. Co-operation between the different authorities offering Gaelic-medium education has been very beneficial in developing the sector given its small size.

Stòrlann Nàiseanta na Gàidhlig (National Resource Centre for Gaelic) was established in 1999 and is based on the Isle of Lewis. In 2002–3, £300,000 has been budgeted for developing teaching resources.

Many of the larger local education authorities have produced a range of teaching materials which they make available to other Gaelic-providing authorities. The BBC has also prepared teaching notes and pupil materials to complement its Gaelic education broadcasts.

6. Planning and co-ordination in Gaelic education

Planning and co-ordination in Gaelic education proceeds by formal and informal co-operation between the local education authorities that provide Gaelic education; agencies of the Executive in Edinburgh such as Her Majesty's Inspectorate of Education and the Education Department; the voluntary groups with an interest in education, such as CNSA and CnamP(N); and the various other organisations and entities involved in Gaelic education such as Stòrlann Nàiseanta na Gàidhlig and the SQA. Development of the curriculum and national examinations is based on discussions among these different entities. From time to time, research is commissioned to look at important questions relating to Gaelic education: Lèirsinn, the research centre at Sabhal Mòr Ostaig, and the Scottish Centre for Information on Language Teaching and Research play a key role in this work. In addition, working groups are established from time to time to consider policy and strategy questions, such as the subcommittee that advised the General Teaching Council concerning Gaelic teacher training in 2000.

7. The way ahead

This is a crucial time for Gaelic-medium education. After a number of years of steady growth it appears that progress has begun to stall. The ongoing shortage of teachers is causing serious concern to many parents, education professionals and local authority officials.

The newly created Bòrd na Gàidhlig, set up in January 2003, should have an excellent opportunity to make a positive impact on the situation if the Government gives it proper backing. The Gaelic community is still waiting for a substantive response from the Government with regard to improved teacher training, expansion of Gaelic-medium education in the secondary sector, and moving towards all-Gaelic schools instead of Gaelic units. The community's desires and expectations are now quite clear.

Sgrìobhainnean cudromach / Key publications

Comunn na Gàidhlig (1997) *Innleachd Airson Adhartais: Poileasaidh Nàiseanta airson Foghlaim Gàidhlig / Framework for Growth: A national policy for Gaelic education*. Inbhir Nis: Comunn na Gàidhlig.

General Teaching Council for Scotland (2000) *Teagasg ann am Foghlam tro Mheadhan na Gàidhlig: Molaidhean Leasachaidh / Teaching in Gaelic-medium education: Recommendations for change.* Dùn Èideann: General Teaching Council for Scotland.

Johnstone, Richard, et al. (1999) *The attainments of pupils receiving Gaelic-medium primary education in Scotland.* Sruighlea: Scottish Centre for Information on Language Teaching and Research.

MacNeil, Morag M. (1994) *Immersion Teaching and Language Learning: Meeting the Needs of the Gaelic Economy.* Slèite, an t-Eilean Sgitheanach: Lèirsinn Research Centre.

MacNeil, Morag M. and Stradling, Bob (1995) *Teacher Training for Gaelic Medium Education.* Slèite, an t-Eilean Sgitheanach: Lèirsinn Research Centre.

MacNeil, Morag M. and Stradling, Bob (1996) *Gaelic-medium Education: the critical skills.* Slèite, an t-Eilean Sgitheanach: Lèirsinn Research Centre.

MacNeil, Morag M. and Stradling, Bob (1997) *Meeting the Demand for Gaelic in Education: the availability of Gaelic-speaking teachers.* Slèite, an t-Eilean Sgitheanach: Lèirsinn Research Centre.

Nicolson, Margaret and MacIver, Matthew, eds. (2003) *Gaelic-medium Education.* Dùn-Eideann: Dunedin Press.

Robertson, Boyd (1999) "Gaelic Education", ann an *Scottish Education,* deasaichte le T.G.K Bryce agus W.M Humes, Dùn Èideann: Edinburgh University Press. 244-55.

Robertson, Boyd (2001) *Aithisg air Solarachadh Chùrsaichean Bogaidh Gàidhlig an Alba / Report on Gaelic Immersion Course Provision in Scotland.* Dùn Èideann: Scottish Qualifications Authority.

Robertson, Boyd (2001) *The Gaelic language in education in the UK.* Leeuwarden: Mercator-Education (ri fhaighinn air an Eadar-lìon aig http://www.mercator-education.org (Regional Dossiers)).

Luchd-Sgrùdaidh na Banrigh airson Sgoiltean / Her Majesty's Inspectorate of Schools (1994) *Solarachadh na Gàidhlig ann am Foghlam ann an Albainn / Provision for Gaelic Education in Scotland:* A Report by HM Inspectorate of Schools. Dùn Èideann: HMSO.

Buidhnean leasachaidh / Development and support groups

Comann nam Pàrant (Nàiseanta)
15 The Murrays
Dùn Èideann EH17 8UD
Tel. +44 (0)131 664 2606
Email johnmacleod@talk21.com
http://www.parant.org.uk

Comhairle nan Sgoiltean Àraich
53 Sràid na h-Eaglaise
Inbhir Nis IV1 1DR
Tel +44 (0)1463 225469
Email info@cnsa.scotnet. co.uk
http://www.scotnet.co.uk/cnsa/

Comunn na Gàidhlig
5 Caolshràid Mhìcheil
Inbhir Nis IV2 3HQ
Tel +44 (0)1463 234138
Fax +44 (0)1463 237470
Email oifis@cnag.org.uk
http://www.cnag.org.uk

Buidhnean rannsachaidh / Research centres

Lèirsinn Research Centre
Sabhal Mòr Ostaig
Slèite
An t-Eilean Sgitheanach IV44 8RQ
Tel +44 (0)1471 888 550
Fax +44 (0)1471 888 551
Email leirsinn@smo.uhi.ac.uk
http://www.leirsinn.smo.uhi.ac.uk

Stòrlann Nàiseanta na Gàidhlig
Ionad Chearsiadair
Cearsiadar
Na Lochan
Eilean Leòdhais HS2 9QA
Tel +44 (0)1851 880441
Fax +44 (0)1851 880389
Email oifis@storlann.co.uk
http://www.storlann.co.uk

Scottish Centre for Information on
Language Teaching and Research
Institute of Education
Pathfoot Building
Oilthigh Shruighlea
Sruighlea FK9 4LA
Tel +44 (0)1786 466290
Fax +44 (0)1786 466291
Email c.w.gregory@stir.ac.uk
http://www.scilt.stir.ac.uk

Acknowledgments

The author gratefully acknowledges the assistance of Rob Dunbar, the School of Law, The University of Glasgow, Mairead NicÌomhair, Education Officer, Comunn na Gàidhlig; Maolcholaim Scott, Project Officer, The Columba Initiative, Belfast; and Rosemary Ward, Education Development and Support Officer, Argyll & Bute Council, in connection with the preparation of this report.

Buidheachas

Tha an t-ùghdar an comain Rob Dunbar, Sgoil an Lagha, Oillthigh Glaschu, Mairead NicÌomhair, Oifigear Foghlaim, Comunn na Gàidhlig; Maolcholaim Scott, Oifigear Pròiseict, Iomairt Cholm Cille, Béal Feirste; agus Rosemary Ward, Oifigear Leasachaidh agus Taice Foghlaim, Comhairle Earra Ghàidheal is Bhòid, airson a' chuideachaidh a thug iad dhomh an lùib deasachadh na h-aithisg seo.

Y Ghaelg as Ynsagh ayns Mannin

Philip Gawne, MHK

1. Goan foslee

Ta Mannin ry-eddyn ayns mean Mooir Vannin. She eirinys, eeasteyrys as turrysagh va bun tarmaynys Vannin ayns ny shenn laghyn agh ta ny rheynnagyn shoh goll sheese dy tappee as ta cummey feer veg currit orroo liorish yn cherroo argid. Ta 76,315 cummaltee ayns Mannin as ny sloo na 50% ruggit ayns Mannin. T'ee jeih meeiley as feed er lhiurid as tree meeiley jeig er lheead as she yn Ghaelg, ny Gaelg Vannin, yn chengey dooghyssagh eck. Ta mooinjerys mooar eddyr yn Ghaelg as Yernish as Albinish. Ta 2.2% jeh'n phobbyl loayrt Gaelg, t'ee goll er ynsaghey ayns dagh ooilley scoill ayns Mannin as, er y gherrid, ta Reiltys Vannin er chur ny smoo as ny smoo cooney jee. Cha nel y Ghaelg ny chengey oikoil agh cha nel Baarle, yn chengey smoo loayrit, oikoil noadyr. Shegin da dagh ooilley Slattys noa ve focklit magh ayns Gaelg as Baarle er Laa Tinvaal, t'eh er ooilley ny ymskeaylleyderyn ayns Mannin beggan dy Ghaelg y ymmydey as ta slattys ayn ta cur er ny bancyn sheckyn scruit ayns Gaelg y ghoaill.

2. Reiltys ayns Mannin

Ta'n ard-whaiyl shinney gyn scuirr, Tinvaal, ec Mannin as va feailley milley bleeaney Tinvaal cummit ayns 1979. Cha nel Mannin ny ayrn jeh'n RU, as cha row ee rieau. Veih 1405 dys 1735 v'ee fo lught-thie Stanlagh as adsyn Chiarnyn Vannin fo crooin Sostyn. T'ee ny coloin chrooinagh er dyn traa v'ee kionnit liorish y chrooin Goaldagh sy vlein 1765 as shoh geiyrt er coayl mooar argidoil da'n tashtey Goaldagh kyndagh rish ny keeshyn varrey s'inshley er cooid kionnit stiagh ayns Mannin. Myr coloin chrooinagh ta Reiltys yn RU shickyraghey reiltys mie ayns Mannin as son y chooid smoo ta kianglaghyn cheu mooie Mannin reirit ec yn RU. Ta bart dy chonaantyn as coardailysyn eddyr Mannin as yn RU er dellalys, slaynt as shickyrys y theay as ta coardailys margeeaght eddyr Mannin as yn Oarpey trooid yn RU. Er y gherrid ta Reiltys Vannin er vooadaghey ny keayrtyn t'eh er hroggal dasyn hene kianglaghyn ass Mannin. Dy mennick, ny laghyn t'ayn jiu, t'eh shirrey geilltagh voish Mannin ec co-whailyn eddyr ashoonagh, as t'eh jeean dy obbraghey lesh yn Choonceil Goaldagh–Yernagh. Ta daa hamyr slattyssagh ec Tinvaal: ny Kiare as Feed, yn ard-shamyr slattyssagh lesh olteynyn reiht ec y phobbyl; as yn Choonceil Slattyssagh, ta mynscrutaghey obbyr ny Kiare as Feed lesh olteynyn reiht liorish ny Kiare as Feed, as adsyn son y chooid smoo shenn olteynyn ny kiare as feed (OKF). Ta'n daa ayrn cheet cooidjagh fo'n ennym Tinvaal as shen ard-whaiyl son resoonaght cadjin reillt harrish liorish yn Eaghtyran. Va'n Eaghtyran currit ayns oik yn Lhiass-Chiannoort, oaseir yn Chrooin Goaldagh, agh ta'n Kianoort freilt son currymyn staydoilagh er lheh. Va Reiltys Obbree lhiasit ayns mean ny kiare feedyn cur dooin Ard Shirveishagh ta reiht liorish olteynyn Tinvaal as 9 Rheynnyn y Reiltys, as Shirveishagh ec dagh unnane. Cha nel agh beggan feer veg dy pholitickaght pharteeagh ayns Mannin as myr shen ta "Reiltys liorish Co-unnaneys" er jeet rish. Myr shoh ta cumaadaghys pragmatagh reill harrish lhiasaghey fraueoilagh as feer ghoan ta noidys niartal as resoonaght gyere.

3. Ynsagh ayns Mannin: Yn aght t'eh goll er stiurey as ta argid currit da

Ta currym ec yn Rheynn Ynsee (RY) ayns Mannin dy chur ynsagh da paitchyn veih'n vlein t'ad queig dys nyn hoghtoo vlein jeig. T'ee cur ynsagh trooid ny 35 bun-scoillyn as 5 scoillyn ard eck. Ta argid ny scoillyn cheet jeeragh veih'n RY as ta'n Rheynn hene geddyn yn argid veih Tashtey Vannin ta gialdin tasht mooar dy argid da'n chooish dagh blein. She polasee yn Reiltys dy lhisagh paitchyn ayns scoillyn ayns Mannin geddyn ynsagh ta cosoylagh rish shen ta ry-gheddyn syn RU as myr shen ta Mannin er ghlackey dy slane Currigylym Ashoonagh Hostyn. Ta Slattys Ynsagh Ellan Vannin 2001 gra dy jean yn currigylym goaill stiagh ynsaghey Gaelg as cultoor as shennaghys yn Ellan. Shoh yn chied Slattys ta rieau er chur currym slattyssagh er yn Rheynn y Ghaelg, cultoor as shennaghys Vannin y ynsaghey. Ta Possan Obbree goaill stiagh obbreeyn ynsee as culturagh er ve currit er bun dy eddyn magh aghtyn cooie da cur ny cooishyn culturagh, t'ayns y Slattys, fo raad. Cha nel currym slattyssagh erbee er yn RY dy chur argid ny cooney erbee da ynsagh ro-scoill. Ta paart dy vrastylyn ro-scoill goll er cummal ec yn Rheynn son paitchyn ayns y vlein roish scoill as ta'n Rheynn er cur argid da sheshaghtyn ro-scoill son reaghey brastylyn ro-scoill ayns 5 scoillyn elley. Ta'n RY cur paart dy ynsagh trassagh trooid Colleish Ellan Vannin, yn Scoill Dellalys Eddyr Ashoonagh as yn Laare Studeyrys Manninagh – ayns boodeeys rish Eiraght Ashoonagh Vannin as Olloo-Scoill Lerphoyll. Ta'n Colleish cur straih lhean dy choorseyn ynsagh sodjey as ynsagh obbree, ta'n Scoill Dellalys cur ynsagh er lheh ayns studeyrys argidagh as dellalys as ta'n Laare Studeyrys Manninagh cur coorseyn ayns, as jannoo ard studeyrys er, studeyrys Manninagh.

4. Y Ghaelg

Ghow anchaslysyn toshiaght dy heet rish eddyr Albinish, Yernish as Gaelg eddyr yn 13oo as yn 14oo keead ayns y traa meereiltagh eddyr tuittym reeriaght ny Loghlinee, Mannin as ny Ellanyn, as cur er bun reill ny Sostynee fo Chiarnyn Vannin. Ren yn Ghaelg cheet rish hoshiaght scruit myr chengey ny fo chengey anchasley da ny chengaghyn Gaelgagh elley, cha anmagh as 1611 tra ren yn Aspick Phillips reaghey chyndaays jeh'n Lioar Phadjer Chadjin. Dy cliaghtagh ta sleih smooinaghtyn dy daink yn scolt ayns lettyrey magh eddyr Gaelg as Yernish as Albinish veih obbyr Phillips. Agh va Dr Nicholas Williams, Colleish yn Olloo-Scoill, Balley Aah Cleeah, smooinaghtyn ayns e Leaght Ned Maddrell ayns 1998 dy vel cosoylaghtyn eddyr yn aght lettyrey magh t'ayns "Lioar Dean Lis Mooar" as yn aght ta Gaelg goll er lettyrey magh. Myr shen v'eh cur seose dy nee cosoylagh eh dy daink yn lettyrey magh Gaelgagh dys Mannin veih Nalbin sy 16oo keead. Va'n Ghaelg goll er loayrt er fud ny cheerey derrey va niart currit da'n Slattys Revestment ayns 1765 raad va Mannin creckit da crooin Hostyn liorish Duic Atholl. Veih shoh ren tarmaynys Vannin co-huittym as ren ymmodee Manninee arraghey magh ass. Son speeideilys va ny Manninee, va roie fadaneagh veih Baarle, eignit dy yannoo ymmyd jeh'n Vaarle as lhig ad yn chengey oc dy gholl fo. Va bree currit da'n chaghlaa veih Gaelg dys Baarle tra ren arraghey stiagh veih Sheear-hwoaie Hostyn mooadaghey (1790–1814) as haink rish mooarhurrysagh ayns Mannin ayns ny 1830yn. Ec toshiaght yn 19oo keead va bunnys dy chooilley chummaltagh Vannin loayrt Gaelg agh va'n coontey-sleih ayns 1901 soilshaghey magh nagh row agh 4,419 dy loayrtee faagit – 8.1% jeh ny cummaltee. Hannee yn leodaghey derrey'n choontey-sleih 1961 tra nagh row agh 165 dy loayrtee (0.34%). V'eh beggan ny share ayns 1971 (heose dys 0.52%) agh tra hooar Ned Maddrell, yn loayrtagh dooghyssagh s'jerree, baase ayns 1974, dinsh ard-schoillaryn dy liooar dy row yn Ghaelg marroo. Veih'n drogh ynnyd shoh, va'n coontey-sleih 1991 feer anaasagh soilshaghey dooin dy row 740 cummaltee cur sheese dy row ad loayrt, lhaih, ny screeu Gaelg: mysh 1% jeh ny cummaltee. Ayns 2001 va 1,689 dy leih (2.2%) loayrt, lhaih ny screeu ee as, dy trome-cheeallagh, va mysh 47% dy loayrtee fo 19. T'eh jeeaghyn dy daink rish yn caghlaa mooar shoh son y chooid smoo kyndagh rish caghlaa mooar ayns cultoor as ymmyrkey bea ny Manninee kyndagh rish arraghey stiagh gyn streeaney ayns ny 60yn as 70yn. Va shoh baggyrt dy trome er enney ny Manninee as ren Manninagh as cummaltagh noa shirrey er Gaelg Manninaght y hauail. Cha nel ardyn er lheh ayns Mannin raad she yn Ghaelg chengey y theay reesht agh ayns daa skeerey ta ny smoo na 6% dy chummaltee loayrt Gaelg. Ta earroo gaase ayn dy phossanyn lajer dy Ghaelgeyryn ta cheet quaiyl dy loayrt Gaelg dy cliaghtagh as ta mysh lieh ghussan dy lughtyn-thie troggal nyn baitchey trooid Gaelg.

Polasee yn Reiltys er y Ghaelg

Ta'n Reiltys jannoo ny smoo as ny smoo son lhiasaghey y Ghaelg er dyn traa choard Tinvaal rish strane dy 'aaueyn son cooney yn chengey ayns 1985. Va'n Ghaelg goll er chebbal ayns ny scoillyn myr cooish reihyssagh ayns 1992 as ayns 1995 va skeeal mychione traa ry-heet y Ghaelg jeant liorish yn Rheynn Ynsee. She Eiraght Ashoonagh Vannin (EAV) yn ard-cheshaght cosney argid veih'n Reiltys as freggyrtys eck son dy chooilley ayrn jeh lhiasaghey as cur er hoshiaght eiraght ayns Mannin, goaill stiagh yn chirveish thie tashtee ashoonagh as Treisht Ashoonagh Vannin. Ta Undinys Eiraght Vannin (UEV) ny sloo na EAV as t'eh lhiasaghey as cooney lesh cultoor as eiraght Vannin neesht. Ta UEV cosney argid veih'n Reiltys neesht as son y chooid smoo she cur magh toyrtysyn yn obbyr echey. Ayns 1998 hug EAV as UEV startey da Oaseir Lhiasee Chengagh as ayns 2000 choard ad Co-chlaare Lhiasee son y Ghaelg. Cha nee polasee oikoil y Reiltys yn co-chlaare shoh agh t'eh cur coyrle ymmydoil da Reiltys as sheshaghtyn arryltagh er lhiasaghey yn chengey. Ta UEV jannoo ymmyd jeh lesh bree son stiurey e pholasee son y Ghaelg as ayns Mean Fouyir, 2002, hug UEV er bun startey lane-emshyragh son Oaseir Lhiasee Gaelgagh: ard-aaue v'ayns yn Cho-chlaare Lhiasee ec EAV/UEV. Va ny ard-aaueyn elley sy cho-chlaare goaill stiagh cooney smoo son ro-scoill-Ghaelgagh, cur er bun as cur cooney da Bun-Scoill Lane-Ghaelgagh as cur er bun sheshaght oikoil ny rheynn y Reiltys, cur faill da un oaseir lane-emshyragh ec y chooid sloo, myr ard-sheshaght son lhiasaghey as cur y Ghaelg er hoshiaght. Ta dy chooilley Rheynn yn Reiltys jannoo ymmyd jeh'n Ghaelg er kione nyn screeunyn, as, beggan ny sloo, ayns cowraghyn, fograghyn as soilsheenyn. She Coonceil ny Gaelgey, fo-ving UEV, yn cheshaght oikoil son jannoo raaghyn as focklyn noa as freayll rick er yn ymmyd oikoil jeant jeh'n Ghaelg. Ta sheshaghtyn arryltagh gollrish Yn Cheshaght Ghailckagh as Caarjyn ny Gaelgey reaghey yn chooid smoo jeh ny lessoonyn t'ayn son sleih aasit - king ny shiaghteeyn, brastyllyn oie as y lheid. Chammah's shen t'ad reaghey feaillaghyn, cur magh fys as cooney lesh lhiasaghey as toshiaghey y Ghaelg.

5. Ynsagh lane-Ghaelgagh

Ta'n aght ta Ynsagh Lane-Ghaelgagh er n'aase er ve geiyrt dy chionn er'n aght va Albinish lhiasit. Va Mooinjer Veggey currit er bun ayns 1996 as haink eh dy ve ny cho-lught kianlt liorish gialdinys as ny sheshaght ghiastyllagh ayns 2000. Ta Mooinjer Veggey (MV) ny cho-oltey jeh CNSA (Coonceil Ro-Scoill Albinish) as t'eh er n'gheddyn ram cooney as coyrle veih'n cheshaght shen. Ta 3 possanyn cloie ec MV ayns Braddan, Purt Chiarn as Balley Sallagh, as adsyn son y chooid smoo cosney argid veih taillaghyn eeckit ec ny paarantyn, lesh beggan dy argid veih UEV as RY. Ta Rheynn Slaynt as Shickyrys y Theay (RSST) scrutaghey ny possanyn shoh agh cha nel MV cosney argid veih'n Rheynn shoh. Chammah's ny 3 possanyn ta conaant eddyr yn RY as MV son MV dy roie daa vrastyl ro-scoill ayns Doolish as Purt ny h-Inshey son paitchyn ta 3 ny 4 bleeaney dy eash, as dy roie y brastyl lane-Ghaelgagh neesht. Ta ny conaantyn RY shoh cur lhieu stiagh dys MV argid ymmyrchagh, son lhiasaghey, toshiaghey, ynsaghey as obbyr listal. Ta UEV er chooney MV lesh gialdynysyn neayrys va MV currit er bun as hug eh slane argid son yn Oaseir Ynsee er y gherrid. Ta'n Oaseir Ynsee shoh er ve gobbragh er co-chlaare lhiasee son MV chammah's cooney lesh yn obbyr ooilley jeh possanyn MV. Ta MV er n'aase dy tappee as ta genney ayn nish dy obbreeyn as Gaelg oc. Ec Jerrey Souree 2002 va 90 paitchyn recoyrtyssit ec MV. Ta mysh 20 paitchey geddyn nyn slane ynsagh ro-scoill trooid Gaelg veih MV as ny paitchyn elley beggan ny sloo: shoh croghey er flaaoilys y Ghaelg t'ec yn skimmee. Ec y traa t'ayn ta 5 paitchyn faagail MV as goll jeeragh stiagh ayns y vrastyl lane-Ghaelgagh; ghow 15 paitchyn toshiaght sy vrastyl ayns Mean Fouyir 2002. Ta MV cur faill da 3 mraane-ynsee, 4 cooneyderyn-ynsee as 1 oaseir ynsee chammah's 1 oaseir argid paart-emshyragh, 3 leeideilee paart-emshyragh as 7 cooneyderyn paart-emshyragh. Ta'n chooid smoo dy reireydys as stuireydys MV jeant dy h-arryltagh liorish y ving. Ren MV greinney dy speeideilagh anaase paarantagh ayns e obbyr as veih shoh va Sheshaght ny Paarantyn (SnyP) currit er bun as v'adsyn speeideilagh tra v'ad shirrey son ynsagh lane-Ghaelgagh son nyn baitchey veih'n RY. Choard yn RY rish SnyP as hie yn brastyl er fosley ayns Mean Fouyir 2001 lesh 9 paitchyn eddyr 4 as 6: haink 6 paitchyn elley stiagh ayns Mean Fouyir 2002. Ta conaant veih'n RY ec MV son cur faill da'n skimmee as reaghey as lhiasaghey y brastyl lane-Ghaelgagh. Ren y brastyl garraghey dys Balley Keeill Eoin ayns Jerrey Geuree 2003. Tra vees yn earroo dy phaitchey goll gys y vrastyl mooadaghey ayns ny bleeantyn ry-heet, t'eh jerkit dy jig y vrastyl dy ve ny bun-scoill lane-Ghaelgagh. Ta'n RY cur cooney dy liooar da ynsagh lane-Ghaelgagh ec y tra t'ayn, as myr shen cha nel feme erbee ayn son cur er bun bun-scoill lane-Ghaelgagh vees seyr veih'n RY. Son y chooid smoo ta'n brastyl lane Ghaelgagh geiyrt er Currigylym Ashoonagh Vannin, as shoh lhiaggan Manninagh jeh Currigylym Ashoonagh Hostyn, agh kyndagh rish anchaslysyn eddyr ynsagh daa- as un-chengagh, as ayns cooish ny ghaa, genney dy stoo-ynsee aarloo, ta caghlaaghyn beggey er ve currit da'n churrigylym son cooney lesh femeyn y vrastyl. Cha nel smooinaght dowin erbee er ve currit foast da jannoo stoo-ynsee ny ynsaghey fir as mraane ynsee. Ta mraane ynsee dy liooar ayn as Gaelg oc son ynsaghey ayns bun-scoill lane-Ghaelgagh beg as bee smooinaght currit da ynsaghey ny ynseyderyn sy vlein shoh cheet. Ta MV, ben ynsee y vrastyl, sheshaghtyn arryltagh as Gaelgeyryn cooney lesh cur chyndaays er as screeu lioaryn as jannoo stoo-ynsee.

6. Reayrt y traa ry-heet

Ta foast cooishyn scanshoil dy lhisagh smooinaght ve currit da mysh lhiasaghey beayn y Ghaelg. She ynsaghey obbreeyn flaaoil 'sy Ghaelg lesh qualleeaghtyn cooie dy ve ynseyderyn, chyndaaderyn, obbreeyn lhiasee, ayl. Cha nel jantys ny rheynn oikoil y Reiltys ayn foast ta freayll rick er co-oardaghey polasee chengagh, lhiasaghey as cosney argid as lhisagh shoh ve reaghit dy leah choud's ta yeearreeyn as shirveishyn Gaelgagh bishaghey. S'treisht lhien dy bee Greinneyder yn UEV cur lesh cooidjagh yn obbyr ooilley ta fo raad ec jantysyn Reiltysagh as arryltagh as cur glennid da dy chooilley ayrn jeh'n lhiasaghey Gaelgagh, ec y chooid sloo 'sy ghiare-hraa. Chammah's shen nee'n Greinneyder prowal dy ghreinney Rheynnyn y Reiltys dy vishaghey ny ard-aaueyn son cooney lesh y Ghaelg va coardit ayns 1985, as jannoo polaseeyn Gaelgagh oikoil ayns ny Rheynnyn. Ta ynsagh lane-Ghaelgagh er n'aase cha tappee as nagh vel agh earroo beg dy obbreeyn faagit as Gaelg oc, as ta gaue ayn dy bee bun-eie MV jeant faase kyndagh rish y ghenney shoh. Ta feme ayn son traa kiune dy niartaghey ny reddyn t'ayn hannah; flaaoilys y skimmee y vishaghey as tooilley reddyn-ynsee dy ve jeant son ro-scoill. Ta'n brastyl lane-Ghaelgagh foast feer aeg, agh ta feme ain, gyn ourys, yn earroo dy phaitchyn ta cheet y vishaghey, my vees y yeearree 'sy traa meanagh ain, bun-scoill lane-Ghaelgagh y chur er bun, cooilleenit. Reesht ta genney dy Ghaelgeyryn as qualleeaghtyn ynsee oc as ta feme ain er strane lhean dy stoo-ynsee. T'eh scanshoil dy liooar d y bee smooinaght currit da'n ynsagh vees chebbit da paitchyn veih'n vrastyl lane-Ghaelgagh tra hed ad gys scoill ard er y fa dy vel gaue ayn dy bee obbyr y vun-scoill caillt mannagh bee ynsagh Gaelgagh erbee ec ny paitchyn lurg shen. Eer dy vel boiraghyn dy liooar foast ec yn Ghaelg ta cooney mooadaghey, veih'n Reiltys as y theay, son yn chengey dooghyssagh ain cur niart da nyn gooish: hoilsee creearey barelyn y theay Mori hie er cur magh ayns Mean Souree 2002 dy row 24% dy chummaltee gyn Gaelg geearree ee y ynsaghey. She red feer 'emoil da traa ry-heet y Ghaelg dy jeanmayd kiangley dy chionn y Ghaelg rish cultoor as enney ny Manninee. Chammah's shen shegin coyrle ve currit da co-lughtyn dy yannoo ymmyd jeh nyn jengey as shen kiangley y Ghaelg rish cree nyn darmaynys speeideilagh, as lhisagh y goo ve currit da ny politickeyryn ain dy vod ad ymmydey y Ghaelg son troggal anchaslys as seyrsnys nyn ashoon. Cha nel fys ain er y traa ry-heet agh choud's ta shin freayll rish troggal yeearreeyn mastey'n theay dy ynsaghey Gaelg, as ta shin smooinaghtyn er as reaghey shirveishyn son ny studeyryn as loayrtee noa, bee traa ry-heet y Ghaelg shickyr rish ymmodee bleeantyn ry-heet.

Gaelic-medium education in the Isle of Man

Philip Gawne, MHK

1. Introduction

The Isle of Man is situated in the middle of the Irish Sea. Traditionally the Manx economy was based on farming, fishing and tourism. However, these sectors are now in significant decline and are dwarfed by the financial services sector. Mann has a resident population of 76,315, of which fewer than 50 per cent are Manx born, it is 30 miles long and 13 miles wide, and its native language is Manx, or Manx Gaelic. Manx is closely related to Irish and Scottish Gaelic. It is spoken by 2.2 per cent of the population of Mann, is taught in all Manx schools and in recent years has received an increasing amount of support from the Manx Government. Manx is not an official language in Mann though neither is the dominant language, English. It is a requirement that all new Acts must be promulgated in Manx and English on Tynwald Day, there is also a requirement that all broadcasters in Mann use some Manx, and banks are legally required to cash cheques written in Manx.

2. Government of Man

The Isle of Man has the oldest continuous parliament in the world, called Tynwald, which celebrated its millennium in 1979. The Isle of Man is not and never has been a part of the UK. From 1405 to 1735 it was held by the Stanley Family as Lords of Mann under the English crown. It is a crown dependency having been purchased by the British Crown in 1765 following the loss to the British treasury of considerable revenue due to much lower import duties in Mann. As a crown dependency the UK Government has responsibility to ensure the good governance of Mann and Mann's external relations are administered by the UK. Mann has various trade and health and social security agreements with the UK and has a trade agreement with Europe through the UK. Increasingly, the Manx Government is seeking to develop its own external relations. It has pressed for at least an observer status at international conferences at which its interests are being considered and it is actively participating in the recently created British-Irish Council. Tynwald is comprised of two legislative chambers: the House of Keys is popularly elected and has the main legislative role; the Legislative Council is largely made up of retired Members of the House of Keys (MHKs) and scrutinises the work of the "Keys". Both parts of Government combine to form Tynwald which acts as a general debating chamber and is presided over by the President. The President replaced the Lieutenant Governor, representative of the British Crown. However, the Governor is still retained for certain ceremonial duties. Executive Government was also developed in the mid 80's providing for a Chief Minister who is elected by Tynwald and nine Departments of Government, each with a Minister. There is no significant party politics in Mann so "consensus Government" has developed. This effectively means a kind of pragmatic conservatism rather than any radical development, and strong opposition and rigorous debate are rare.

3. Organisation and funding of education in the Isle of Man

The Isle of Man's Department of Education (DoE) is responsible for the education of children from the year in which they are five through to 18 years old, through its 35 primary schools and 5 secondary schools. The DoE funds the schools directly with funds allocated by the Isle of Man Treasury. It is Government policy that children in Manx schools should have an equivalent education to their UK counterparts, and in practice this means wholescale adoption of the English National Curriculum. The Isle of Man Education Act 2001 states that the curriculum shall include provision for the teaching of Manx Gaelic and the culture and history of the island. This Act is the first ever to place a statutory obligation on the Department to teach Manx language, culture and history. A working group comprised of educational and cultural workers has been established to identify how the Act can be put into practice. There is no statutory duty for the DoE to provide or fund preschool places. The Department runs a number of nursery classes for children in the year they are four and contracts out the running of a number of other nurseries on its premises to private preschool groups. The DoE provides tertiary education through the Isle of Man College, the Isle of Man International Business School and the Centre for Manx Studies: run in partnership with Manx National Heritage and the University of Liverpool. The college provides a wide range of further education courses and training, the business school provides specialised training in finance and business studies and the Centre for Manx Studies provides courses and undertakes academic studies on all aspects of Manx studies.

4. Manx language

Distinctions between Scottish, Irish and Manx Gaelic began to emerge in the thirteenth and fourteenth centuries during the tumultuous period between the collapse of the Norse kingdom of Mann and the Isles and the establishment of English control through the Stanley family as Lords of Mann. The first written evidence for the existence of Manx Gaelic as a language, or dialect separate from the other Gaelic languages, appears as late as 1611 with Bishop Phillips' translation of the Book of Common Prayer. It is generally accepted that Phillips' orthography formed the basis for the orthographical split between Manx, and Irish and Scottish Gaelic. However, this view was challenged by Dr Nicholas Williams of University College Dublin. In his 1998 Ned Maddrell lecture he cites the similarities between Manx orthography and that of the "Book of the Dean of Lismore" as evidence that Manx orthography was brought to Mann from Scotland in the 16th century. Manx Gaelic was universally spoken in Mann until the 1765 Revestment Act by which the Duke of Atholl sold the Isle of Man to the British Crown. This led to the collapse of the Manx economy and significant emigration requiring the previously relatively isolated Manx people to use English at the expense of their native tongue. The move to English was accelerated by immigration from north-west England (1790 to 1814) and the emergence in the 1830s of mass tourism in Mann. At the start of the 19th century almost everyone resident in Mann spoke Manx but by the 1901 census the number of speakers had fallen to 4,419; only 8.1 per cent of the population. The decline continued until the time of the 1961 census when only 165 people (0.34 per cent) spoke the language. Despite a slight improvement by the 1971 census (up to 0.52 per cent) the language appeared doomed and when the last traditional native speaker, Ned Maddrell, died in 1974 many academics declared the Manx language to be extinct. From this desperate position, the 1991 census made surprising reading: 740 people were recorded as being able to speak, read or write Manx: around one per cent of the population. By 2001, 1,689 people (2.2 per cent) claimed either to speak, read or write Manx, and most significantly around 47 per cent of speakers were under 19. This dramatic change in fortunes for Manx came about primarily because of the dramatic changes in the social and cultural fabric of Mann caused by unbridled immigration in the 60s and 70s. This seriously threatened the Manx identity and led both Manx-born and incomer to adopt the Manx language as a means of preserving "Manxness". There are no specific areas in Mann where Manx has regained its position as a community language though two parishes claim over six per cent of their population as speakers. There is a fairly strong community of speakers who meet and speak Manx regularly, and there are half a dozen families who are raising their children through Manx.

Government policy on Manx

Government has played an increasing role in the development of Manx since Tynwald approved a series of recommendations for language support in 1985. Manx was introduced into the schools as an optional subject in 1992, and in 1995 a report into the future of Manx was produced by the DoE. Manx National Heritage (MNH) is the main Government-funded organisation with responsibility for all aspects of heritage development and promotion in the Isle of Man, including the national museum service and Manx National Trust. The Manx Heritage Foundation (MHF) is smaller than MNH and is responsible for the promotion and support of Manx heritage and culture. MHF is a smaller Government funded organisation which primarily acts as a grant giving organisation. In 1998 MNH and MHF appointed a part time Language Development Officer, and in 2000 they approved a Language Development Plan. This plan is not official Government policy but it provides a useful guide to Government and voluntary organisations on how the language can be developed. It is being used by MHF to direct its policy for Manx Gaelic and, since September 2002, MHF has employed the new full time Manx Language Development Officer: one of the main recommendations in the MNH/MHF Language Development Plan. The key recommendations of the plan include greater support for Manx preschool, the establishment and support of a Manx-medium primary school and the establishment of an official organisation or Department of Government, employing at least one full time officer, as the agency with responsibility for the development and promotion of Manx Gaelic. All Government Departments use Manx in their letter heads and to a lesser extent in signs, notices and adverts. Cooneil ny Gaelgey, a subcommittee of MHF, is the official Government agency which produces new words and phrases and monitors official use of Manx. Voluntary organisations such as Yn Cheshaght Ghailckagh (Manx Gaelic Society) and Caarjyn ny Gaelgey (Friends of Manx) organise most of the lessons available such as evening classes and weekend courses. They have also been active in language promotion, organising festivals and producing information sheets and leaflets.

5. Manx-medium education

The development of Manx-medium education closely followed that of Scottish Gaelic. Mooinjer Veggey, the Manx Preschool Organisation was formed in 1996 and became a company limited by guarantee and a registered charity in 2000. Mooinjer Veggey (MV) is an associate member of CNSA (the Scottish Gaelic Preschool Council) and has received considerable guidance and support from that organisation. MV has three playgroups in Braddan, Port Erin and Ballasalla which are funded primarily through fees paid by parents, with some assistance provided by the DoE and MHF. These groups are inspected by the Department of Health and Social Security (DHSS), but MV receives no financial assistance from this Department. MV also is contracted by the DoE to run two nurseries in Peel and Douglas for 3–4 year olds, and the Manx-medium primary unit. These DoE contracts bring significant resources to MV's development, promotion, training and recruitment work. MHF has provided grant assistance to MV since its inception and has provided full funding of MV's Education Officer in recent years. This Education Officer is working on the production of a development plan for MV as well as assisting with the overall development of MV groups.

MV has grown quickly, outstripping the supply of Manx speaking staff, and by July 2002 it had registered 90 children. About 20 children at MV groups receive all their preschool education through Manx, with the remainder receiving varying degrees of Manx-medium provision depending on the fluency of staff. Currently five children each year leave MV preschool groups to go on to the Manx-medium class: 15 children started in the class in September 2002. MV currently employs three teachers, four nursery nurses and an education officer, as well as a part-time financial officer, three part-time playgroup leaders and seven part-time helpers. Most of the management and administration of MV is carried out on a voluntary basis by the MV committee. MV successfully encouraged parental interest in its work which led to the formation of Sheshaght ny Paarantyn (SnyP), the parents organisation, who were instrumental in lobbying the Department of Education for Manx-medium education. The Department agreed with SnyP and a unit or "class" was opened in September 2001 with nine children aged between four and six: more children joined the unit in September 2002. MV has been contracted by the Department to employ the staff for the unit and assist in its development and management. The unit moved to a dedicated school building in St. John's in January 2003 As numbers grow in the next few years it is expected that the unit will become a full Manx-medium school. The DoE is currently very supportive of Manx-medium education so there are no plans to establish an independent Manx-medium school. The Manx unit follows as closely as possible the Manx National Curriculum, essentially a Manx version of the English National Curriculum but due to the differences in bilingual and monolingual education, and in some cases a lack of suitable resources, the curriculum has had to be modified to better meet the needs of the unit. No significant consideration has, as yet, been given to resource production or teacher training. There are sufficient Manx speaking teachers available for a small Manx-medium school, and teacher training will be addressed in the coming year. MV, the class teacher, voluntary organisations and individuals are all assisting in translation/writing of books and production of resources.

6. Issues and dynamics

There are a number of important issues still to be addressed regarding the sustainable development of Manx, in particular, the training of suitably qualified and fluent Manx speaking staff to work as teachers, translators, development workers etc. There is still no official agency, or Department of Government, with overall responsibility for the co-ordination of language policy, development and funding. This will need to be addressed soon as provision and demand for Manx-language services increases. It is hoped that the MHF's full time Language Development Officer will help bring together the various Government and voluntary agencies to give greater clarity to the overall development of Manx, at least in the short term. It is also hoped that the Officer will encourage all Departments of Government to build on the recommendations for language support approved by Tynwald in 1985 and establish official Manx language departmental policies. Manx-medium preschool education has expanded so rapidly that there is now a shortage of Manx speaking staff, and there is a great danger that the Manx speaking ethos of MV will be diluted. A period of consolidation is required while existing staff improve their level of fluency in Manx and more Manx preschool resources are produced. The Manx medium class is still in its infancy. However, there is a need to increase the numbers of children attending if the medium-term aim of establishing a full Manx-medium school is to be met. Again there is a shortage of fluent Manx speaking staff and a wide range of new resources are needed. It is particularly important that consideration be given in the near future to the sort of provision which might be offered to children from the Manx class when they start secondary school as there is a danger that the progress at primary level will otherwise be lost. While there are still many problems facing the Manx language, the growing support of Government and Manx residents for our native language is very encouraging: a survey by Mori published in June 2002 showed 24 per cent of non-Manx speakers are interested in learning. Linking Manx Gaelic closely with Manx culture and identity, persuading business to use Manx, so putting our language identifiably at the heart of our prospering economy, and convincing politicians of the potential role of our native language in promoting our distinctiveness as an independent nation are essential elements of our language's future success. No one can see into the future but so long as we can continue to develop a desire within our community to learn Manx and to plan carefully to meet the needs of a growing population of learners and speakers, the future of Manx will be secure for many years to come.

Tooilley fys / Further information

Cloughyn / References

Broderick, George (1996) "Language Decline and Language Revival in the Isle of Man," *Leaght Ned Maddrell neuhoilshit*, Jerdein, 28 Mee Houney 1996

Gawne, Philip (2000) "Aithne na nGael: Life after Death?" in McCoy, Gordon, ed. *Aithne na nGael / Gaelic Identities*. Beeal Feirshtey: Ultach Trust / Institute of Irish Studies, Queen's University Belfast. 139-143.

Gawne, Philip (2000) "Development of the Manx Nation – An Epitome of Inter-Celtic Cultural Contacts", Congress 99 Glaschu: Co-haglym Celtiagh Nalbin.

Gawne, Philip (2000) *Jannoo Shickyr Traa ry-heet y Ghaelg – Securing the Future for Manx, A Manx Language Development Programme. son Undinys Eiraght Vannin as Eiraght Ashoonagh Vannin*, Mee ny Nollick 2000.

Reiltys Ellan Vannin (1985) *Skeeal jeh'n Ving Reiht er Jannoo Tooilley Ymmyd jeh'n Ghaelg* [Report of the Select Committee on the Greater Use of Manx Gaelic]. Doolish: Tinvaal.

Reiltys Ellan Vannin (2002) *The Isle of Man Quality of Life Survey*. Doolish: Tinvaal, Reiltys Ellan Vannin.

Stowell, Brian (1995) *Isle of Man Department of Education, The Future Development of the Manx Language – A Report to Tynwald*. Doolish: Creearey Barelyn y Theay son Reiltys Ellan Vannin.

Thomson, Robert and Pilgrim, Adrian (1988) *Outline of Manx Language and Literature*, Doolish: Yn Cheshaght Ghailckagh

Ynnydyn eggey / Websites

Fys cadjin er Mannin: http://www.gov.im
Earrooyn coontey-sleih: http://www.gov.im/census/
Mooinjer Veggey: http://www.mooinjerveggey.esmartstudent.com and mooinjerveggey.iomonline.co.im
Fys cadjin er y Ghaelg: http://www.gaelg.iofm.net

Loayr rish / Contacts

Phil Gawne
Manx Language Development Officer
Manx Heritage Foundation
Thie Vaddrell
Cregneash
Isle of Man
IM9 5PT
Tel. +44 (0)1624 834844
Email greinney@enterprise.net

Manx National Heritage
Manx Museum Douglas
Isle of Man
IM1 3LY
Tel (01624) 648000
Fax (01624) 648001
Email enquiries@mnh.gov.im
http://www.gov.im/mnh

Phil Kelly
Manx Language Officer
Department of Education
St Georges Court
Upper Church Street
Douglas
Isle of Man
Tel +44 (0)1624 803170
Email p.kelly@doe.gov.im

Anne Kissack
Mooinjer Veggey
5 Pretoria Terrace
St Johns
Isle of Man
Tel +44 (0)1624 834844
Email annie@mmoinjerveggey.org.im
http://mooinjerveggey.iomonline.co.im/

Brian Stowell
Scrudeyr
Yn Cheshaght Ghailckagh
(Manx Gaelic Society)
16 Hilary Road
Douglas
Isle of Man
Tel +44 (0)1624 623821
Email bstowell@mcb.net

Joan Caine
Caarjyn ny Gaelgey
Manx House
St Johns
Isle of Man
Tel +44 (0)1624 843436